恩格斯画传

恩格斯诞辰200周年纪念版

中共中央党史和文献研究院　编

重庆出版集团　重庆出版社

《恩格斯画传》
恩格斯诞辰 200 周年纪念版
编纂委员会

主　　编　韦建桦
副 主 编　顾锦屏　柴方国
编　　委　陈兴芜　沈红文　徐　洋　李　楠　闫月梅　张凤凤

《恩格斯画传》
恩格斯诞辰 200 周年纪念版
编纂人员

韦建桦　顾锦屏　柴方国　沈红文　徐　洋　李　楠
闫月梅　张凤凤　李园园　姜　颖　孙晓迪

出版说明

2020年11月28日，是恩格斯诞辰200周年。

恩格斯是伟大的无产阶级革命家、思想家，马克思主义创始人之一，马克思的亲密战友。他和马克思一起深刻揭示人类社会发展规律，共同创立了科学世界观，为无产阶级认识世界、改造世界提供了强大思想武器。与此同时，他和马克思亲身投入无产阶级和劳动人民推翻旧世界、创建新世界的伟大斗争，创立了世界上第一个无产阶级政党，撰写了马克思主义纲领性文献《共产党宣言》，科学阐述了无产阶级政党的纲领和策略，指导国际工人运动和世界各被压迫民族的解放运动沿着正确方向胜利前进。他毕生密切关注人类文明发展的最新成果，创造性地进行理论探索，在马克思主义哲学、政治经济学和科学社会主义领域作出了不可磨灭的贡献，在政治、法学、史学、教育、科学技术、文学艺术、军事、民族、宗教等方面也取得了卓越的研究成果，丰富了马克思主义的理论宝库。在马克思逝世后，他独立承担领导国际工人运动的重任，与形形色色的错误思潮进行坚决斗争，指导各国无产阶级的革命斗争和政党建设；整理和发表马克思的文献遗产，为捍卫和发展马克思主义、传播科学社会主义进行了不懈努力。马克思和恩格斯共同创立的马克思主义科学理论体系，是中国共产党人的行动指南，是中国各族人民团结奋斗的共同思想基础，对于中国共产党领导中国人民夺取革命、建设和改革事业的辉煌胜利，实现中华民族的伟大复兴具有重要指导意义。

为纪念这位伟大的革命导师，中共中央党史和文献研究院精心编纂了《恩格斯画传》（恩格斯诞辰200周年纪念版），奉献给广大读者。全书以文为经，以图为纬，经纬交织，图文互补，力求以丰富确凿的史实、完整合理的结构、简洁流畅的表述和生动活泼的形式，全面而立体地反映恩格斯的生平事业、理论贡献和崇高风范，帮助读者了解恩格斯的历史功绩和辉煌人生，感悟经典著作的科学智慧和理论力量。

在中国特色社会主义新时代，中国共产党人高度重视思想建党、理论强党，以高瞻远瞩的战略眼光不断推进马克思主义中国化时代化大众化。习近平总书记强调："要深化经典著作研究阐释，推进经典著作宣传普及，不断推出群众喜闻乐见、贴近大众生活的形式多样的理论宣传作品，让理论为亿万人民所了解所接受，画出最大的思想同心圆。"习近平总书记的这一深刻论述，是本书编辑出版工作的根本遵循和重要指针。我们希望，这部《恩格斯画传》对于新形势下增强广大干部群众学习马克思主义经典著作的自觉性，进一步深入学习贯彻习近平新时代中国特色社会主义思想，坚定共产主义理想信念，推进中国特色社会主义伟大事业，能够发挥积极的促进作用。

序言

"我的心灵凝视着真理"
——解读恩格斯的人生选择

韦建桦

恩格斯特立独行的人生选择
蕴含历史真谛　充满理想光辉

2020年11月28日,是弗里德里希·恩格斯诞辰200周年。

恩格斯是马克思主义创始人之一,是与马克思同心相知、肝胆相照的革命家和思想家。列宁说过:"自从命运使卡尔·马克思和弗里德里希·恩格斯相遇之后,这两位朋友的毕生工作,就成了他们的共同事业。"(《列宁全集》第2版增订版第2卷第1页)列宁所说的"共同事业",主要是指马克思和恩格斯在国际共产主义运动的实践中,通过长达四十年的精诚合作,共同为工人阶级和全人类锻造认识世界、改造世界的思想武器。这个思想武器就是马克思主义理论。这是马克思和恩格斯留给我们的最有价值、最具影响力的精神财富。

恩格斯为创立这个科学理论体系倾注了毕生心血,作出了不可磨灭的贡献。正是由于马克思和恩格斯深入实践、探本穷源、揭示规律,马克思主义的基本原理和重要观点才得到科学的论证、经典的表述和系统的阐发;正是由于马克思和恩格斯勠力同心、和衷共济、并肩战斗,敌对势力的一次又一次进攻才被击溃,各种错误思想的迷雾才被廓清,马克思主义真理才得以在工人阶级和劳苦大众中间广泛传播。回望这条探求真理的崎岖道路,我们看到,马克思与恩格斯始终步调一致、配合默契,同时又各有侧重、各具特色。马克思在若干重大问题上发挥着主导作用,恩格斯则在许多关键领域创造了光辉业绩。恩格斯的理论智慧、渊博学识和丰富经验,对马克思从事划时代的研究工作起到了积极的促进作用;恩格斯的赤诚相助、自我牺牲和无私奉献,为马克思撰写博大精深的理论巨著创造了不可或缺的条件。

然而,对于如此卓著的勋劳,恩格斯终其一生从未在任何场合进行过详细说明。他谈得最多的是马克思的远见卓识、高风亮节和伟绩丰功。马克思逝世后,欧美各国工人运动领袖和理论家在谈到马克思主义的指导意义时,充分肯定恩格斯参与制定这一科学理论的功绩。对此,恩格斯郑重其事地作了"澄清",他恳切地说:

"近来人们不止一次地提到我参加了制定这一理论的工作,因此,我在这里不得不说几句话,把这个问题澄清。我不能否认,我和马克思共同工作40年,在这以前和这个期间,我在一定程度上独立地参加了这一理论的创立,特别是对这一理论的阐发。但是,绝大部分基本指导思想(特别是在经济和历史领域内),尤其是对这些指导思想的最后的明确的表述,都是属于马克思的。我所提供的,马克思没有我也能够做到,至多有几个专门的领域除外。至于马克思所做到的,我却做不到。马克思比我们大家都站得高些,看得远些,观察得多些和快些。马克思是天才,我们至多是能手。没有马克思,我们的理论远不会是现在这个样子。所以,这个理论用他的名字命名是理所当然的。"(《马克思恩格斯文集》第4卷第296—297页)

与此相似的论述,反复出现在恩格斯的许多文章、书信、演说、访谈以及他为一些重要著作撰写的序言和评论中。无论是马克思健在时还是逝世后,只要有机会,恩格斯都要强调他的亲密战友在科学理论领域的首创之功。例如1883年6月,马克思辞世后不久,《共产党宣言》新的德文版问世，恩格斯为这个版本撰写了序言，集中论述了贯穿《宣言》的基本思想，即历史唯物主义观点。他饱含深情地写道：

"这个基本思想完全是属于马克思一个人的。

这一点我已经屡次说过，但正是现在必须在《宣言》正文的前面也写明这一点。"（《马克思恩格斯文集》第2卷第9—10页）

又如在《路德维希·费尔巴哈和德国古典哲学的终结》这部著作中，恩格斯回顾了马克思主义哲学形成和发展的历程，重点阐述了无产阶级新世界观对费尔巴哈哲学的革命性变革和历史性超越。他以史家的语气庄重地指出：

"费尔巴哈没有走的一步，必定会有人走的。对抽象的人的崇拜，即费尔巴哈的新宗教的核心，必定会由关于现实的人及其历史发展的科学来代替。这个超出费尔巴哈而进一步发展费尔巴哈观点的工作，是由马克思于1845年在《神圣家族》中开始的。"（《马克思恩格斯文集》第4卷第295页）

我们知道，在上述例证中，恩格斯提到的两部重要著作——《神圣家族》和《共产党宣言》，其实都是他和马克思的共同著作。马克思主义哲学史表明，恩格斯不仅亲自参与了唯物史观的创立，而且为阐发传播、丰富完善唯物史观作出了独特贡献。然而，每次提到这个科学的世界观，恩格斯都只是强调马克思如何筚路蓝缕、奠定基石；在哲学领域是如此，在其他领域也是如此。如果我们将恩格斯著作中的这一类论述加以梳理和评析，可以写成一部发人深省的著作。

事实上，马克思平生非常推重恩格斯在理论上的精湛造诣，高度评价恩格斯在哲学、政治经济学和科学社会主义以及其他许多领域的卓越建树。从青年时代直至垂暮之年，马克思在内心深处一直十分感激恩格斯给予他本人的启迪和帮助。1864年7月4日，马克思在致恩格斯的信中这样写道："你知道，首先，我对一切事物的理解是迟缓的，其次，我总是踏着你的脚印走。"（《马克思恩格斯全集》中文第1版第30卷第410页）马克思性情耿介豪爽，从不故作谦恭之态，他讲这番话完全是发自肺腑、基于事实。他曾经真诚地说，当他在"批判中要推翻许多旧东西"，进而作出新的理论判断时，他需要"预先"同恩格斯"商量"（同上，第30卷第281—282页）；而每当一部重要著作完成之后，他都要在第一时间征求恩格斯的意见。他坦率地说，恩格斯"表示满意，这对我来说比所有其他人可能作出的任何评价都更为重要"（《马克思恩格斯文集》第10卷第263页）。马克思对恩格斯高度信任，以至在向别人介绍恩格斯时非常恳切地表示："您应当把他看做是我的第二个'我'"。（《马克思恩格斯全集》中文第1版第30卷第569页）

在马克思和恩格斯的战友、学生心目中，这两位导师"整个地融合于一个共同事业"，"思想和创作交织在一起"，结成了"无双联盟"（弗·梅林《马克思传》）；在这个联盟中，恩格斯是与马克思"旗鼓相当的人"，是马克思"精神上的孪生兄弟"（威·李卜克内西《这里有我景仰的一个人》、《忆恩格斯》）。因此，人们常把马克思和恩格斯比喻为人类思想史星空中交相辉映的"双子星座"。

既然如此，那么，到底是什么原因促使一位卓越的思想家以极其诚挚的态度，一再将科学理论的首创之功归于另一位与他"旗鼓相当"的思想家，而对自己的才识和功劳却几乎略而不提呢？从19世纪至今，人们常常提出这个问题。

恩格斯的回答是：他选择这种做法并不是出于人们通常所说的"谦逊"和"礼让"，而是出于对事实的尊重、对真理的笃信、对事业的至诚。面对如此重大的问题，他认为只能作出这种选择，而不应当有任何其他考虑。在他看来，只有突出强调马克思的显著作用，马克思主义的创立过程才能得到最真实的反映；只有首先阐明马克思的理论贡献，马克思主义学说的要旨才能得到最准确的呈现；而只有具备这两个条件，马克思主义的思想精髓才能更加广泛地深入人心。《共产党宣言》问世以来的马克思主义传播史证明，恩格斯的分析是正确的。他的选择体现了极为可贵的科学态度、历史远见和大局意识，同时也折射出他的无私品格、高洁风骨和质朴情怀。在这一选择过程中，恩格斯的着眼点始终是科学理论的传播和运用、人类社会的变革与进步，至于个人的名位与利益，从来就没有进入他的视野。他诚恳地表示："我一生所做的是我注定要做的事，就是拉第二小提琴"，"我很高兴我有像马克思这样出色的第一小提琴手"（《马克思恩格斯文集》第10卷第525页）。这些朴实的话反映了一个共产主义者沧海一般宽广的胸怀，让我们不禁想起中华民族历代先哲留下的许多箴言，想起他们极力赞美的大境界和大智慧。

以上所述，只是恩格斯人生选择中的一个典型实例。像这样的具有"恩格斯特色"或"恩格斯个性"的选择，曾经连续不断地出现在他的生命历程之中。

这里特别需要指出的是，恩格斯在关键时刻所做的重大选择，与他的人生方向息息相关；而每次作出这样的选择，都意味着他将会置身逆境、承受重压。然而，无论境遇多么艰难、代价多么巨大，恩格斯始终不忘选择时的初衷，总是无怨无悔、坚韧沉毅、乐观自信地走向自己选定的目标。

在一个尔虞我诈、物欲横流的社会里，恩格斯的人生选择常常被人视为"有悖情理"、"匪夷所思"，因为这种选择颠覆了私有制关系中流行的自利原则、鄙吝思想和狭隘观念。然而，随着先进思想的传播和世界文明的进步，人们会越来越深切地认识到，恩格斯的人生选择才是人类崇高精神境界的体现。事实已经证明并将继续证明：恩格斯对真理与道义的追求和践行，蕴含着历史真谛；恩格斯对至真、至善、至美人格的挚爱和向往，充满了理想光辉。

现在，就让我们来看一看恩格斯在青年、盛年以及步入老年之后所作的三次不同寻常的选择。这些选择构成了恩格斯人生历程中最富传奇色彩、最具哲理意蕴的篇章。

一个富家子弟惊世骇俗的果敢选择

毅然舍弃优裕恬适的生活和世人艳羡的前程
誓为千千万万劳苦大众的彻底解放奋斗一生

19世纪30年代,德国莱茵地区伍珀河畔的巴门市,一个晴朗的日子。在洒满阳光的街道上,一个中学生手提一盏点亮的灯笼默默行进,神色凝重而又忧郁。这种异乎寻常的举动引来了周围人们诧异的目光。

这个少年就是弗里德里希·恩格斯。他出身于这座城市的一个名门望族,父亲在本市和外埠经营三个公司,生财有方,资金雄厚。恩格斯在这个家庭度过了无忧无虑的童年。进入中学之后,一些具有民主思想的教师拓展了他的胸襟和视野。他如饥似渴地阅读进步的理论著作和优秀的文学作品,逐步树立起崇尚独立、向往自由的理想。然而也正是在这时候,他的心头日甚一日地蒙上了挥之不去的阴云。

在他生活的这个世界里,有两个残酷的事实完全不符合他心目中关于人间正义、人类尊严和人性自由的理念。

第一个事实是:穷人挣扎在人间地狱,富人优游于尘世乐园。这是恩格斯每天都要面对的现实。他很熟悉有钱人的生活:家境殷实,衣食奢华,居室富丽,环境优雅。然而一走进工厂区和贫民窟,他看到的却是另一番景象:肮脏湫隘的街巷,阴暗逼仄的住宅,疲惫困顿的工人,衣衫褴褛的乞丐。最让人揪心的是那些瘦骨嶙峋的童工,他们最小的才六岁,却必须从早到晚拼命干活。恩格斯看到,工人的悲惨生活从未在巴门市富人心中引起不安与内疚,相反,他们认为穷人受苦、富人享乐是天经地义的事情。

第二个事实是:社会的丑恶现象受到粉饰,人们的心灵自由遭到禁锢。在恩格斯看来,这个社会最丑恶的现象莫过于厂主对劳工的盘剥、对儿童的摧残;然而,当时在伍珀河谷盛行的基督教虔诚主义却为这种丑行辩护,宣称富人是上帝垂青的"选民",穷人则是上帝先定的"弃民";因此,凡是指责厂主、同情劳工的言行,都是对上帝意旨的"背叛"。不仅如此,虔诚主义教派还要求人们弃绝一切热爱生活的观念,断言一切阐扬人文精神的书籍都隐藏着"对上帝的亵渎",因此,从荷马史诗、希腊悲剧直到但丁的《神曲》、歌德的《浮士德》,许许多多脍炙人口的作品都被列入禁书。

面对上述事实,恩格斯感到郁悒和焦灼。他觉得这个社会是如此荒诞,竟使劳工沦为惨遭奴役的牛马,而厂主则成为狡诈残忍的豺狼;与此同时,虔诚主义思想还要让每一个活人都退化为精神麻木的躯壳。总之,煌煌白昼宛如暗夜,芸芸众生已成非人。于是,恩格斯就像两千多年前那位愤世嫉俗的古希腊哲学家第欧根尼一样,在光天化日之下、稠人广众之中,提着灯笼寻找他心目中的"真正的人",以宣示对现实社会的愤懑。(参见奥·科尔纽《马克思恩格斯传》第1卷第2章《童年和学生时代》)这样,就出现了我们在本节开头看到的那一幕。

请注意,这是一个崇仰正义的年轻人表达他对现存制度的抗议、对社会变革的期待,而绝不是简单幼稚的"偶像膜拜",也不是哗众取宠的"行为艺术"。他所关注的问题是:这个社会为什么会使穷人在物质上、精神上遭受双重奴役,从而使"自由"、"民主"、"平等"、"博爱"、"人权"等口号成为尖刻的讽刺?社会底层的人们怎样才能摆脱奴役,重获真正的自由与尊严?

恩格斯认为,要厘清上述问题,必须掌握丰富的知识,因此他希望在中学毕业后进入大学继续学习。然而他的父亲早就发现儿子的思想具有"危险倾向",于是悍然决定让恩格斯辍学经商,从而彻底终止了他的大学梦。这位思想保守、眼界狭窄的父亲没有想到,他的儿子一旦离开学校、告别故乡,就摆脱了家族的羁绊和传统的束缚,走向广阔的社会课堂和实践舞台,从此更加独立自主地探求学问,更加勇敢坚毅地追寻真理,更加深入细致地考察社会问题。

从1838年到1844年,恩格斯先后在德国不来梅市学习经商、在柏林服兵役、在英国曼彻斯特从事商业活动。这是恩格斯在刻苦磨砺中成长的六年。在选择和确定人生目标的关键节点,恩格斯也曾为时代的黑暗感到焦虑。他在一首诗中这样写道:

"新太阳何时升起，
旧时代何时分崩离析？
我们已经目送旧太阳西沉，
但茫茫黑夜何时才现晨曦？"
(《马克思恩格斯全集》中文第 2 版第 2 卷第 166 页)

深沉的忧虑并没有使恩格斯气馁，反而促使他从现实的问题中汲取了奋进的动力，开始为拨开重重疑云、寻找人间正道而上下求索。

在这六年中，恩格斯如饥似渴地阅读社会科学的各类重要著作，广泛汲取新思想和新知识，积极参与进步团体的活动，撰文抨击封建专制制度和基督教蒙昧主义，确立了革命民主主义信念。在这六年中，恩格斯认真钻研黑格尔哲学，努力吸收辩证法精华，后来又攻读费尔巴哈著作，在思想上逐步转向唯物主义，并大力倡导哲学和革命行动的结合、科学与现实生活的统一。

更为重要的是，他利用一切条件深入工厂区和贫民窟，体察工人群众的劳动环境和生活状况，了解他们的苦难、愿望和斗争历程。在这个过程中，恩格斯对劳苦大众的悲悯和同情逐渐上升为对无产阶级历史地位的认识，开始自觉地与这个阶级融为一体。

马克思说过，恩格斯是"从另一条道路""得出同我一样的结果"的。(《马克思恩格斯文集》第 2 卷第 592—593 页)这"另一条道路"，是恩格斯在对资本主义弊端的深刻揭露和对工人阶级状况的实地考察过程中，一步一个脚印地走过来的。在确定人生方向的时候，恩格斯集中自己的全部理性思考、倾注自己的全部真挚感情，去深入了解工人阶级状况；他认识到，"工人阶级的状况是当代一切社会运动的真正基础和出发点，因为它是我们目前存在的社会灾难最尖锐、最露骨的表现。"(同上，第 1 卷第 385 页)因此，他"把自己的空闲时间几乎全部用来和普通工人交往"，坚定不移地"对这个受压迫遭诽谤的阶级给以公正的评价"。(同上，第 1 卷第 382 页)他参加工人的斗争，同他们建立了深厚友谊。在斗争中，他还收获了纯洁的爱情，与勇敢坚毅的贫苦女工玛丽·白恩士结成革命伴侣,从此携手并肩、相互砥砺,踏上漫长的风雨征程。

也正是在这个时期,恩格斯细致入微地考察资本主义的起源、发展及其理论表现,力求透过种种现象揭示资产阶级政治制度和经济制度的本质。他对英国古典政治经济学家和英法空想社会主义者的著作进行批判性研究,吸收其中的积极成果,结合工人运动的实践经验,得出了一系列科学的结论。他指出,只有消灭资本主义私有制,进行彻底的社会革命,才能实现人类的解放,而承担这一历史使命的力量就是工人阶级。恩格斯确信,只有到那时,旧时代才会分崩离析,新时代才会显露晨曦,他所切盼的"新太阳"才会普照人间。

1844年,二十四岁的恩格斯发表《国民经济学批判大纲》,清晰地阐明了上述观点。这篇文章标志着他实现了从唯心主义向唯物主义、从革命民主主义向共产主义的转变,同时也庄严地宣告他完成了对人生道路的选择:在世界观和政治立场上同自己出身的阶级彻底决裂,毅然拒绝金钱、权位和资产阶级享乐生活的一切诱惑,矢志不渝地将自己的全部生命投入劳苦大众的解放事业。

这是恩格斯一生中作出的第一次重大抉择。从当年在故乡街头踽踽独行、提灯寻"人",到此刻迈出勇敢坚定的一步,他度过了探求真理的青春岁月。我们看到,在这个过程中,恩格斯朴素的社会正义感怎样逐步升华为对人类解放事业的历史使命感;他那怜贫济弱的良知和嫉恶如仇的血性怎样在社会实践和理论探索中得到提升和转化,熔铸成革命的理想和科学的信念。我们也由此而认识到,恩格斯的人生目标为什么一经确立就始终如一、毫不动摇。原来早在人生启航阶段,他就紧紧围绕一系列根本问题认真学习、深入思考、勇敢实践,从而为一生的事业夯实了基础、找准了方向。因此,对于我们来说,恩格斯对人生目标的选择过程同他的选择结果具有同样重要的启发意义;这个过程让我们领悟到:人生贵在务本,本立而后道生,"譬如大树,有多少枝叶,也只是根本上用得培养功夫。"(王阳明《传习录》下卷)

对革命目标的勇敢抉择,使恩格斯的生活发生了全新的变化,同时也使他受到了来自各方面的巨大压力和严峻挑战。在斗争历程中,他屡遭反动当局的威胁与构陷、通缉与驱逐、拘捕与审讯，受到资产阶级和小资产阶级理论家的攻讦和诋毁，同时也受到革命队伍内部机会主义者的诽谤和中伤。然而，所有这一切都没有能够撼动他的政治立场和理论主张。恰恰相反，在千磨万击的逆境中，在千难万险的奋战中，在千辛万苦的工作中，恩格斯愈加珍视自己选定的人生目标，决不依傍于他人，决不受制于外物。"举世而誉之而不加劝，举世而非之而不加沮。"（《庄子·逍遥游》）恩格斯显现的正是这种独立不羁的人格和沉雄遒劲的风骨。

恩格斯的人生选择使周围的许多人感到不可思议。在他们看来，一个膏粱子弟、名门之后竟为了那些素不相识的穷人，断然舍弃锦衣玉食的生活、盈千累万的家产和令人歆慕的前程，态度决绝地向自己出身的阶级宣战，甘愿在艰苦竭蹶中度过此生——这个人如若不是走火入魔、丧失理智，就一定是受人蛊惑、深陷泥潭，注定要自食苦果、悔恨终身。

对于这种充满阶级偏见的市侩议论和庸人臆度，恩格斯认为不值一哂。他很清楚，他的人生选择绝不是出于一时冲动，而是在亲身实践和周密论证的基础上作出的审慎而又果断的决定，是水到渠成、瓜熟蒂落的必然结果。恩格斯坚信他的选择符合历史潮流和科学精神、体现社会正义和人间真情，因此他感到内心很充实、很振奋、很自豪。

"在选择职业时，我们应该遵循的主要指针是人类的幸福和我们自身的完美。"（《马克思恩格斯全集》中文第 2 版第 1 卷第 459 页）这是马克思在中学毕业作文《青年在选择职业时的考虑》中表达的人生理念；令人惊叹的是，恩格斯选择人生方向时所遵循的也正是这种理念。事实证明，两位伟人早在青春年少时期就已"同归而殊途，一致而百虑"（《周易·系辞下》）。恩格斯把人类的幸福作为毕生奋斗目标，决心在不懈奋斗中实现自身完美——这个选择给他的人生赋予了丰富内涵、深邃意义和广阔天地，使他的意志品质得到淬砺、聪明才智得到发挥、精神家园得以构建，从而实现了他在青年时代萌生的冲决藩篱、"敢作敢为"的抱负和兼济天下、"有所作为"的初心。（参见《马克思恩格斯全集》中文第 2 版第 2 卷第 259 页）在这条道路上，恩格斯领略了人生的壮美风光，实现了生命的真正价值。

一个杰出学者至真至诚的高尚选择

为支持马克思而甘愿长期忍受幽囚般的境遇
在自我牺牲的过程中自强不息勇攀思想高峰

"没有你，我永远不能完成这部著作。坦白地向你说，我的良心经常像被梦魇压着一样感到沉重，因为你主要是为了我才把你的卓越才能浪费在经商上面，使之荒废，而且还要分担我的一切琐碎的苦恼。"（《马克思恩格斯文集》第10卷第256页）

这段话引自1867年5月7日马克思致恩格斯的信，其中提到的"这部著作"，是指马克思毕生重要著作《资本论》。当时《资本论》第一卷刚刚付梓，按照常理，马克思应当兴高采烈地向恩格斯报捷，然而他却以沉重的笔调向自己的挚友表达了负疚之情。这封不同寻常的书信表明，恩格斯的自我牺牲精神在马克思心中引起了多么强烈而又持久的感动。

马克思提到的恩格斯这一次"经商"经历，是从1850年11月开始的。1848—1849年革命失败后，马克思和恩格斯相继流亡到伦敦。在这里，他们总结革命经验，发展科学理论，领导工人阶级进行斗争。恩格斯原本打算留在伦敦，与马克思一起继续推进他们的共同事业，同时着手实施自己酝酿已久的研究计划。然而就在这一期间，恩格斯亲眼看到马克思一家由于没有任何收入，生活极为窘迫。为了让孩子们获得充饥的食物和救命的药品，马克思和燕妮不得不四处举债。燕妮在一封信中描述了马克思当时的处境："我的丈夫在这里被种种生活琐事压得几乎喘不过气来，而且这一切是如此令人苦恼，以致需要他的全部精力，他的全部的镇定、清醒、冷静的自信心，才能坚持这种每日每时的斗争。"（《马克思恩格斯全集》中文第2版第48卷第478页）马克思当时的紧迫任务是在革命低潮中引导工人运动稳步发展，并为工人阶级继续锻造理论武器；而现在，他却不得不为全家人的生存而四处奔波、备受煎熬。

此情此景使恩格斯忧心如焚。他决心竭尽全力解决这个难题,为了马克思,为了燕妮和孩子们,为了无产阶级革命事业的大局。

恩格斯经过反复思考,认为解决难题的出路只有一条,那就是他本人尽快前往曼彻斯特,到恩格斯家族和欧门家族共同创办的公司去工作,以便用自己的薪金接济马克思一家。对于恩格斯来说,这是艰难而又痛苦的抉择。作为一个与劳苦大众血肉相连的革命者,他的内心对欺压盘剥工人群众的厂主和商人充满蔑视和憎恶;作为一个为推翻现存制度、创建崭新社会而奋斗的思想家,资本主义工商业应当是他考察研究和分析批判的对象,而绝不应当是他本人被迫涉足并且身陷其中的职场。恩格斯早年曾迫于父命从事商贸活动,商人的唯利是图和庸俗虚伪使他深恶痛绝,他曾坚决地向他的父亲宣布:从此"绝对不再做生意"(《马克思恩格斯全集》中文第2版第47卷第351页)。后来在与马克思的通信中,每当谈起那些奸诈的商人,恩格斯就把他们称做"做生意的牲口"(《马克思恩格斯文集》第10卷第30页);每当提起经商一事,他就把这个行当称做令人无法忍受的"鬼商业"(同上,第10卷第250页)。而现在,为了给马克思创造必要的生活条件,使他走出贫病交加的困境,专心从事理论研究,恩格斯果决地搁下自己的研究计划,走进曼彻斯特的欧门—恩格斯公司,去从事商务活动。只要能挣得一份薪金,用来帮助马克思全家,哪怕在"鬼商业"中与鬼为邻、同鬼相处、受鬼役使,恩格斯也心甘情愿。

恩格斯在曼彻斯特公司的境遇,远比他自己估计的更加艰难。公司主管者的颐指气使、无理刁难,他必须隐忍;大量繁杂事务造成的超负荷压力,他必须承受;商人们的鄙俗之气、诡谲之风、贪婪之相,他无法回避,只能在频繁的接触中直接面对。凡此种种,都是个性鲜明、血气方刚的革命者恩格斯所厌恶的东西,然而这一切如今已经进入他的日常生活,从早到晚无时无刻不在折磨他的心灵。

恩格斯是一个学者,视理论研究和学术事业为生命,因此他最不能忍受的是公司的商业活动占去了他读书、思考和写作的宝贵时间。在致马克思的信中,恩格斯倾诉了内心的苦闷:"现在晚上七八点以前休想有什么空闲时间，而最令人讨厌的是，今后一段时间内，我必须把自己的全部注意力放在这该死的生意上，否则这里一切都会弄糟，我的老头儿会停止给我薪水。"（《马克思恩格斯全集》中文第 2 版第 49 卷第 45 页）因此，马克思把恩格斯在曼彻斯特的处境形象地比喻为"埃及的幽囚"（《马克思恩格斯全集》中文第 1 版第 32 卷第 311 页）。马克思的大女儿小燕妮说，恩格斯"觉得自己在那儿就像鱼在沙土上一样"（同上，第 32 卷第 691 页）；而小女儿爱琳娜则将恩格斯所做的工作直接称做"苦刑"（爱琳娜·马克思《弗里德里希·恩格斯》）。

面对"幽囚"与"苦刑"，恩格斯也曾感到"沮丧"（《马克思恩格斯文集》第 10 卷第 250 页）；但一想到自己的责任，他很快就振作起来。他铭记自己喜爱的箴言，那就是"从容不迫"（《马克思恩格斯全集》中文第 1 版第 32 卷第 683 页）。他冷静地应对各种挑战：白天没有时间从事学术研究，他就焚膏继晷，夜夜苦读；遇到可憎的人和可恼的事，他就告诫自己要宇量深广、善于忍耐。然而他没有想到，这一忍，就忍了整整二十年。

恩格斯在 1850 年进入公司时，年仅三十；而在 1870 年离开曼彻斯特时，已经年届半百。为了让马克思顺利进行理论探索，为了使工人运动获得更有力的理论指导，恩格斯在"幽囚"和"苦刑"中度过了他一生中极为宝贵的二十个春秋。列宁在纪念恩格斯的文章中说过："这位严峻的战士和严正的思想家，具有一颗深情挚爱的心。"（《列宁全集》第 2 版增订版第 2 卷第 10 页）确实，正是对马克思的深情与敬意、对劳苦大众解放事业的挚爱与忠诚，使恩格斯产生了无与伦比的勇气。

——在这二十年中，恩格斯每月都从自己的薪酬中拨出相当数量寄往伦敦，以解马克思一家燃眉之急；与此同时，他还为工人政党提供经费，并且资助那些生活困难的同志。他不仅要保证马克思一家获得生活、医疗等方面的费用，而且还密切关注马克思的健康和情绪。每当马克思罹患疾病、遭遇不幸、心情怫郁，他总是及时写信问候，给予安慰；只要有可能，他总要想方设法前往伦敦看望。因此，燕妮和她的女儿们一直把恩格斯视为亲人，认为恩格斯的关切是马克思在病中获得的最具疗效的良药；而马克思则将这位战友的真情当做奋进的动力。在贫病交加、痛失幼子的悲怆时刻，马克思在致恩格斯的信中这样写道："在这些日子里，我之所以能忍受这一切可怕的痛苦，是因为时刻想念着你，想念着你的友谊，时刻希望我们两人还要在世间共同做一些有意义的事情。"（《马克思恩格斯全集》中文第2版第49卷第660页）

——在这二十年中，恩格斯不仅在物质生活方面向马克思提供帮助，而且在理论创造领域为马克思奉献智慧。在撰写《资本论》的过程中，马克思经常就涉及资本主义经济运行方式的各种问题请教恩格斯，从恩格斯那里及时获得翔实的信息和资料、准确的数据和图表，并参考恩格斯所作的分析，最终形成重要的结论。马克思还与恩格斯共同讨论《资本论》的篇章结构、核心论点和阐述方法，从恩格斯的建议中获得有益的启示。1867年8月16日深夜两点，马克思在看完《资本论》第一卷最后一个印张的校样后，立即致函恩格斯，怀着深厚诚挚的感情写道："这样，这一卷就完成了。这本书能够完成，完全要归功于你！没有你为我作的牺牲，我是不可能完成这三卷书的繁重工作的。我满怀感激的心情拥抱你！"（《马克思恩格斯文集》第5卷第5页）

——在这二十年中，恩格斯按照马克思的请求，为各种报刊撰写文章；单是为美国《纽约每日论坛报》撰写的政论文章就多达一百二十多篇，这些文章在发表时署名大都为"马克思"，稿酬的领取者也是马克思，这就使马克思在艰苦岁月获得了一笔经常性的收入，而恩格斯则从来没有署过名。恩格斯对待写作一贯极为认真，而每一次代马克思执笔撰文，他在选材立论、谋篇布局和遣词造句方面更是精益求精，因此文章发表后常常产生热烈反响。恩格斯于1851年8月至1852年9月写的19篇文章就是典型的例证。这一组用英文撰写的论文曾在《纽约每日论坛报》陆续发表，署名是"卡尔·马克思"。文章精辟地总结了德国1848—1849年革命的经验，用唯物史观阐明了无产阶级革命的一系列重大问题，是广为流传的经典之作。恩格斯逝世后，这一组论文的英文本和德译本（德译本标题为《德国的革命和反革命》）于1896年出版，署名仍然是"卡尔·马克思"。直到1913年马克思和恩格斯的往来书信公开发表后，事情的真相才大白于天下；此时人们恍然大悟：原来这部经典名著的作者是弗里德里希·恩格斯。

——在这二十年中，恩格斯身居英国曼彻斯特，心系国际工人运动。在同马克思一起指导工人运动的历程中，一项极为艰巨的任务是抵制形形色色的资产阶级和小资产阶级思潮对革命队伍的侵扰，以保证运动始终遵循科学社会主义原则向前发展。恩格斯主动承担了这个繁重的任务，他说："由于马克思和我之间有分工，我的任务就是要在定期报刊上，因而特别是在同敌对见解的斗争中，发表我们的见解，以便让马克思有时间去写作他那部伟大的基本著作。"（《马克思恩格斯文集》第3卷第242页）按照这个分工，恩格斯及时撰写各种论战文章，引导各国工人阶级高举真理旗帜，抵制错误思潮，牢牢掌握正确的政治方向，同时也使马克思将宝贵的时间和精力更多地用于《资本论》的写作。1864年国际工人协会成立后，恩格斯热情支持马克思的工作。针对协会遇到的困难和总委员会内部出现的问题，他经常在关键时刻向马克思提出积极中肯、切实可行的建议，这对于马克思在复杂环境中开展工作、推进《资本论》的写作起到了重要作用。

《资本论》的写作进度和出版前景，是恩格斯时刻萦怀、念兹在兹的大事。他一直把支持和推进这项工程当成自己的使命。《资本论》第一卷问世后，资产阶级学术界和舆论界曾以沉默来抵制这部著作。恩格斯迅即识破这一阴谋，他精心撰写并发表一系列书评，使工人阶级和社会各界深刻认识《资本论》的划时代意义和历史性贡献。

这些真实感人的故事，在古往今来的学术史上是绝无仅有的，因而使无数为真理而斗争的人为之动容、受到震撼。在革命队伍中，恩格斯的自我牺牲精神有口皆碑。德国工人运动活动家、著名历史学家弗·梅林曾对马克思和恩格斯的关系作过仔细考察；在纪念恩格斯的文章中，梅林这样写道："的确，他同卡尔·马克思的友谊是他一生中的巨大幸福，但同时也是一种隐而不露的痛苦。他为这种友谊付出了许多牺牲，即便是非常勇敢的人也难以承受。但他没有丝毫的不快和怨气，相反却以心甘情愿的奉献精神去襄助那位更加卓异的天才；他这样做，比他自己在思想领域取得巨大成就更令人心生敬意。"（弗·梅林《弗里德里希·恩格斯》）这些深情的表述，让我们从一个侧面看到了恩格斯在战友们心中留下的难以忘怀的印象。

——在这二十年中，恩格斯不仅勇于牺牲、忠于职守、甘于奉献、乐于助人，而且勤于学习、笃于思考、敏于探索、善于精进。他每天利用夜晚时间博览群书、刻苦治学，研究范围不仅包括哲学、政治经济学和社会主义学说，而且涵盖社会科学和自然科学的其他许多重要领域。

他以极大的热忱研究军事科学，广泛搜集和研读各国军事文献，密切关注各地发生的战争，并对这些战争的爆发原因、本质属性和发展趋势作出透辟的分析，提出深刻的见解，为创建无产阶级军事科学奠定了坚实基础。

他孜孜不倦地研究语言学，探寻人类语言的发展规律，为马克思主义语言学的诞生做了开拓性工作。他刻苦学习外语，能熟练使用多种语言进行交流和写作。凭借这种才能，他为国际工人运动内部的沟通和合作发挥了重要作用。

他持续关注自然科学的新进展，广泛了解物理学、化学、生物学、地质学等学科的发展历程和最新成果，探索自然科学中的哲学问题，为自然辩证法研究开辟了最初的航道。

他以浓厚的兴趣研究世界历史，同时广泛涉猎法学、民族学、宗教学、社会学和文学艺术等学科，从各种角度论证唯物史观的真理性。他努力在各门学问之间打破传统的畛域，在学术与社会现实之间消除人为的壁障，揭示蕴藏于其中的辩证联系与客观规律。经过苦心孤诣、穷源溯流的探索，他开创了一种思路通达、论证精妙的学术境界和叙述风格。"如将不尽，与古为新。"（司空图《二十四诗品·纤秾》）恩格斯的开拓精神使马克思主义科学理论彰显出无限的生机和活力。

整整二十年，在曼彻斯特郊区，恩格斯的寓所几乎每夜都亮着灯光。它就像一艘夜航船，在浩淼无垠的知识海洋上坚定沉稳地破浪前进。在这艘船上，孤灯夜读的恩格斯创造着人类思想史和世界学术史上的奇迹。马克思曾担心恩格斯因为从事商务而"浪费"自己的卓越才能，"使之荒废"

(《马克思恩格斯文集》第 10 卷第 256 页）；然而谁会想到，恩格斯竟然在如此喧嚣的环境中也能宁静自守，心无旁骛、持之以恒地沉潜于理论思考和学术研究之中。这一点使马克思深受感动，极为钦佩。在"幽囚"般的艰难环境中，在"苦刑"般的工作压力下，恩格斯没有抑郁消沉，反而更加意气风发、活力四射。在攀登科学高峰的险峻山路上，他体验着由探索带来的心灵震撼，收获了用心血凝成的累累硕果。他从一个只有中学学历的青年历练成博闻强识的学者，进而迈入辨章学术、考镜源流、融通今古、洞见精微的胜境。因此，马克思由衷地赞誉他是"一部真正的百科全书"（《马克思恩格斯全集》中文第 2 版第 49 卷第 484 页）；战友们则一致认为，他超越了文艺复兴时代那些"在思维能力、激情和性格方面，在多才多艺和学识渊博方面的巨人"（《马克思恩格斯文集》第 9 卷第 409 页）。

在这二十年中，恩格斯心中始终保持着高洁的志向。他选择了自我牺牲，同时也选择了自我鞭策、自我淬炼、自我完善、自我提升。"天行健，君子以自强不息。"（《周易·乾·象传》）——恩格斯的人生选择所体现的正是这种坚韧刚毅、顽强进取的精神。

也正是这种精神，造就了一位至大至刚、重情重义、无私无畏的革命家和思想家。

一个忠诚战士义无反顾的坚定选择

铭记马克思的嘱托殚精竭虑推进革命事业
宛如春蚕吐丝蜡炬燃烧惟精惟一至死方休

恩格斯说过："最坚定的共产主义者也是最勇敢的士兵。"（《马克思恩格斯全集》中文第 2 版第 10 卷第 94 页）这句格言凝练地概括了共产主义者的奋斗精神，同时也真实地反映了恩格斯的革命本色。在漫长的斗争征途上，他既是一位运筹帷幄、指挥若定的领袖，又是一名脚踏实地、勇于献身的战士。

1883年3月14日，马克思与世长辞，这使恩格斯受到沉重打击。在这个悲恸的时刻，恩格斯就像一个久历戎行的老兵那样，强忍哀痛，枕戈待旦，及时提醒战友们"一定要坚守岗位"（《马克思恩格斯全集》中文第1版第35卷第457页）。在致美国工人运动活动家左尔格的信中，他冷静地表达了自己对未来斗争的思考：

"最后的胜利依然是确定无疑的，但是迂回曲折的道路，暂时的和局部的迷误——虽然这也是难免的——，现在将会比以前多得多了。不过我们一定要克服这些障碍，否则，我们活着干什么呢？我们决不会因此丧失勇气。"（《马克思恩格斯文集》第10卷第505页）

活着就要勇猛精进、奋斗不息；活着就要担当使命，践行誓言；活着就要为赢得"最后的胜利"奉献力量！这就是一个忠诚战士在悲痛中发出的壮怀激烈的心声。

从马克思停止呼吸的那一刻起，恩格斯就清晰地意识到即将出现的挑战是多么严峻，自己肩上的担子是多么沉重。马克思永远离开了这个世界，四十年来两位战友协力推进的事业如今要由恩格斯独自担当。千头万绪的工作、尖锐复杂的矛盾、各式各样的难题，一下子摆在恩格斯一个人面前，这使他愈加思念自己的战友，愈加追怀那些风雨同舟的岁月，同时也愈加果决地选定了自己余生的奋斗目标：牢记马克思的嘱托，继续推进他们共同开创的事业。

"天地存肝胆，江山阅鬓华。"（顾炎武《酬王处士九日见怀之作》）年逾花甲、两鬓斑白的恩格斯为了实现自己的目标，奋不顾身地投入工作。马克思逝世后，恩格斯曾被疾病折磨了整整半年，但他一天也没有放下手中的工作。在战友们眼里，他精神矍铄，目光炯炯，斗志比以往更加高昂；他那勤谨奋勉的工作热忱、雷厉风行的办事风格和光风霁月的磊落胸襟，使他看上去比周围的大多数人都显得年轻。（参见爱琳娜·马克思《弗里德里希·恩格斯》）

恩格斯之所以能保持这种状态，是因为他的心中始终矗立着坚不可摧的精神支柱。正是依凭崇高的信念，他踔厉风发、夙兴夜寐，年复一年在几个重要领域顽强奋斗：

——**遵循马克思遗志，热诚支持、悉心指导国际工人运动**。在缅怀马克思的日子里，恩格斯果断地承担起指导工人运动的重任。虽然情况极为复杂，任务无比繁重，但恩格斯从未有过丝毫犹豫。他明确表示："谁要是像我这样50多年来一直在这个运动中从事活动，对他来说由此产生的各项工作就是一种义不容辞的、必须立即履行的义务。"（《马克思恩格斯文集》第7卷第4页）

在恩格斯指导下，国际工人运动在19世纪80—90年代呈现出生机蓬勃的局面，一批独立的无产阶级政党在欧美许多国家相继成立。恩格斯与各国工人领袖一起，共同研究国际形势的新变化，仔细分析阶级斗争的新特点，及时制定克敌制胜的新策略，不断总结党的建设的新经验，成功地避免了人们担心出现的"迂回曲折的道路"以及"暂时的和局部的迷误"。（《马克思恩格斯文集》第10卷第505页）

恩格斯以高瞻远瞩的战略眼光、洞烛幽微的政治智慧和极端负责的革命精神，对德国、法国、英国、俄国、波兰、丹麦、瑞典、挪威、瑞士、荷兰、意大利、西班牙、奥地利、比利时、匈牙利等欧洲国家以及美国的工人运动分别进行指导，提出切中肯綮的意见和建议，使各国工人领袖在紧要关头深受启迪。因此，恩格斯在伦敦的寓所就成了各国工人运动活动家众望所归的"中心点"，寻求真理的人们"都从年老恩格斯的知识和经验的丰富宝库中得到教益"（《列宁全集》第2版增订版第2卷第11页）。正是鉴于这些彪炳史册的杰出贡献，列宁满怀深情地指出：马克思逝世以后，"恩格斯是整个文明世界中最卓越的学者和现代无产阶级的导师"（同上，第2卷第1页）。

——**整理马克思遗稿，为编辑出版《资本论》第二卷、第三卷呕心沥血、不懈努力**。《资本论》在马克思生前只出版了第一卷。病魔夺去了马克思的生命，使他未能完成这部巨著的全部写作计划，只留下了大量的手稿。能不能将这些手稿加以整理，编辑成书，正式出版，这是马克思在即将告别尘寰的日子里时刻惦念的事情。他在病榻上对女儿爱琳娜说：希望恩格斯"根据这些材料'做出点什么'来"（《马克思恩格斯文集》第6卷第9页）。恩格斯深深铭记马克思对他的期望和信任；他很清楚，所谓"做出点什么"，就是通过精心整理、认真编辑，使那些尚未最终完成的文稿"既成为一部连贯的、尽可能完整的著作，又成为一部只是作者的而不是编者的著作"（同上，第6卷第3页）。这是一项无比艰难的任务，但恩格斯认为义不容辞、责无旁贷，并且是刻不容缓、时不我待。他深知，将《资本论》完整地奉献给工人阶级，这绝不仅仅是马克思个人的心愿，而且是无产阶级革命和人类进步事业的需要；有了这部伟大的著作，"我们的理论才具有不可摧毁的基础，我们才能在各条战线上胜利地发动起来"。（《马克思恩格斯全集》中文第1版第36卷第293页）因此在马克思逝世以后，恩格斯立即抱病启动这项工程，毅然搁置了自己的一系列研究计划。他多年来潜心撰写的《自然辩证法》、《爱尔兰史》和德国史稿，以及论述军事、宗教、语言等问题的手稿，从此永远遗憾地成了"未完成著作"。为了集中精力整理马克思遗稿，恩格斯还中断了《德国农民战争》的修订再版工作；这个曾经让他萦系心间并倾注大量心血的重要工程，后来一直没有能够重新启动。

在长达十余年的时间里，恩格斯一边指导国际工人运动，一边锲而不舍地从事《资本论》文稿的编辑工作。马克思的遗稿盈箱溢箧、头绪纷繁，不仅字迹难以辨认，如同"天书"（《马克思恩格斯全集》中文第1版第37卷第136页），而且许多章节内容不完整、次序很凌乱、词句未推敲，多半带有片断的性质。要把这样的文稿加以梳理、编排、加工、润色，使之成为严谨系统而又完全符合作者原意和风格的著作，这是多么艰难的事情！然而恩格斯挑起了这副重担，而且从未面露难色、口吐怨言。相反，在恩格斯看来，马克思手稿中存在的那些内容不够完整、层次不够清晰、表述不够明确、书写不够规范的问题，都是"他同折磨人的疾病进行顽强斗争的痕迹"（《马克思恩格斯文集》第6卷第8页）。因此，每当摊开马克思的手稿，恩格斯总是肃然起敬。他曾满怀深情地对马克思的女儿劳拉说："我钻研得越深，就越觉得《资本论》第三册伟大"。（同上，第 10 卷第 530 页）有人曾建议恩格斯"根据第三卷写出比它的现有形式更好的东西"，实际上是劝他利用第三卷的成果去撰写自己的著作，恩格斯明确表示"不能同意这种看法"；他十分严肃地回答说："我认为，按马克思的文字整理马克思的手稿，就是尽了我的职责"。（同上，第 10 卷第 692 页）

　　正是怀着这种责任感和战友情，恩格斯圆满完成了在常人看来比登天还难的任务：1885 年 7 月，《资本论》第二卷出版；1894 年 12 月，《资本论》第三卷问世。此后仅仅过了 8 个月，恩格斯就溘然长逝。可以说，为了亡友的两卷遗著，他真正是以命相拼；但无论承受多少压力和困苦，恩格斯始终甘之如饴。他一再表示："说实在的，在整理这部书时，我感到好像他还活着跟我在一起似的。""不管怎样，我要把整理摩尔的书的工作坚持下去。这部书将成为他的一座纪念碑，这是他自己树立起来的，比别人能为他树立的任何纪念碑都更加宏伟。"（同上，第 10 卷第 531 页）

　　显然，如果没有恩格斯的支持，这座纪念碑永远都不可能"树立起来"。英国工人运动领袖哈尼说过："《资本论》的作者有这样一个忠心耿耿的朋友，真是莫大的幸福。"（乔·朱·哈尼《关于恩格斯》）这个判断无疑是正确的，不过我们需要补充一句：马克思有这样一个披肝沥胆的战友，也是整个工人阶级和全人类的幸福。

　　—— 实现马克思遗愿，坚决捍卫、不断丰富无产阶级的科学理论。恩格斯为此做了四件具有里程碑意义的大事：

　　一是详尽而又透彻地研究马克思对摩尔根《古代社会》一书所做的摘要和批注，深入阐发马克思的精辟思想，充分利用人类史前史研究的最新成果，写成《家庭、私有制和国家的起源》一书，第一次用唯物史观阐明了人类社会早期发展阶段的历史，丰富了历史唯物主义的理论内涵。

　　二是全面梳理和科学总结马克思主义哲学形成和发展历程，撰写《路德维希·费尔巴哈和德国古典哲学的终结》一书，阐明马克思主义哲学同德国古典哲学之间的批判继承关系和本质区别，系统地论述了辩证唯物主义和历史唯物主义基本原理。

三是敏锐地考察资本主义演变的新情况和工人运动发展的新趋势，阐明一系列新思想；利用重新出版马克思主义重要著作的时机，在序言或评论中及时提出新的理论判断、新的策略原则，不断地丰富科学社会主义思想宝库。

四是坚决回击把马克思主义庸俗化、教条化的思潮，进一步阐明历史唯物主义的理论要义，强调马克思主义是发展着的理论，是行动的指南而不是教条，从而准确地说明了马克思主义理论的科学品格。

以上所述，远未穷尽恩格斯的晚年生活，但我们由此可以看到这位思想家的生命在夕照中放射的异彩。在登临人生智慧巅峰的时刻，恩格斯迸发出惊人的战斗力和创造力，他的生命在每个瞬间都体现着永恒的价值。

人生苦短，韶光易逝。一旦进入垂暮之年，许多人都会产生"悲日月之遂往，悼吾年之不留"的苍凉心境（陶渊明《游斜川》序）；而另一些人则保持"老当益壮，宁移白首之心"的奋进姿态（王勃《滕王阁序》）。恩格斯就是这样的奋进者，就精神境界来说，他远远超越了那些壮心不已的志士。他所承担的任务，每一项都极其艰巨而又复杂，需要付出大量的心血和精力；然而恩格斯总是迎难而上，出色地履行了历史赋予的使命，而且始终保持着青春的锐气和激情。

1890年，恩格斯进入古稀之年，他向千千万万爱戴他的工人们"真诚地保证"："只要我还有一分力量，我就要坚定不移地为工人阶级的解放而斗争。"（《马克思恩格斯全集》中文第1版第37卷525页）

1894年，恩格斯的生命之舟已经渐渐驶向终点，但他仍然在用心谋划并且具体安排近期、中期和长远的工作，他说："我的状况是：74岁了，我开始感觉到这一点，而工作之多需要两个40岁的人来做。真的，如果我能够把自己分成一个40岁的弗·恩格斯和一个34岁的弗·恩格斯，两人合在一起恰好74岁，那么一切都会很快就绪。但是在现有的条件下我所能做的，就是继续我现在的工作，并尽可能做得多些好些。"（《马克思恩格斯文集》第10卷第682页）

这真是"发愤忘食，乐以忘忧，不知老之将至"！（《论语·述而》）

此时恩格斯的生命就像是燃烧的蜡炬、吐丝的春蚕，竭诚奉献、惟精惟一，全神贯注、欲罢不能。1895年，就在他辞世前七个月之内，他至少写了八十多封书信，内容涉及科学理论和革命实践的一系列重大问题。他一生的最后一封信写于1895年7月23日，那时他在人世间的日子只剩下两周，但他仍然具体而微地密切关注工人运动的发展。（参见《马克思恩格斯全集》中文第1版第39卷第476页）在这七个月内，他为马克思的名著《1848年至1850年的法兰西阶级斗争》撰写了精湛的导言，为《资本论》第三卷作了重要增补；他还进行多方面的努力，以便实现自己"长期以来的美好愿望"（《马克思恩格斯全集》中文第1版第39卷第428页）——撰写一部马克思传，同时把马克思和他自己的文章"以全集形式重新献给读者"。（《马克思恩格斯文集》第10卷第702页）尤其令人感动的是，就在他的健康遭到疾病威胁的时候，他还时时遥望东方，密切关注1894—1895年爆发的中日甲午战争，认真思考中华民族在这场战争结束后的前途和命运；在致劳拉·拉法格、考茨基和左尔格等人的书信中，他深刻地分析和论述了中国的政治经济形势及其发展前景。（参见《马克思恩格斯全集》中文第1版第39卷第285—286页、第288页，《马克思恩格斯文集》第10卷第674页）

恩格斯的病势日渐严重，以至无法完成预定的工作计划，更不可能实现"看看新的世纪"的热切愿望（《马克思恩格斯全集》中文第1版第39卷第348页）。对于一般人来说，这是难以承受的打击，但恩格斯却从容面对，表现得神闲气定、云淡风轻。他对自己数十年来的奋斗经历深感欣慰，对人类进步事业在新世纪的前途满怀信心。即便在人生的最后一程，他也依然保持着心忧天下的宽广胸怀和好整以暇的行事风格，丝毫也没有紧张焦虑和颓丧惨怛的情绪；恰恰相反，他的举止庄重潇洒，谈吐豪爽坦率，处处表现出对生活的热爱、对战友的真诚，彰显出一个哲人对宇宙人生的透彻认识。

人老了，会是什么样子？"当你老了，头白了，睡思昏沉，炉火旁打盹……"（叶芝《当你老了》，袁可嘉译）——爱尔兰诗人叶芝的这些诗句在东西方广为流传，几乎在人们心中铸成了老人的固定形象。许多人认为，人老以后，即便还有一点"壮志"，也早已力不从心，正如中国宋代诗人陆游所形容的那样："心如老骥常千里，身似春蚕已再眠。"（陆游《赴成都泛舟自三泉至益昌谋以明年下三峡》）——是的，就连这位被誉为"亘古男儿一放翁"（梁启超《饮冰室全集》第四十五册《读陆放翁集》）的豪放诗人，一提起"老境"，笔底也难免流露出心余力绌的无奈和日薄西山的悲凉。

然而晚年的恩格斯却颠覆了东西方千百年来流行的成见。他把萧瑟的"桑榆暮景"变成了灿烂的"云蒸霞蔚"。他在我们眼前展现出一幅踏遍青山、步履犹健、丹诚不泯、浩气长存的壮美图景。他在青年和壮年时期积累的经验和智慧、涵养的气度和情怀、磨练的意志和韧性，在进入老年之后不仅没有消褪和衰减，反而得到进一步升华。他以超越的眼光和豁达的心胸来诠释生命、彰显个性、抒发豪情，使人生的最后一幕走向高潮，放射夺目的华彩，奏响雄奇的乐章。

"刚健笃实，辉光日新。"（《周易·大畜·象传》）——这就是恩格斯晚年的精神境界，这就是他永留世间的动人风采。

"我的心灵凝视着真理，
我的脚步追随着真理"

我们从恩格斯在青年、盛年和暮年时期所作的三次人生选择中，看到了他对高远精神境界的不懈追求。在数十年跌宕起伏的斗争中，恩格斯的目标始终如一，那就是探求真理、坚持真理、传播真理、捍卫真理。1839年，风华正茂的恩格斯曾用掷地有声的诗句表达这一信念，他写道：

"我的心灵凝视着真理，
我的脚步追随着真理，
我不怕烈焰，不怕利剑，

我怎么会彷徨犹豫？

　　我怎么会退缩不前？"

（《马克思恩格斯全集》中文第 2 版第 2 卷第 35 页）

　　这是恩格斯的青春誓词，是他终身坚守的行为准则和至死不变的赤子情怀，也是他的壮丽人生的生动写照。他和马克思一起用思想的火炬照亮了人类探索历史规律和寻求自身解放的道路，揭示了人类社会最终走向共产主义的必然趋势。从此，这个真理就成为他献身于劳苦大众解放事业的科学依据，成为他增强信心、增长智慧、增添勇气的动力之源，也成为他判别是非、决定取舍、进行抉择的唯一指针。

　　有了这样的指针，恩格斯的人生选择就不是也不可能是背着沉重的十字架进行的痛苦选择，而是怀着使命感和自豪感作出的愉快选择。人在一生中总是要追求幸福和快乐的，但正如亚里士多德所说："对于与幸福相谐和的快乐的本质，各人的认识各不相同。人们各以自己的品格（习性）估量快乐的本质"。（亚里士多德《政治学》）恩格斯根据他所服膺的真理，对幸福和快乐的本质作出了自己的界定和诠释：为人类进步事业而含辛茹苦、负重前行，这就是幸福生活，这就是快乐人生。本着这一信念，他甘于选择逆境，勇于选择担当，乐于选择奉献。

　　这就是恩格斯毕生追求并成功抵达的精神境界。正因为如此，他的内心深处始终充满阳光。他的气质、情怀和风度印证了马克思的一句名言："精神的最主要形式是欢乐、光明"。（《马克思恩格斯全集》中文第 2 版第 1 卷第 111 页）恩格斯说过，在人的各种美德中，他所"喜爱的美德"是"乐观"。（参见《马克思恩格斯全集》中文第 1 版第 32 卷第 682—683 页）在他看来，生命航程不可能一帆风顺，奋斗之路从来都充满艰辛，在这种情况下，选择乐观就意味着选择刚强、坚守、进取；反之，选择悲观就无异于选择怯懦、放弃、消沉。确实，倘若一遇风浪就手足无措，一遭挫折就日坐愁城，那还侈谈什么不负韶华、有所作为？因此恩格斯强调，人越是处于重重困难之中，就越是要高扬乐观主义精神；这种精神彰显的是坚如磐石的信念，是蔑视强敌、攻克难关的气魄，是打不倒、击不退、压不垮的意志，是化解焦虑、静思过往、把握当下、笑对未来的智慧。由于这些原因，恩格斯认为，面对压力而能泰然自若、身临逆境而能幽默诙谐，这是坚贞不屈的革命者独具的精神优势。1883年5月22日，在马克思逝世两个多月后，恩格斯在致约·菲·贝克尔的信中写道："最近我清理了1842—1862年的书信。过去的日子和我们的敌人给予我们的许多愉快的时刻又重新出现在我眼前。想起这些往日的经历，我常常笑得流下泪来。我们的幽默是我们的敌人永远不能夺走的。但是这中间有许多非常严肃的东西。"（《马克思恩格斯全集》中文第1版第36卷第28页）

这里所说的"非常严肃的东西"，是指对无产阶级的一片忠诚，对人类解放事业的必胜信念。这就是恩格斯在全方位的恶浪和全天候的逆风中始终保持定力，做到矢志不渝、威武不屈、"临大节而不可夺"（《论语·泰伯》）的根本原因。

"我们的幽默是我们的敌人永远不能夺走的。"这句话看似轻松平易，背后却隐含着无数可歌可泣的奋斗经历和刻骨铭心的人生感悟，因而使战友们纷纷流下感动的热泪。这是一个革命家在身经百战、历尽沧桑之后的"悟道之言"，它使我们不禁联想起燕妮对马克思坚毅品格的描述："在任何时候，甚至在最可怕的时刻，他都没有失去对未来的信心，甚至没有失去极其乐观的幽默感"。（《马克思恩格斯全集》中文第2版第48卷第481页）两位革命导师的铮铮铁骨和嘉言懿行，体现了不以物喜、不以己悲的轩昂气概和登临绝顶、洞视八极的远见卓识，值得我们用一生时间去反复体悟、深长思之。

恩格斯的高尚追求无疑会在东方的中华儿女心中引起共鸣，因为中华民族历来将人的精神品格视为人之所以为人的根本。自古以来，中国人最为推重的人生准则始终是：立德尚义、刚健自强，志存高远、心怀天下，"不以一己之利为利，而使天下受其利；不以一己之害为害，而使天下释其害"（黄宗羲《明夷待访录·原君》）；中国人由衷赞佩的人格丰采始终是：胸怀磊落宽广，心地澄澈光明，自甘清贫而"乐在其中"（《论语·述而》），久历艰辛而"不改其乐"（《论语·雍也》），发愤进取而"乐以忘忧"(《论语·述而》)。即便遭遇坎坷、险象环生，也仍然从容如故、颜色和豫、坚韧沉毅、愈挫愈勇；而当国有危难、民罹疾苦之际，则挺身而出、果决前行、舍生忘死、大义凛然、风雨同舟、勇克顽敌、浴血奋战、浴火重生。五千年来，这种坚贞高洁的品节在中华民族奋斗史上不断赓续和弘扬。特别是近百年来，在中国共产党领导人民进行革命、建设和改革的实践中，这种优良传统得到传承和光大、转化和更新、充实和升华，形成反映历史规律、具有科学内涵、彰显时代特征的精神谱系，融入中华儿女的血脉，成为伟大祖国在历史洪流中巍然屹立、焕发青春、破浪前行的强大动力。

我们看到，中华民族的崇高理想、人文精神和价值追求同恩格斯的高情远致是深相契合的。正是由于理念相通、情感相融，恩格斯的品格和风骨就使我们倍感亲切。"谁谓古今殊？异代可同调。"(《谢灵运〈七里濑〉》)我们今天阅读恩格斯的文章和书信，会感到如晤良师、如逢益友；我们可以向他求教，可以同他对话，也可以与他相视而笑、莫逆于心。从恩格斯慎思明辨的选择和笃行不倦的实践中，我们能够更加全面地领悟什么是真正的生命价值以及怎样实现这种价值；更加深刻地认识什么是我们的民族精神，明白这种精神为什么会千古不磨、历久弥新、生生不息。

人的一生是在各种选择中度过的。在关键时刻作出的选择，在真与假、善与恶、美与丑、公与私、是与非、义与利等重要问题上作出的选择，特别是当深重的灾难和严峻的考验猝然降临时，在是否恪守民族大义、是否维护人民利益的考问面前作出的选择，不仅反映我们的品行和人格的高下，而且决定我们的前途和人生的成毁。我们在生命的各个阶段都有可能遇到各种困难、困扰和困惑，因此，我们在进行抉择时特别需要有明辨的理智、决断的勇气、躬行的毅力和坚守的恒心。正是在这些方面，恩格斯为我们提供了无比珍贵的启示。孟子说过："人有不为也，而后可以有为。"(《孟子·离娄章句下》)从恩格斯的亲身经历和经典格言中，我们能够深切地体悟到，应当怎样把握"可为"与"不可为"的判断标准，从而作出果断正确、无怨无悔的抉择。事实证明，只要我们锲而不舍地钻研科学理论，坚持在实践中运用马克思主义立场观点方法，我们就一定能在人生道路上逐步练就穿透浮云的眼力和搏击风雨的本领；到那时，我们会从心底发出欣喜的感叹："不登高山，不知天之高也；不临深溪，不知地之厚也！"（《荀子·劝学》）

恩格斯的思想、学问和胸怀宛如横无际涯的大海，本文所作的解读和评析仅仅是管窥蠡测，不可能全面论及他的心灵世界和情感世界的所有方面。为了让广大读者了解恩格斯的壮丽人生，我们在纪念恩格斯诞辰200周年之际编纂了这部画传，力求完整、准确而又生动地展现他的实践历程、理论贡献和人格魅力。我们希望，这部图文并茂的传记能够帮助读者走近恩格斯生活的那个风起云涌的时代，进入他那瑰奇而又恢弘的精神天地。这本书讲的是一百多年前的故事，我们深信，用心的朋友从中不仅会读出对历史的沉思，而且会读出对现实的关切、对未来的展望。

1895年8月5日，恩格斯在伦敦逝世。遵照他的遗嘱，战友们将他的骨灰投入碧波万顷的大海。自那时以来，一百二十五年过去了，大海的涛声依旧回响在我们的耳畔，恩格斯的伟岸身影和明澈目光始终在鼓舞我们前进。列宁曾把恩格斯的卓越思想和崇高风范比做"明亮的智慧之灯"。今天，在中国共产党领导的中国特色社会主义事业中，在神州巨轮劈波斩浪、激流勇进之际，我们要高擎这盏智慧明灯，让它的光辉映照中华民族伟大复兴的航程，同时也为我们的人生之旅指明航向。

2020年春寒时节定稿于新京兆堂

马克思 恩格斯
K. Marx   F. Engels
(1818—1883) (1820—1895)

中共中央编译局 立

目录

出版说明

序　言
"我的心灵凝视着真理"
——解读恩格斯的人生选择（韦建桦）

002 / 第一章
　　　童年和学生时代

016 / 第二章
　　　探求真理的青春岁月

046 / 第三章
　　　为创立新世界观和无产阶级政党而斗争

078 / 第四章
　　　投身于1848—1849年的革命洪流

118 / 第五章
　　　曼彻斯特二十年的理论研究和革命活动

156 / 第六章
　　　参与领导第一国际　支持巴黎公社的斗争

192 / 第七章
　　　与马克思共同奋斗的最后十年

216 / 第八章
　　　为整理出版马克思遗著呕心沥血

232 / 第九章
　　　世界无产阶级的导师和顾问

284 / 第十章
　　　马克思恩格斯著作在中国的传播

329 / **恩格斯生平大事年表**

编后记

第一章

童年和学生时代

1820年11月28日，弗里德里希·恩格斯出生于德国巴门市（时属普鲁士王国）。这座城市位于伍珀河谷，与埃尔伯费尔德市毗连，是普鲁士纺织工业中心。巴门市所在的莱茵地区深受法国资产阶级革命影响，资本主义工商业发展迅速，资产阶级反对封建专制制度及其统治思想的斗争日益高涨；与此同时，无产阶级队伍逐步壮大，受压迫的程度日益加深，因而与资产阶级的矛盾和冲突也越来越尖锐。恩格斯在这里度过了童年和学生时代。

恩格斯家族是当地的纺织业世家。恩格斯的父亲是一个思想保守的纺织厂主，对子女施行严格的宗教教育。伍珀河谷的资产阶级奉行基督教虔诚主义，千方百计禁锢人们的思想。家庭状况和社会氛围使恩格斯从小就萌生了反抗宗教压制和束缚、追求自由和真理的激情。恩格斯的母亲性格开朗，热爱生活；外祖父思想开明，知识广博。少年时代的恩格斯在母亲和外祖父那里受到了良好的教育和熏陶。

1829年，恩格斯开始在巴门市立学校接受启蒙教育。1834年，恩格斯进入埃尔伯费尔德文科中学继续学习。这所中学是普鲁士最好的学校之一，一批具有人文主义思想和理性精神的教师使恩格斯开阔了视野和胸襟。他智力出众，学习刻苦，在语言、文学、历史、地理、数学、物理、哲学、艺术等方面都取得了优良的成绩，为日后的发展打下了坚实的基础。

恩格斯在中学时代就十分注意观察社会现实生活。他目睹了工厂主的残酷和虚伪，体会到劳动者的艰难和痛苦。社会生活的尖锐矛盾给他留下深刻印象，他对遭受压迫和剥削的劳苦大众表示深切的同情，对工厂主的贪得无厌和传教士的欺骗行径怀着强烈的憎恶。在文学习作中，恩格斯表达了为争取自由独立、反对压迫奴役而斗争的理想。

恩格斯希望在中学毕业后升入大学，但这一愿望未能实现。1837年，他迫于父命，辍学经商，进入父亲在巴门的公司工作。学业的中断使恩格斯十分苦闷，但并没有动摇他对知识和真理的追求，从此他开始了在社会实践中学习和求索的艰辛历程。

1820年11月28日，弗里德里希·恩格斯出生于德国巴门市（时属普鲁士王国）。这座城市位于伍珀河谷，1930年与毗邻的埃尔伯费尔德合并为伍珀塔尔市。当时，整个德国还处于封建专制制度统治之下，农业生产在经济生活中居于支配地位，而恩格斯的故乡所在的莱茵地区却在法国资产阶级革命的影响下，迅速地出现了较为繁荣的资本主义工商业，同时产生了反对封建专制的民主力量和进步思想。19世纪上半叶，伍珀河谷逐步发展成为普鲁士纺织工业中心，被称做"德国的曼彻斯特"。（01–03）

01. 1840年前后的巴门
02. 1840年前后的埃尔伯费尔德
03. 伍珀塔尔市今貌

| 童年和学生时代 005

02

03

16世纪以后，恩格斯家族定居巴门贝格区，是当地的名门望族。在这个家族中，普鲁士的封建传统和宗教观念根深蒂固。恩格斯的曾祖父和祖父都是著名的企业家，父亲是擅长经营的工厂主，但思想保守，笃信宗教，向子女们灌输基督教虔诚主义思想，要求他们无条件地恪守宗教教义。恩格斯的母亲出生于一个语言学家的家庭，为人正直，待人和善，热爱艺术，具有良好的文化素养。恩格斯的父母育有九个孩子，弗里德里希·恩格斯是家中的长子。（04-13）

04. 恩格斯家族在恩格斯基兴的工厂，远处是他们的住所。
05. 恩格斯家族族徽
06. 恩格斯的父亲老弗里德里希·恩格斯（1796—1860）和母亲伊丽莎白（爱利莎）·弗兰契斯卡·毛里齐亚·恩格斯，父姓范·哈尔（1797—1873）。
07. 恩格斯家谱

恩格斯家谱

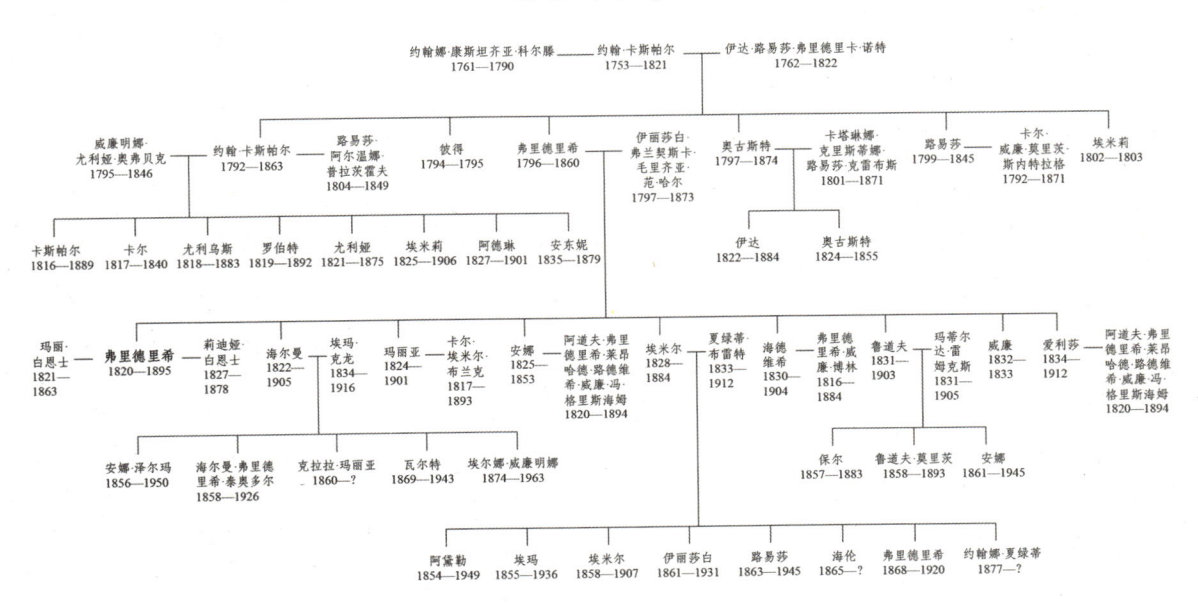

```
                        约翰娜·康斯坦齐亚·科尔滕 ── 约翰·卡斯帕尔ー伊达·路易莎·弗里德里卡·诺特
                              1761—1790              1753—1821        1762—1822
```

| 威廉明娜 尤利娅·奥弗贝克 1795—1846 | 约翰·卡斯帕尔 1792—1863 | 路易莎 阿尔温娜·普拉茨霍夫 1804—1849 | 彼得 1794—1795 | 弗里德里希 1796—1860 | 伊丽莎白·弗兰契斯卡·毛里齐亚·范哈尔 1797—1873 | 奥古斯特 1797—1874 | 卡塔琳娜 克里斯蒂娜·路易莎·克雷布斯 1801—1871 | 路易莎 威廉·莫里茨·斯内特拉格 1799—1845 1792—1871 | 卡尔 1802—1803 | 埃米莉 |

第二代子女：
卡斯帕尔 1816—1889；卡尔 1817—1840；尤利乌斯 1818—1883；罗伯特 1819—1892；尤利娅 1821—1875；埃米莉 1825—1906；阿德琳 1827—1901；安东妮 1835—1879；伊达 1822—1884；奥古斯特 1824—1855

第三代：
玛丽·白恩士 1821—1863；**弗里德里希** 1820—1895；莉迪娅·白恩士 1827—1878；海尔曼 1822—1905；埃玛 克龙 1834—1916；玛丽亚 1824—1901；卡尔·埃米尔·布兰克 1817—1893；安娜 1825—1853；阿道夫·弗里德里希·莱昂哈德·路德维希·冯·格里斯海姆 1820—1894；埃米莉 1828—1884；夏绿蒂·布雷特 1833—1912；海德维希 1830—1904；弗里德里希·廉博林 1816—1884；鲁道夫 1831—1903；玛蒂尔达·雷姆克斯 1831—1905；威廉 1832—1833；爱利莎 1834—1912；阿道夫·弗里德里希·莱昂哈德·路德维希·冯·格里斯海姆 1820—1894

第四代：
安娜·泽尔玛 1856—1950；海尔曼·弗里德里希·泰奥多尔 1858—1926；克拉拉·玛丽亚 1860—？；瓦尔特 1869—1943；埃尔娜·威廉明娜 1874—1963；保尔 1857—1883；鲁道夫·莫里茨 1858—1893；安娜 1861—1945

第五代：
阿黛勒 1854—1949；埃玛 1855—1936；埃米尔 1858—1907；伊丽莎白 1861—1931；路易莎 1863—1945；海伦 1865—？；弗里德里希 1868—1920；约翰娜·夏绿蒂 1877—？

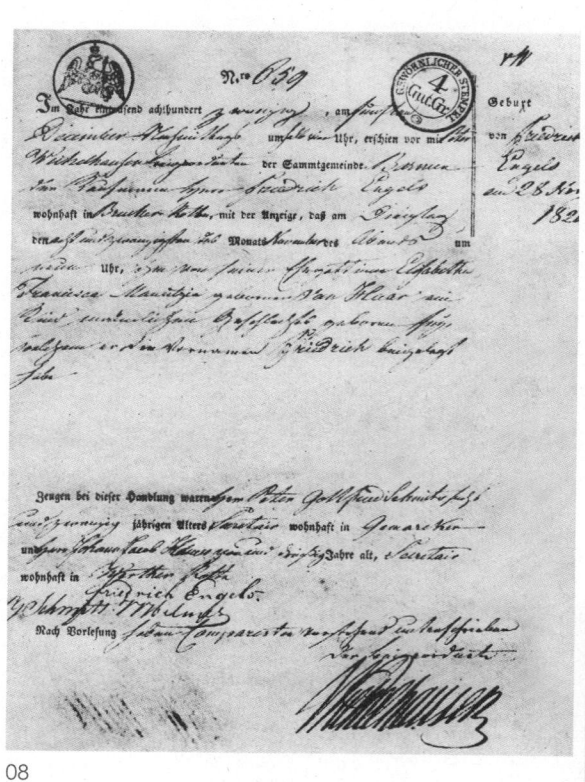

08. 恩格斯的出生证书
09. 恩格斯的父亲在《埃尔伯费尔德日报》上刊登的恩格斯的出生通告:"昨晚,我亲爱的妻子顺利地生了一个健康男婴。1820 年 11 月 29 日于巴门。"
10. 巴门市布鲁赫街 173 号,恩格斯在这里诞生并度过童年。

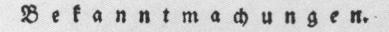

| 童年和学生时代　009

11. 恩格斯出生的房子在第二次世界大战中被毁，现在原处竖立着一块纪念石碑，上面写着："此处是我市伟大的儿子弗里德里希·恩格斯出生的房屋原址，他是科学社会主义创始人之一。"
12. 恩格斯故居纪念馆（恩格斯的父亲出生的房子），位于伍珀塔尔市恩格斯街 10 号。
13. 矗立在恩格斯故居纪念馆广场的恩格斯塑像（2014年 6 月中国政府赠送，作者曾成钢。）

> 亲爱的外祖父，你对我们总是那样和蔼可亲，
> 每当出现坎坷，你总是扶助我们向前行进！
> ——恩格斯《献给我的外祖父》

恩格斯的外祖父伯恩哈德·范·哈尔是一位语言学家，知识广博，思想开明，曾担任哈姆文科中学校长。他经常向恩格斯介绍古代的英雄传奇、著名的文学作品和各国的历史知识，使幼年的恩格斯受到了良好的教育和熏陶。（14—15）

14. 少年时代的恩格斯（中国画） 高莽
15. 恩格斯的外祖父伯恩哈德·范·哈尔（1760—1837）

1829年,恩格斯进入巴门市立学校读书。1834年秋,恩格斯进入埃尔伯费尔德文科中学学习。这是普鲁士最好的学校之一,有一批学识渊博、思想开明的知识分子在这里任教。在他们的引导和启发下,恩格斯接受了人文主义和理性精神的教育,产生了对思想自由和精神独立的热烈向往。他孜孜不倦地学习社会科学和自然科学的基础课程,锲而不舍地积累各种切实有用的知识,努力提高分析问题和辨别是非的能力。在课余时间,他不顾父亲的反对,广泛阅读古典文学和民间文学作品,从中受到多方面的启迪。(16–18)

16. 巴门市立学校
17. 恩格斯用过的教科书
18. 埃尔伯费尔德文科中学

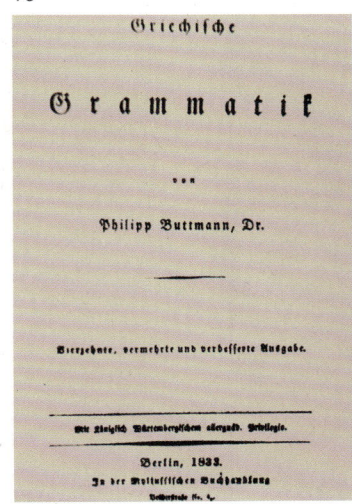

我看到远方闪烁着光芒，
那是一个个美好的形象，
就像点点繁星穿透云雾，
放射出清纯淡远的柔光。
——恩格斯《我看到远方闪烁着光芒》

在刻苦求知、认真思考的过程中，恩格斯对封建思想和宗教观念的反抗意识日益鲜明。他潜心阅读被基督教虔诚主义列为"禁书"的优秀作品，从古代、近代和当代的杰出思想家和文学家的著作中汲取智慧，受到教益。他满怀热情地尝试进行文学创作，在《我看到远方闪烁着光芒》这首诗中，他描绘了许多不畏强暴、敢于向黑暗势力挑战的英雄形象；在《海盗的故事》这篇小说中，他表达了对被压迫民族英勇斗争的同情和支持。他的思想倾向引起了父亲的担忧、焦虑和强烈不满，由此导致父子关系十分紧张。但这一切丝毫也没有影响恩格斯对人生理想的追求。（19—21）

---

19. 恩格斯写的诗歌《我看到远方闪烁着光芒》
20. 恩格斯的古代史笔记
21. 恩格斯在古代史笔记本上作的画

> **恩格斯出生的家庭在社会上极有地位。也许这种家族还从来不曾有过像他那样在生活道路上完全和家世背道而驰的子弟。**
> ——爱琳娜·马克思《弗里德里希·恩格斯》

中学时代的恩格斯十分注意观察社会现实状况。他虽然出身于富裕家庭,但他对遭受压迫和剥削的劳苦大众寄予深切的同情。他亲眼看到工人们过着饥寒交迫的生活,看到童工们受到残酷野蛮的奴役,心中感到无比愤慨,同时对工厂主的卑劣行径和传教士的无耻欺骗怀着满腔的憎恨。出于同情,恩格斯常常把自己积攒的钱分文不剩地送给穷人。这些举动引起了伍珀河谷"上流社会"的议论和不安;恩格斯父亲心中的忧虑更是日益加深。他在一封信中这样写道:"我常常为这个总的说来还很不错的孩子感到担心",看来他"没有学会无条件地服从"。(22)

22. 上学路上 (油画) 邓澍

恩格斯原本打算中学毕业后继续进大学深造，以便为实现理想进一步积累知识。但他的父亲认为儿子在继续求学的过程中会受到"异端"思想的"诱惑"，以致误入"歧途"，于是决定让恩格斯在中学毕业前退学，去学习经商。就这样，恩格斯不得不于1837年9月离开学校，进入父亲在巴门开办的公司，当一名办事员。这个突如其来的打击使年轻的恩格斯感到十分苦闷，但他没有消沉。他接受了命运的挑战，毅然走上了在社会实践中获取知识、增长才干、探求真理的艰辛道路。（23—24）

---

23. 1837年恩格斯受坚信礼的证书。坚信礼（亦译"坚振礼"）是基督教会为受过洗礼的青少年举行的仪式，旨在让他们坚定宗教信仰、恪守各种教规。青年恩格斯虽然领受了坚信礼，但他的内心深处始终怀着抵制基督教虔诚主义的情绪，并开始对宗教的无上权威产生怀疑。
24. 恩格斯的肄业证书。埃尔伯费尔德文科中学代理校长汉契克博士在证书中称赞恩格斯"操行优异"，"资质很高"，有"独立的思想"。

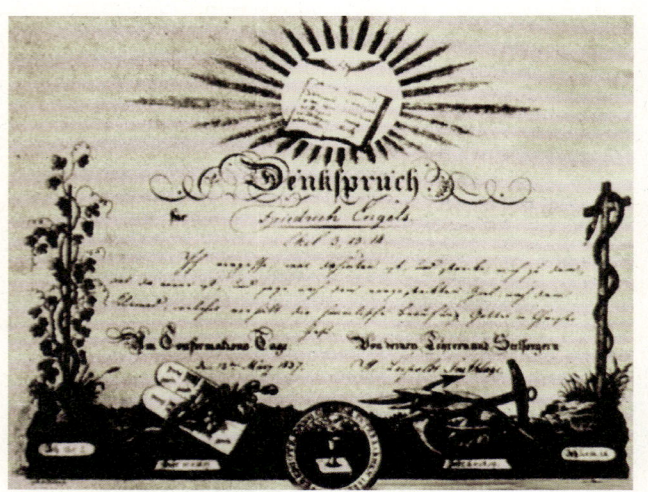

第二章
探求真理的青春岁月

1838年7月，恩格斯离开故乡伍珀河谷，先是在德国不来梅市学习经商（1838—1841），接着在柏林服兵役（1841—1842），然后赴英国曼彻斯特从事商业活动（1842—1844）。这是青年恩格斯在时代风雨中勇敢探索、经受磨炼的六年。通过坚持不懈的社会实践和理论思考，他完成了一生中最重要的思想转折。

　　不来梅时期是恩格斯思想发展的重要阶段。不来梅是资产阶级民主思想十分活跃的繁华商埠，恩格斯在这里广泛接触和吸收各种新思想、新知识，如饥似渴地阅读哲学、政治、历史、文学、艺术等各类著作，并参加进步文学团体的活动，很快就确立了革命民主主义信念。他撰写文章抨击封建专制制度和基督教蒙昧主义，揭露资本家的剥削行径，深切关注社会底层劳动群众的悲惨命运。在大卫·施特劳斯《耶稣传》的影响下，他经过内心激烈斗争实现了与宗教信仰的决裂，成为无神论者。就在这一时期，他转向青年黑格尔主义，开始钻研黑格尔哲学，并努力从这个博大精深的体系中汲取辩证法精华。

　　柏林时期是恩格斯思想变化的关键环节。他利用服兵役的余暇在柏林大学旁听哲学社会科学课程。在柏林大学这个"思想斗争的舞台"上，恩格斯一方面系统研究黑格尔哲学，并尝试用辩证法剖析社会问题和社会思想，一方面积极参与青年黑格尔派反对普鲁士专制制度和宗教神学的斗争，批判基督教正统思想的辩护士谢林，阐明黑格尔辩证法的理论价值和革命精神。他在斗争中受到费尔巴哈《基督教的本质》等著作的启示，开始转向唯物主义，主张通过哲学和革命行动的结合、科学与现实生活的统一，使"思想获得生命"。这一崭新思想促使他同青年黑格尔派分道扬镳。

　　曼彻斯特时期对恩格斯的思想升华具有决定意义。英国是当时最发达的资本主义国家，曼彻斯特是宪章运动的中心，这里为恩格斯考察资本主义制度、了解无产阶级斗争提供了充分条件。他利用一切可能利用的时间深入工厂区和贫民窟，体察工人群众的生活和斗争，参与他们的集会和讨论。他对英国古典政治经济学家和英法空想社会主义者的著作进行批判性研究，吸收其中的积极成果，结合工人运动的实际经验，得出一系列科学结论。他在《德法年鉴》上发表《国民经济学批判大纲》和有关英国状况的文章，强调只有消灭私有制，全面变革社会关系，才能消除资本主义制度造成的弊端，而实现这一目标的力量就是工人阶级。这些文章表明恩格斯完成了从唯心主义向唯物主义、从革命民主主义向共产主义的转变。

恩格斯在他父亲开设于巴门的公司工作了近一年。1838年7月，他离开故乡伍珀河谷，在父亲的陪同下前往曼彻斯特，然后于当年8月来到不来梅，在批发商兼萨克森王国驻不来梅领事亨利希·洛伊波尔德的商行里当练习生。位于威悉河畔的古城不来梅是德国四大自由市之一，也是当时德国最大的商港之一。这里远比伍珀河谷更加繁荣、更加开放，各种思想观点的交流和交锋相当活跃，进步书刊的出版发行条件相对宽松，文艺创作和学术讨论的氛围也比较浓厚。这一切为恩格斯的思想成长和发展提供了有利条件。（01-04）

01．1840年恩格斯所作的不来梅港速写
02．19世纪中叶的不来梅
03．1835年前后的不来梅市政厅和交易所
04．马蒂尼街27号，原洛伊波尔德商行旧址。

1838年，由于家庭情况，恩格斯中学还没有毕业，就不得不到不来梅一家商号去当办事员。从事商业并没有妨碍恩格斯对科学和政治的研究。当他还是中学生的时候，就憎恶专制制度和官吏的专横。对哲学的钻研，使他更前进了。

——列宁《弗里德里希·恩格斯》

> 我们都深恶痛绝那种永无休止的思前虑后,那种对敢作敢为的市侩式恐惧。我们要走出去,跨入自由的天地,冲破谨小慎微的束缚,为夺取生活的桂冠,为有所作为而奋斗。
>
> ——恩格斯《齐格弗里特的故乡》

恩格斯不愿意在琐碎的商业事务中虚度年华,他渴望有所作为,实现自己的抱负。为此,他利用经商实习的余暇,刻苦自学,如饥似渴地吸收各种新思想、新知识。他认真研读思想史和文学史上的名著,从中汲取思想的精华,充实自己的精神世界。他经常阅读进步报刊,密切关注国内外时事政治和思想动态,逐步增强自己的政治敏锐性和判断力。(05)

05. 商行练习生的业余生活 (油画)　鸥洋

"人是自由的！"
这欢呼声出自人的理性，
暴君的怒吼不可能把它压倒，
它震撼四方，响遏行云。
——恩格斯《咏印刷术的发明》

恩格斯在思想上的成长和进步在他的文学习作中得到了生动的反映。他的诗歌和散文充满了奋发向上的激情，表达了对封建专制和宗教压迫的蔑视、对自由平等和民主政治的向往以及对投身于社会变革潮流的渴望。他多才多艺，兴趣广泛，在书信和文学习作中留下了大量画作，反映了他丰富多彩的生活，表明了他对民间文学的热爱。（06-08）

06、07．在不来梅期间生活的速写
08．给民间故事书画的插图

恩格斯具有极高的语言天赋。早在中学时代，他就能够阅读古希腊文和古拉丁文著作，并学会了法语。到不来梅后，他又刻苦学习了多种外语。在1839年4月给威·格雷培的信中，恩格斯介绍了他学习外语的情况，同时用不同的文字简洁生动地描述了各种语言的独特风格："因为我这封信要用好几种语言写，所以我现在改用英语写（英文），——不，不，我还是用我的优美的意大利语，它像和风一样温柔清新，它的词汇犹如最美丽的花园里的百花（意大利文）；也用西班牙语，它仿佛林间的清风（西班牙文）；也用葡萄牙语，它宛如长满鲜花芳草的海边的细浪（葡萄牙文）；也用法语，它好似小溪一样潺潺而流，水声悦耳（法文）；也用荷兰语，它如同烟斗里冒出的一缕香烟，显得多么舒适安逸（荷兰文）；然而我们可爱的德语呀，则是所有这些语言的集大成"。在后来的斗争岁月中，恩格斯始终持之以恒地学习和研究语言，并用他的语言才能为革命事业作出了重要的贡献。（09）

09. 恩格斯1839年4月给威·格雷培的信，信中用不同文字描述了各种语言的风格。这段话的原文是：in writing a polyglottic letter, I will take now the English language, ma no, il mio bello Italiano, dolce e soave, come il zefiro, con parole, somiglianti alle flori del più bel giardino, y el Español, lengua como el viento en los árboles, e o Portuguez, como as olas da mar em riba de flores e prados, et le Français, comme le murmure vîte d'un font, très amusant, ende de hollandsche Taal, gelijk den damp uijt eener pijp Tobak, zeer gemoedlijk: aber unser liebes Deutsch – das ist Alles zusammen.

是什么在束缚精神，是什么在扭曲心灵？
是什么压住了脉搏，遏制炽烈欢畅的激情？
是什么扼住了咽喉，窒息欣喜高呼的声音？
是什么把心潮起伏的胸膛捆得紧紧？
听着，朋友，请听那悲凉的歌吟
正大声回响在这悲凉的环境：
是金钱，是肮脏可鄙的金钱造成这一切，
而鄙俗的世界却正向金钱发出呼唤的强音。
——恩格斯《讥讽吝啬者的即兴诗》

10. 亨利希·海涅（1797—1856），德国诗人，革命民主主义者。
11. 卡尔·路德维希·白尔尼（1786—1837），德国政论家，革命民主主义者。
12. 恩格斯写的诗剧《科拉·迪·里恩齐》手稿

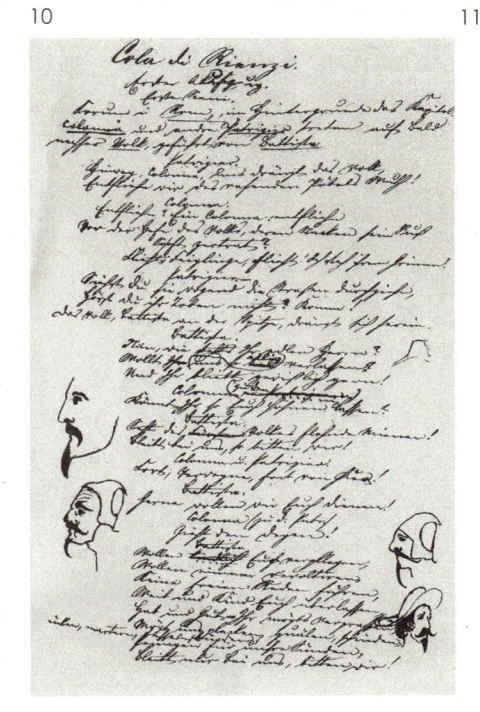

恩格斯喜爱文学。他高度评价优秀文学作品在社会变革和历史进步中的作用，为此，他深入研究文学史和文学理论，密切关注文学创作和文学批评的发展趋势，并同当时在海涅和白尔尼影响下出现的激进文学团体"青年德意志"建立了联系。"青年德意志"关于让人民参加国家管理、反对贵族压迫、摒弃宗教思想统治等进步主张，对恩格斯产生了积极影响。他支持和参与这个团体的活动，并在反映其观点的杂志《德意志电讯》上发表文章。但是恩格斯并不完全赞成"青年德意志"的政治态度，尤其反对他们那些悲观厌世的论调和华而不实的空谈。他的思想很快就向革命民主主义转变。不久，他就同"青年德意志"决裂了。（10—12）

> 这就是伍珀河谷虔诚派的活动情况；很难想象，在我们这个时代居然还会搞出这样一些名堂来；但总可以相信，就是这个旧蒙昧主义的断崖也抵挡不住时代的巨流：沙石一定会被水流卷走，断崖一定会轰然倒塌。
>
> ——恩格斯《伍珀河谷来信》

1839年恩格斯在《德意志电讯》上匿名发表了第一篇政论文章《伍珀河谷来信》。他根据自己在家乡耳闻目睹的大量事实和切身体会，深刻揭露资本家对工人的残酷压榨，严厉谴责虔诚派教士的欺骗行径，同时对劳动人民的悲惨遭遇表示深切同情。这篇文章鲜明地表达了他的革命民主主义立场，在伍珀河谷引起了强烈反响，《德意志电讯》很快就销售一空。伍珀河谷的资产阶级报纸《埃尔伯费尔德日报》接连发表声明，为本地工厂主和虔诚派教士辩护，指责恩格斯的文章"蓄意歪曲事实"。恩格斯立即予以反击，更加鲜明地重申自己的观点。（13–15）

13. 发表在《德意志电讯》第49期上的《伍珀河谷来信》
14. 19岁的恩格斯
15. 恩格斯作的一幅漫画，描绘《伍珀河谷来信》在当地资产者中间遭到强烈的反对。

> 我目前是一个热心的施特劳斯派了。你们只管来吧,现在我有了武器,有了盾牌和盔甲,现在我有把握了;你们只管来吧,别看你们有神学,我会把你们打得不知该往哪儿逃。
>
> ——恩格斯 1839 年 10 月 8 日给威·格雷培的信

随着对现实政治和社会问题的认识日渐加深,恩格斯热切希望彻底冲决宗教信仰的藩篱。然而,对于一个在虔信宗教的家庭和社会环境中成长起来的青年来说,要做到这一点并不容易。在他心中,科学的理性精神和宗教的传统影响交织在一起,引起了剧烈的冲突和斗争。在这个关键时刻,青年黑格尔派代表人物大卫·弗里德里希·施特劳斯的《耶稣传》对恩格斯的思想转变产生了积极的推动作用。这部著作运用黑格尔的辩证法探讨基督教的历史,对福音书的内容和来历做了考证,揭露了圣经中的种种矛盾,否定了它的"永恒的神圣性",从而帮助恩格斯解决了"上帝是否存在"的问题,实现了同宗教的决裂,成为无神论者。(16–18)

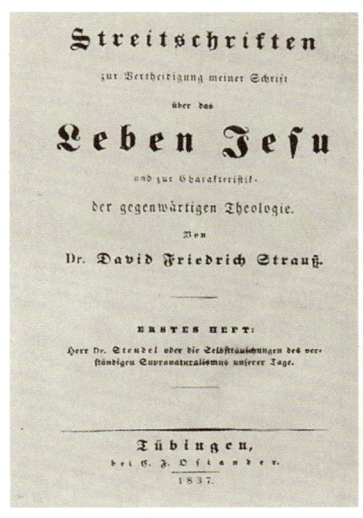

16. 施特劳斯《耶稣传》扉页
17. 大卫·弗里德里希·施特劳斯(1808—1874),德国哲学家和政论家,青年黑格尔派代表人物。
18. 当时的一幅漫画,描绘了青年黑格尔派向基督教发起的猛烈攻击:青年黑格尔派代表人物布·鲍威尔(图中以农民形象出现,德语"农民"的音译是"鲍威尔")骑着"鸵鸟"(德语"鸵鸟"的音译是"施特劳斯"),正把象征基督教的狮子、鹰、天使和公牛赶进"火流"(德语"火流"的音译是"费尔巴哈")。

> **我正在钻研黑格尔的《历史哲学》，一部巨著；这本书我每晚必读，它的宏伟思想完全把我吸引住了。**
>
> ——恩格斯1839年12月9日—1840年2月5日给弗·格雷培的信

恩格斯从青年黑格尔派的思想中受到了启发，开始系统研究黑格尔哲学，尤其是黑格尔的历史哲学。他说："通过施特劳斯，我现在走上了通向黑格尔主义的大道。"恩格斯特别注重从黑格尔博大精深的体系中汲取辩证法思想的精华，并尝试用辩证法分析社会问题，努力从黑格尔的发展学说中寻找实现革命民主主义政治主张的理论依据。与此同时，他初步发现了黑格尔哲学的历史局限性。黑格尔认为自由精神的原则在日耳曼世界已经"成为世界的旌旗"，普鲁士国家则是人类历史发展的"顶峰"。针对黑格尔关于历史发展进程的保守观点，恩格斯指出历史的发展永无止境，不可能停滞不前，也不可能是旧事物的简单重复。这些思想为他后来同马克思一起创立唯物史观做了准备。（19-20）

19. 乔治·威廉·弗里德里希·黑格尔（1770—1831），德国唯心主义哲学家，德国古典哲学的主要代表。

20. 黑格尔《历史哲学讲演录》扉页

1841年9月底,恩格斯去柏林服兵役,当了一年制的志愿兵。对于恩格斯来说,这并不是一件愉快的事情。不过,使他感到宽慰的是,这段经历为他积累军事知识提供了便利条件;更重要的是,与巴门和不来梅相比,柏林的精神生活更加丰富多彩、生气勃勃。这里是各种进步团体、进步思潮与封建势力直接对垒和公开较量的战场。在这座城市里,恩格斯可以更直接地体察政治形势、感受时代气息、参与思想斗争,从而更有利于提升他的政治判断和理论思维能力。(21-26)

21. 19世纪40年代的柏林
22. 当年位于柏林库普弗格拉本广场的近卫炮兵旅兵营,恩格斯曾在这里服役。
23. 1842年恩格斯穿军装的自画像

24. 柏林菩提树下大街的阅兵式

25. 恩格斯的防疫注射证

26. 恩格斯服役期间的品行证书

> 这种麻木不仁长久以来正是德国学术界的不幸。相反，柏林大学的教师中却有各种派别的代表，从而造成活跃的辩论气氛，而这种气氛又使学生们轻而易举就对当代各种倾向有清楚的了解。
> ——恩格斯《一个旁听生的日记》

在服兵役期间，恩格斯利用一切机会到柏林大学旁听哲学社会科学课程，极大地开阔了眼界。正如他在《一个旁听生的日记》中所说："柏林大学的荣誉就在于，任何大学都没有像它那样屹立于当代思想运动的中心，并且像它那样使自己成为思想斗争的舞台。"这所大学的教师中有各种思潮和学派的代表人物，他们常在一些重大问题上展开激烈的辩论。恩格斯带着强烈的问题意识和参与意识认真听讲，深入思考，勇于发表自己的见解，在短短的时间内经受了历练，获得了长足的进步。（27）

27. 1840年前后的柏林大学

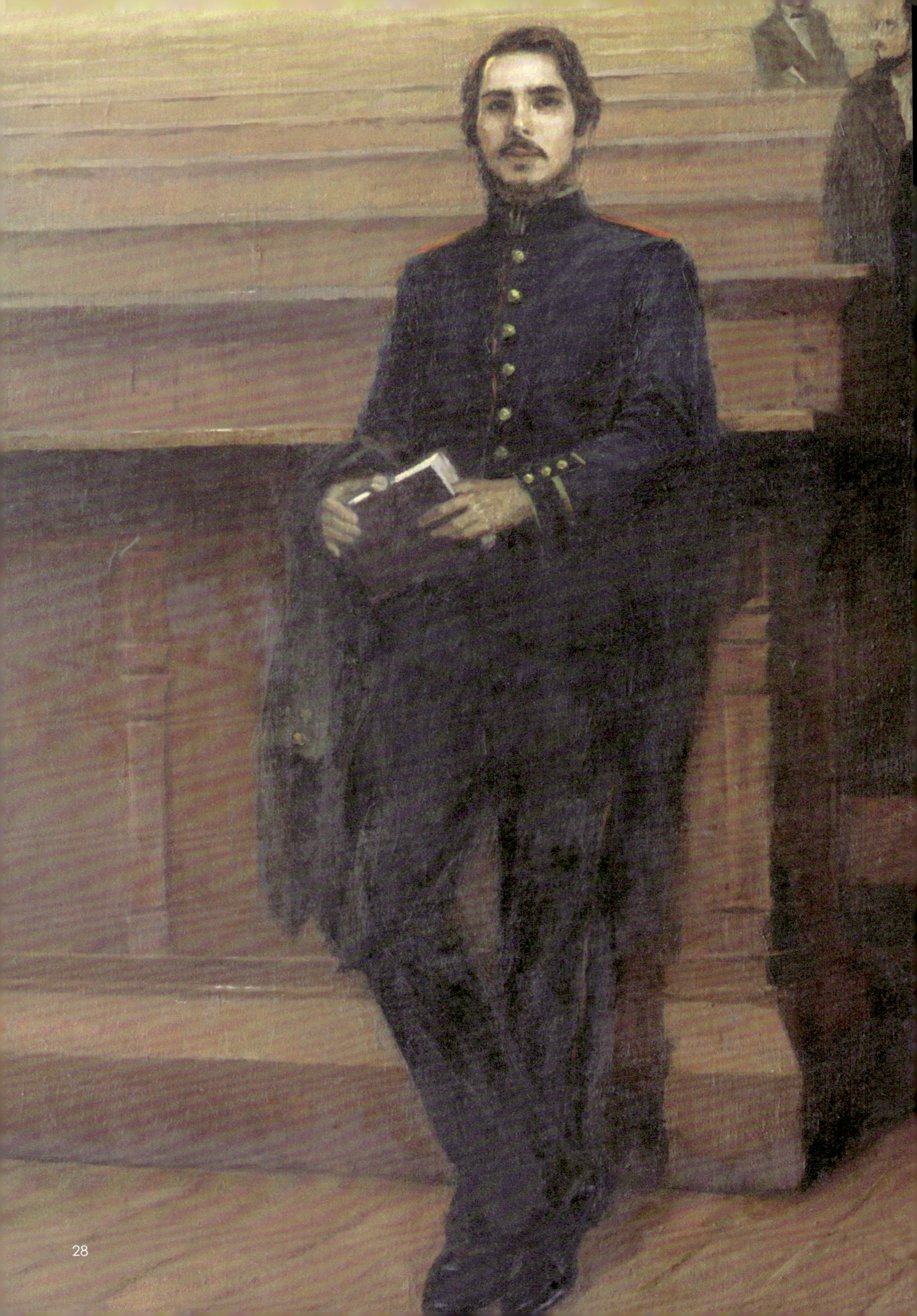

> 我们将血战一场，无所畏惧地直视敌人冷酷的眼睛并且战斗到生命的最后一息！难道你们没有看见我们的旗帜在群山之巅飘扬吗？难道你们没有看见我们的同志的刀剑在闪闪发光，没有看见他们战盔的翎毛在悠悠颤动吗？他们来了，他们从四面八方开来，在号角声中，他们唱着战歌从谷地，从群山向我们涌来。伟大的决定命运的日子，举行最后决战的日子临近了，胜利必将属于我们！
> ——恩格斯《谢林和启示》

普鲁士当局为了压制柏林大学师生中的自由思想和民主精神，竟由国王亲自聘任唯心主义哲学家、封建专制和基督教正统思想的卫道士谢林为柏林大学教授，指使他宣扬神秘主义的启示哲学，攻击黑格尔辩证法及其蕴含的革命精神，反对主张变革的进步思潮。就在谢林发表演讲之后，恩格斯挺身而出，予以反驳，发表了题为《谢林论黑格尔》的论文，随后又撰写并印行了《谢林和启示》、《谢林——基督哲学家》两本小册子。这些著作观点鲜明、文笔犀利，指出谢林宣扬的宗教神秘主义是企图让科学永远充当"信仰的奴仆"，揭露他作为普鲁士王国御用哲学家的真实目的就是竭力维护封建专制制度。与此同时，恩格斯在文中赞扬黑格尔是"开辟了意识的新纪元的人"，肯定黑格尔辩证法是"强有力的、永不静止的思想推动力"。（28-31）

---

28. 柏林大学的旁听生〔油画〕 林缨 李天祥
29. 恩格斯写的小册子《谢林和启示》扉页
30. 恩格斯写的小册子《谢林——基督哲学家》扉页
31. 弗里德里希·威廉·约瑟夫·冯·谢林（1775—1854），德国唯心主义哲学家，德国古典哲学的代表人物。

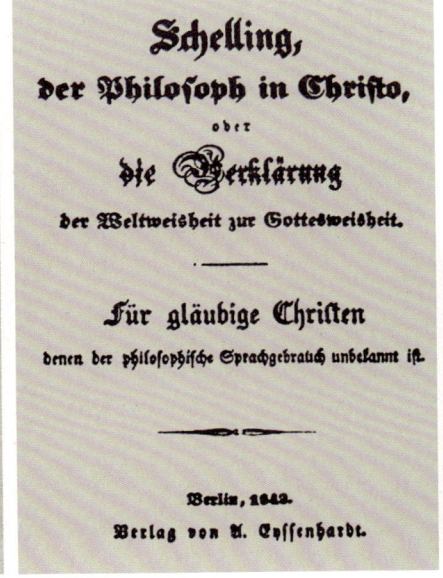

32. 在柏林"自由人"中间（油画） 崔开玺

> 青年德意志已经成为过去，青年黑格尔派出现了；施特劳斯、费尔巴哈、鲍威尔、《年鉴》引起了普遍的重视，原则之间的斗争如火如荼，这是一场你死我活的斗争，基督教已岌岌可危，政治运动遍及一切方面。
> ——恩格斯《评亚历山大·荣克的〈德国现代文学讲义〉》

恩格斯抨击谢林的文章引起了哲学界和进步报刊的关注，特别是受到青年黑格尔派的称赞和支持。柏林大学是青年黑格尔派活动的中心。这个派别力图从黑格尔的辩证法思想中找到批判宗教和反对普鲁士专制制度的武器，曾一度以阿尔诺德·卢格主编的《德国科学和艺术哈雷年鉴》为宣传阵地。恩格斯同他们建立了联系，曾参加以青年黑格尔派代表人物布鲁诺·鲍威尔和埃德加·鲍威尔兄弟为首的柏林"自由人"小组的活动。在这个团体中，恩格斯年纪轻、学历浅，但知识广博，思想敏锐，他的见解、风格和才华赢得了大家的敬重和钦佩；但是，恩格斯对这个团体坚持的主观唯心主义观点，特别是对他们空谈"批判"、脱离实践、蔑视群众的倾向，始终持否定的态度。（32-34）

33. 恩格斯1842年所作的漫画：卢格在柏林"自由人"中间。
34. 恩格斯和埃德加·鲍威尔合写的讽刺叙事诗小册子《横遭威逼但又奇迹般地得救的圣经，或信仰的胜利》的封面。这首长诗描绘了青年黑格尔派同宗教黑暗势力激烈斗争的场景，反映了青年黑格尔派内部辩论的热烈气氛，其中既提到了恩格斯本人的政治主张，又赞美了马克思的革命气概。

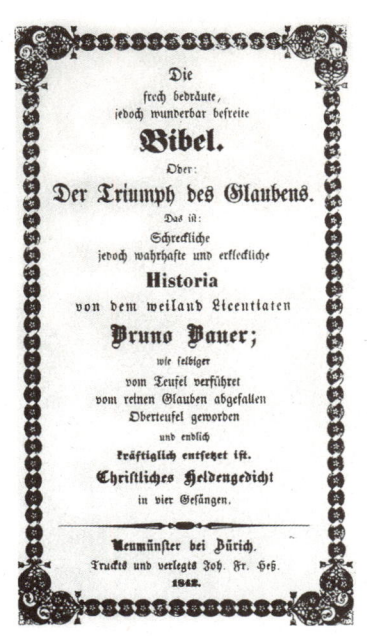

> *在我们的狂飙突进时期，费尔巴哈给我们的影响比黑格尔以后任何其他哲学家都大。*
> ——恩格斯《路德维希·费尔巴哈和德国古典哲学的终结》1888年单行本序言

恩格斯对谢林的批判明显地反映了费尔巴哈唯物主义对他的影响。在此期间他研究了路德维希·费尔巴哈的《基督教的本质》一书。这部著作系统地批判了基督教，阐发了人本主义和无神论思想，其理论价值受到恩格斯的高度评价。恩格斯指出，费尔巴哈唯物主义对整个思想界起到了振聋发聩的作用，这个哲学理论使"我们从沉睡中醒来，压在我们胸口的梦魇消失了，我们揉揉眼睛，惊奇地环顾四周。一切都改变了。在此以前一直同我们格格不入的世界，像幽灵一样以其隐蔽的力量使我们惊恐不已的自然界，——现在同我们多么亲密、多么接近啊！"费尔巴哈的著作为恩格斯提供了批判封建专制和宗教信仰的思想武器，促使他向唯物主义世界观迈出了坚实的一步。他主张实行哲学和革命行动的结合、科学与现实生活的统一，这一崭新的思想促使他同青年黑格尔派分道扬镳。（35–36）

35. 路德维希·费尔巴哈（1804—1872），德国唯物主义哲学家，德国古典哲学的代表人物。
36. 费尔巴哈《基督教的本质》扉页

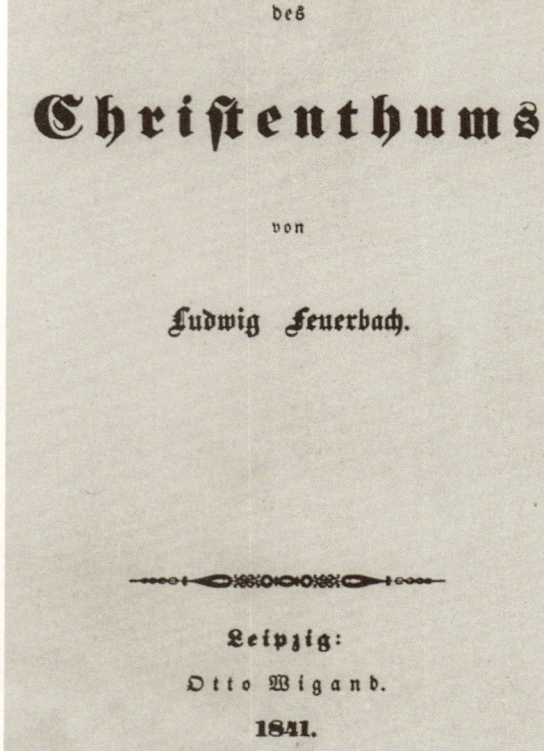

> 恩格斯是在英国，是在英国工业中心曼彻斯特结识无产阶级的。
> ——列宁《弗里德里希·恩格斯》

1842年11月，恩格斯来到英国的曼彻斯特，在欧门—恩格斯公司办事处任职。英国当时是资本主义最发达的国家。曼彻斯特作为英国第二大工业城市，是英国棉纺织工业的中心，又是英国工人运动的中心。在这里，资本主义制度的弊端充分显现，工人阶级在大工业发展进程中不断壮大，开始作为独立的政治力量登上历史舞台，为反对资本主义压迫和封建专制制度进行斗争。这个社会环境有助于恩格斯全面了解资本主义制度的内在矛盾，深刻认识无产阶级的历史使命。（37）

37. 19世纪40年代的曼彻斯特

38

> 我放弃了资产阶级的社交活动和宴会、波尔图酒和香槟酒，把自己的空闲时间几乎全部用来和普通工人交往；这样做，我感到既高兴又骄傲。感到高兴，是因为这样一来我在了解你们的实际生活时度过了许多愉快时光，否则这些时间也只是在上流社会的闲谈和令人厌烦的礼节中浪费掉；感到骄傲，是因为这样一来我就有机会对这个受压迫遭诽谤的阶级给以公正的评价。
>
> ——恩格斯《英国工人阶级状况》

在曼彻斯特，恩格斯利用各种机会进行广泛的社会调查。他深入研究资本主义社会的经济和政治状况，仔细了解工人阶级的劳动条件、苦难生活和斗争历程，努力探求工人阶级解放的道路。（38-40）

38. 走访工人区 （油画） 艾中信
39. 1844年的英国童工
40. 19世纪上半叶的英国棉纺织厂

恩格斯到曼彻斯特后，认识了许多有觉悟的无产者，其中就有纺织女工玛丽·白恩士（1821—1863）。白恩士是一个勇敢正直的爱尔兰工人，她根据自己的亲身经历和真切感受，向恩格斯讲述产业工人的悲惨境遇和奋起反抗的原因，给恩格斯留下了深刻的印象。她常常陪同恩格斯深入工厂区和贫民窟，走访普通工人的家庭，倾听他们的呼声，了解他们的希望，使恩格斯获得了有关英国工人阶级状况的大量第一手材料。白恩士还与恩格斯一起参加工人集会，分析斗争形势，总结运动的经验。共同的目标使他们成为亲密的战友。后来，恩格斯与白恩士结为夫妇，在相互支持中走过了漫长的风雨征程。（41）

41. 一个有觉悟的爱尔兰女工（油画） 朱乃正

> 我在曼彻斯特时异常清晰地观察到,迄今为止在历史著作中根本不起作用或者只起极小作用的经济事实,至少在现代世界中是一个决定性的历史力量;这些经济事实形成了产生现代阶级对立的基础;这些阶级对立,在它们因大工业而得到充分发展的国家里,因而特别是在英国,又是政党形成的基础,党派斗争的基础,因而也是全部政治史的基础。
>
> ——恩格斯《关于共产主义者同盟的历史》

19世纪30年代,英国工人阶级掀起声势浩大的宪章运动,要求实施人民宪章,争取实行普选权并为保障工人享有此项权利而创造必要的条件。这是世界上第一次广泛的、真正群众性的、政治上已经成型的无产阶级革命运动。恩格斯到达英国时正值宪章运动的高潮时期,而曼彻斯特又是宪章运动的中心。在这里,他第一次直接接触了蓬勃发展的工人运动。他密切关注这场运动的进程,研究它的社会背景和时代特征,以便进一步深刻地认识无产阶级革命的发展趋势和内在规律。(42-43)

42. 1842年宪章派举行游行示威

43. 1842年曼彻斯特的罢工风潮

> 1843年，恩格斯从布拉德福德到利兹，到《北极星报》编辑部来找我。他个子很高，少年英俊，面孔几乎像孩子一样年轻。虽然他出生在德国，受教育在德国，但是当时已经说得一口流利的英语。他告诉我，他常常读《北极星报》，对宪章运动非常关心。
> ——乔治·朱利安·哈尼《关于恩格斯》

恩格斯很快就与宪章派建立了密切的联系。他经常参与宪章运动的集会，为宪章派机关报《北极星报》撰写文章、短评和通讯，并结识了宪章派左翼领袖乔治·朱利安·哈尼、詹姆斯·李奇以及其他著名的工人运动活动家。恩格斯把他们视为志同道合的战友，向他们了解情况、提出建议，同他们一起总结运动的经验和教训，使他们受到了深刻的启发。恩格斯认为宪章派是"近代第一个工人政党"。在同宪章派的交往中，他开始思考无产阶级政党建设和斗争策略等重大问题。尤为重要的是，恩格斯在此期间还结识了1836年成立的德国政治流亡者和手工业工人的秘密组织——正义者同盟的领导人。他详细了解同盟的政治倾向、指导思想和组织状况，为日后开展工作做了重要的准备。（44-45）

44. 乔治·朱利安·哈尼（1817—1897），英国宪章派左翼领袖，马克思和恩格斯的朋友。
45. 会见宪章派领袖（中国画）朱理存

> 叫财主老爷们小心些吧，人民强有力的手在我们这一边，各族人民的优秀思想家也纷纷转向我们了。
>
> 例如，我最亲爱的朋友巴门的弗里德里希·恩格斯写了一本维护英国工人利益的书，尖刻地但是也很公正地斥责了那些工厂主。……他真正是一个才智超群的非凡人物，他日日夜夜殚精竭虑为劳动者阶级谋福利。
>
> ——格奥尔格·维尔特1845年7月19日给母亲的信

恩格斯在曼彻斯特与德国青年诗人格奥尔格·维尔特建立了深厚的友谊。他十分赞赏维尔特的抱负、品性和才华，经常同他在一起分析形势，畅谈理想，讨论哲学理论和文学创作问题，帮助他解决各种疑难和困惑。维尔特在这个仅仅比他大两岁的朋友身上看到了许多闪光的东西，受到了终生难忘的教益。后来，在马克思和恩格斯影响下，维尔特坚决勇敢地参加革命斗争，并成为"德国无产阶级第一个和最重要的诗人"。（46—47）

---

46. 格奥尔格·维尔特（1822—1856），德国诗人和政论家，马克思和恩格斯的朋友。
47. 与诗人出游（木刻） 徐匡

为了弄清资本主义制度的本质，探索无产阶级解放的道路，恩格斯对英国资产阶级政治经济学家和英法空想社会主义者的著作进行了批判性研究。他一方面充分肯定这些著作中的积极成果和科学因素，一方面努力辨明其中的错误观点和庸俗成分，并指出其历史的、阶级的局限性。这种批判性研究对他在世界观和政治立场上的彻底转变起到了重要的促进作用。（48–52）

48. 亚当·斯密（1723—1790），英国经济学家，资产阶级古典政治经济学的代表人物。
49. 大卫·李嘉图（1772—1823），英国经济学家，资产阶级古典政治经济学的代表人物。
50. 昂利·圣西门（1760—1825），法国空想社会主义者。
51. 沙尔·傅立叶（1772—1837），法国空想社会主义者。
52. 罗伯特·欧文（1771—1858），英国空想社会主义者。

> 劳动是生产的主要要素，是"财富的源泉"，是人的自由活动，但很少受到经济学家的重视。正如资本已经同劳动分开一样，现在劳动又再度分裂了；劳动的产物以工资的形式与劳动相对立，它与劳动分开，并且通常又由竞争决定，因为，正如我们所看到的，没有一个固定的尺度来确定劳动在生产中所占的比重。只要我们消灭了私有制，这种反常的分离就会消失；劳动就会成为它自己的报酬，而以前被让渡的工资的真正意义，即劳动对于确定物品的生产费用的意义，也就会清清楚楚地显示出来。
>
> ——恩格斯《国民经济学批判大纲》

1844 年 2 月，恩格斯在马克思和卢格合办的《德法年鉴》上发表了《国民经济学批判大纲》。这篇文章对资产阶级政治经济学作了系统的考察，阐述了它的起源、作用和影响，剖析了它的基本范畴，指出它是资本主义私有制的理论表现。文章揭露了资本主义生产方式的各种矛盾，指出私有制是一切社会矛盾的根源，强调只有消灭私有制，全面变革社会关系，才能消除资本主义制度造成的各种灾难性后果，而实现这一伟大目标的力量就是工人阶级。这篇文章标志着恩格斯完成了从唯心主义向唯物主义、从革命民主主义向共产主义的彻底转变。（53—55）

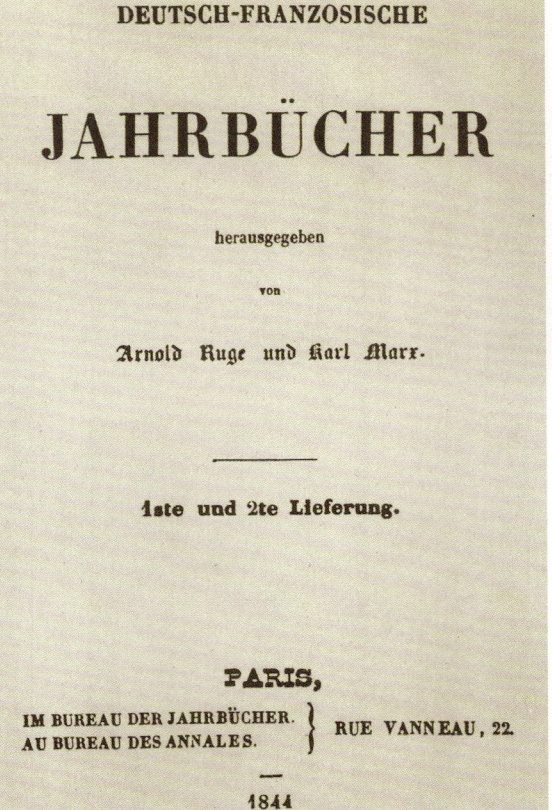

53. 《德法年鉴》第 1—2 期合刊
54. 卡尔·马克思（1818—1883）
55. 阿尔诺德·卢格（1802—1880），德国政论家，青年黑格尔派代表人物；1843—1844 年同马克思一起筹办并出版《德法年鉴》。

> 弗里德里希·恩格斯是当代社会主义最杰出的代表人物之一,他在 1844 年就以他最初发表在马克思和卢格在巴黎出版的《德法年鉴》上的《国民经济学批判大纲》引起了注意。《大纲》中已经表述了科学社会主义的某些一般原则。
> ——马克思为恩格斯《社会主义从空想到科学的发展》1880 年法文版写的前言

恩格斯的《国民经济学批判大纲》对马克思的政治经济学研究产生了重要影响,马克思作了详细摘录,给予高度评价,赞誉它是"批判经济学范畴的天才大纲"。同时,这篇文章的发表也成了马克思和恩格斯从相识到相知的契机。马克思说,自从恩格斯这篇文章问世以后,"我同他不断通信交换意见"。不久以后,他们就密切合作,开始了为无产阶级解放事业并肩战斗的伟大历程。(56)

56. 《德法年鉴》刊载的恩格斯《国民经济学批判大纲》和《英国状况。评托马斯·卡莱尔的〈过去和现在〉》

第三章

为创立新世界观和无产阶级政党而斗争

1844年8月，恩格斯从曼彻斯特返回德国途中，绕道巴黎看望马克思。这是一次历史性会见。恩格斯在回忆这次会见时说："当我1844年夏天在巴黎拜访马克思时，我们在一切理论领域中都显出意见完全一致，从此就开始了我们共同的工作。"

　　他们合作的第一个成果是《神圣家族》。这部著作批判了青年黑格尔派和黑格尔本人的唯心主义哲学观点，揭示了费尔巴哈唯物主义的不彻底性，初步阐述了唯物史观的一些重要思想，指出物质生产对人类历史发展起决定作用，强调人民群众是历史的创造者，无产阶级能够而且必须自己解放自己。

　　恩格斯回到巴门后，积极开展共产主义宣传，并撰写了《英国工人阶级状况》，论述了工人阶级在资本主义制度下的社会地位、斗争历程和历史使命，强调工人运动必须同社会主义相结合。

　　1845年4月，恩格斯从故乡前往布鲁塞尔，与马克思并肩战斗。他们共同撰写了《德意志意识形态》，进一步批判了青年黑格尔派的唯心史观，揭露了"真正的社会主义"的假社会主义面目，指出了费尔巴哈唯物主义的不彻底性，阐明了费尔巴哈的历史观与唯物主义历史观的根本区别，第一次对唯物史观作了系统阐述，并论述了共产主义和无产阶级革命的理论。

　　为了让无产阶级新世界观得到广泛的传播，成为工人阶级自觉运用的思想武器，马克思和恩格斯于1846年初在布鲁塞尔创建共产主义通讯委员会；同时，他们与工人运动中的错误思潮进行斗争，对魏特林主义、蒲鲁东主义和"真正的社会主义"进行批判，为创建无产阶级政党做了思想上和组织上的准备。

　　1847年1月，马克思和恩格斯应正义者同盟领导人的邀请参加了同盟，并帮助同盟改组。在马克思和恩格斯的引导和支持下，正义者同盟在1847年6月召开的代表大会上改组为以科学社会主义为指导思想的第一个国际性的无产阶级政党——共产主义者同盟。恩格斯参加了这次代表大会，并受委托为同盟起草了纲领草案——《共产主义信条草案》。会后他又为同盟起草了一个新的纲领草案——《共产主义原理》。这两部文献是《共产党宣言》的重要准备著作。恩格斯在其中阐明了共产主义理论的本质，论述了无产阶级的阶级特性和历史使命，揭示了资本主义灭亡和共产主义胜利的历史必然性，阐述了共产主义者进行革命斗争的策略原则。

　　1847年11月，马克思和恩格斯出席共产主义者同盟第二次代表大会，并受委托起草一个准备公布的详细的理论和实践的纲领，即《共产党宣言》。《宣言》于1848年2月公开发表，标志着马克思主义的诞生，开启了国际共产主义运动的新纪元。

01

> 自从分手以后,我再没有像在你家里度过的 10 天那样感到心情愉快,感到有人情味。
> ——恩格斯 1844 年 10 月初给马克思的信

1844 年 8 月底,恩格斯从英国返回德国途中,绕道巴黎会见马克思,马克思感到十分欣喜。从 8 月底到 9 月初,他们朝夕相处,倾心交谈,彼此在一切理论领域中的见解完全一致,从此结成了为人类解放事业共同战斗的伟大友谊。恩格斯在巴黎期间,同马克思一起考察了法国的工人运动,参加了法国社会主义者和共产主义者的集会。他们首次合作撰写了《神圣家族》,标志着他们将为创立无产阶级科学理论共同奋斗终身。短短十天相聚,在马克思主义思想史和国际共产主义运动史上留下了重要的一页,也给恩格斯本人留下了终生难忘的印象。(01-03)

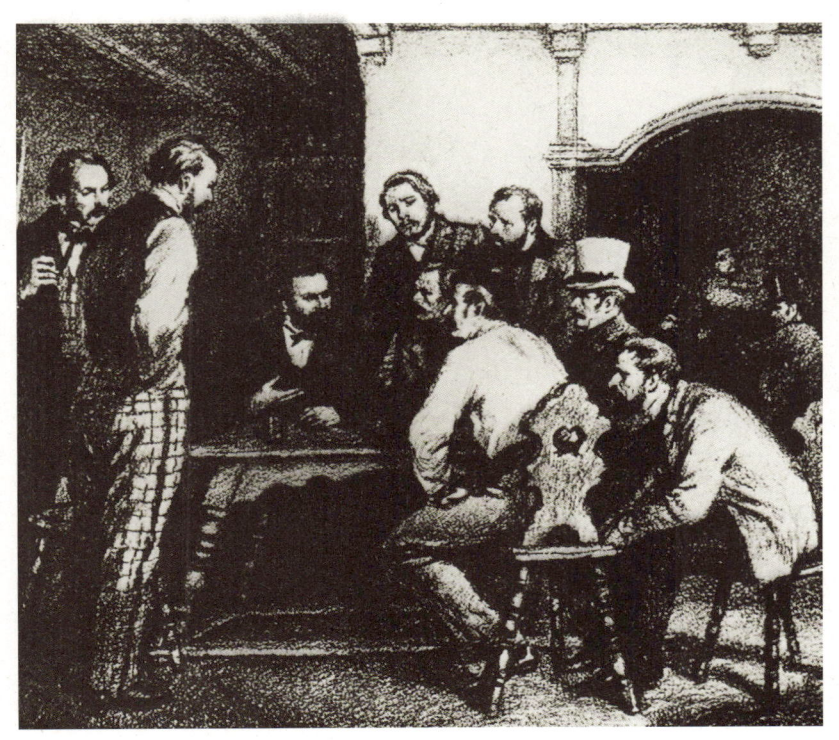

01. 伟大友谊的开端(油画) 何孔德
02. 巴黎雷让斯咖啡馆,马克思和恩格斯曾在这里会晤。
03. 马克思和恩格斯同巴黎社会主义者在一起(素描) 瓦涅齐安

> 费尔巴哈没有走的一步，必定会有人走的。对抽象的人的崇拜，即费尔巴哈的新宗教的核心，必定会由关于现实的人及其历史发展的科学来代替。这个超出费尔巴哈而进一步发展费尔巴哈观点的工作，是由马克思于1845年在《神圣家族》中开始的。
> ——恩格斯《路德维希·费尔巴哈和德国古典哲学的终结》

1845年2月，马克思和恩格斯合著的《神圣家族》在美因河畔法兰克福出版。他们在这部著作中批判了以布鲁诺·鲍威尔为代表的青年黑格尔派的唯心主义，揭示了费尔巴哈唯物主义的不彻底性，初步阐述了唯物史观的一些重要思想，指出在历史发展进程中起决定作用的是物质生产而不是自我意识，阐明物质生产是"历史的诞生地"，强调"历史活动是群众的活动"，"无产阶级能够而且必须自己解放自己"。列宁称这部著作"奠定了革命唯物主义的社会主义的基础"。（04—05）

04. 《神圣家族》第1版扉页
05. 布鲁诺·鲍威尔（1809—1882），德国唯心主义哲学家，青年黑格尔派代表人物。

> 工人们！我谨献给你们一本书。在这本书里，我试图向我的德国同胞真实地描述你们的状况、你们的苦难和斗争、你们的希望和前景。我曾经在你们当中生活过相当长的时间，对你们的境况进行了一些了解。我非常认真地对待所获得的认识，研究过我所能找到的各种官方的和非官方的文件。我不以此为满足，我想要的不限于和我的课题有关的纯粹抽象的知识，我很想在你们家中看到你们，观察你们的日常生活，同你们谈谈你们的状况和你们的疾苦，亲眼看看你们为反抗你们的压迫者的社会统治和政治统治而进行的斗争。
>
> ——恩格斯《英国工人阶级状况》

1844年9月，恩格斯回到巴门后，利用在英国进行社会调查所收集到的丰富材料，着手撰写《英国工人阶级状况》，全书于1845年3月完稿。这部著作阐述了英国资本主义工业发展史以及工人阶级伴随工业革命而形成和壮大的历程；以生动具体的材料展现了工人阶级在资本主义制度下惨遭剥削和压迫的情景，揭示了工人阶级遭受蹂躏的社会根源；指出工人阶级的伟大历史使命就是推翻资本主义统治、创建一个没有剥削和压迫的新社会；强调工人运动除了与社会主义相结合，再也没有其他出路，而社会主义只有成为工人阶级政治斗争的目标，才能赢得真正的胜利。（06）

06. 恩格斯走访老工人（素描） 茹科夫

  这是一部划时代的著作,是科学社会主义的第一部伟大的文献。当恩格斯撰写这部著作,使那些迂腐的学究们感到震惊的时候,他才24岁。但他并不是那种在温室的湿热空气中生长得很快、枯萎得更快的早熟天才;他的"青春激情"源于崇高思想的真正的永恒之火,这种火焰不仅温暖了他的青春岁月,而且温暖了他的暮年时光。
——弗兰茨·梅林《马克思传》

  马克思认为,恩格斯的《英国工人阶级状况》是继《国民经济学批判大纲》之后的又一部力作,这部著作表明恩格斯"从另一条道路"得出了同他一样的结果。马克思高度评价这部著作的理论贡献、科学精神和论述风格。1863年4月9日,他在致恩格斯的信中写道:"重读了你的这一著作,我惋惜地感到,我们渐渐老了。而这本书写得多么清新、热情和富于大胆的预料,没有学术上和科学上的疑虑!""你的书中的主要论点,连细节都已经被1844年以后的发展所证实了。"马克思在研究政治经济学和科学社会主义理论的过程中,常把他所作的笔记同这部著作进行对照,从中受到了许多有益的启发。(07)

07.《英国工人阶级状况》第1版

在恩格斯以前有很多人描写过无产阶级的痛苦,并且一再提到必须帮助无产阶级。恩格斯第一个指出,无产阶级不只是一个受苦的阶级,正是它所处的那种低贱的经济地位,无可遏止地推动它前进,迫使它去争取本身的最终解放。而战斗中的无产阶级是能够自己帮助自己的。工人阶级的政治运动必然会使工人认识到,除了社会主义,他们没有别的出路。另一方面,社会主义只有成为工人阶级的政治斗争的目标时,才会成为一种力量。这就是恩格斯论英国工人阶级状况一书的基本思想。

——列宁《弗里德里希·恩格斯》

　　《英国工人阶级状况》出版后,在德国引起了强烈反响。这部著作一方面遭到了资产阶级及其评论家的诬蔑和围攻,一方面受到了工人阶级和工人运动活动家的热烈欢迎,成为他们正确认识自身地位、力量和使命的理论指针。与此同时,这部著作还帮助那些正直的民主主义者和追求真理的青年提高认识、明确方向,勇敢地站到科学社会主义立场上来。随着时间的推移,这部著作在欧美各国的影响不断扩大,有力地推动了工人运动的深入发展。列宁高度评价《英国工人阶级状况》一书,指出它"是世界社会主义文献中的优秀著作之一"。(08—10)

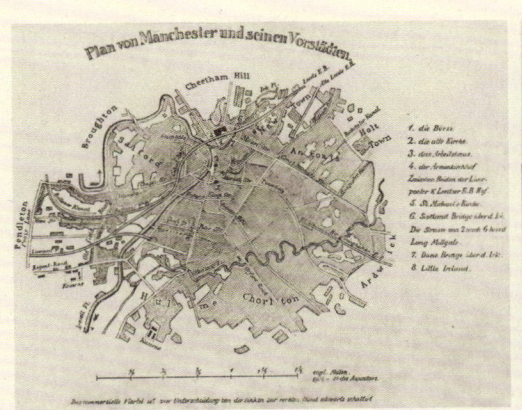

08.《英国工人阶级状况》中的插图:曼彻斯特及其郊区平面图。

09.《英国工人阶级状况》中的插图

10.《英国工人阶级状况》中的插图

1845年1月，在普鲁士政府要求下，法国政府下令驱逐马克思。2月，马克思一家被迫离开巴黎，迁居布鲁塞尔，开始了新的艰难的流亡生活。这时，居住在德国巴门的恩格斯为马克思的遭遇深感忧虑，他当即组织莱茵地区的社会主义者采取行动声援和支持马克思；同时，他很快就把《英国工人阶级状况》一书的稿费寄给马克思一家，帮助他们解决燃眉之急。他在致马克思的信中表示："至少，不能让那帮狗东西因为用卑劣手段使你陷入经济困境而高兴。"恩格斯特别希望在自己的战友处境艰难的时候同他并肩战斗，更重要的是，他迫切需要就理论探索中的重大问题与马克思相互交流。于是，就在同年4月，恩格斯从巴门来到了布鲁塞尔。（11—14）

11. 恩格斯（19 世纪 40 年代）
12. 19 世纪中期的布鲁塞尔
13. 布鲁塞尔圣居杜尔平原路 19 号野林旅馆，1845 年 4 月至 5 月恩格斯在这里居住。
14. 布鲁塞尔卢万门外同盟路 7 号，1845 年 5 月至 1846 年 6 月恩格斯在这里居住。

1845年7—8月，恩格斯陪同马克思到英国作了为期六周的考察。他们在伦敦、曼彻斯特等地深入工人区进行实地调查，了解产业工人的劳动和生活状况，了解工会的组织情况和工人运动的发展趋势。在曼彻斯特的切特姆图书馆，他们研读了有关英国和欧洲历史、社会、经济和政治的大量珍贵文献资料，作了笔记，并进行了认真的讨论。这段经历给恩格斯留下了极为深刻的印象，以至多年以后，他还重访旧地，深情地回忆他和马克思当时在这里工作的情景。（15–18）

15. 马克思和恩格斯与曼彻斯特纺织女工交谈（油画） 高虹

> *最近几天我又坐在小楼凸窗处的方形斜面桌前勤奋地工作，这是我们24年前曾坐过的地方；我很喜欢这个位置，因为那里有彩色玻璃，阳光始终充足。*
>
> ——恩格斯1870年5月15日给马克思的信

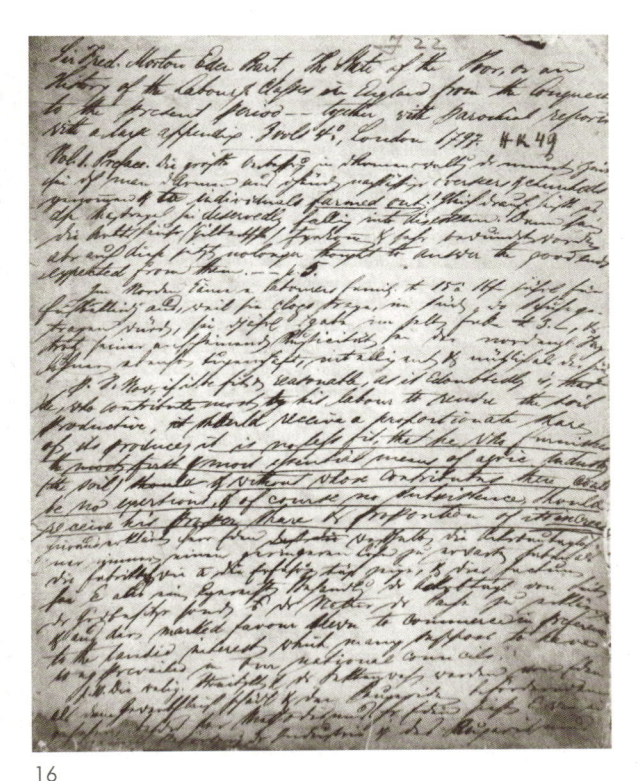

16. 恩格斯在曼彻斯特的读书笔记的一页
17. 曼彻斯特古老的切特姆图书馆，马克思和恩格斯曾在这里查阅资料和写作。
18. 切特姆图书馆阅览室

> 所有这些情况都促进了同盟内部,特别是伦敦领导者内部悄悄发生的转变。他们越来越明白,过去的共产主义观点,无论是法国粗陋的平均共产主义还是魏特林共产主义,都是不够的。……过去的理论观念毫无根据以及由此产生的实践上的错误,越来越使伦敦的盟员认识到马克思和我的新理论是正确的。
> ——恩格斯《关于共产主义者同盟的历史》

在英国考察期间,马克思和恩格斯在伦敦会见了正义者同盟领导人约瑟夫·莫尔、亨利希·鲍威尔和卡尔·沙佩尔。正义者同盟经过多年的发展,在欧洲各国产生了广泛的影响。马克思和恩格斯详细了解同盟的斗争历史、理论主张、组织形式以及开展活动的情况,并向同盟领导人阐明了自己在理论上、策略上的主要观点。在伦敦,他们还会见了宪章派左翼领导人乔治·朱利安·哈尼等,出席了有宪章派、正义者同盟盟员、英国民主派领导人参加的聚会,积极支持成立一个国际性的革命组织,以加强各国民主派的合作。1845年9月,民主派兄弟协会在伦敦成立。马克思和恩格斯同该协会保持经常性的联系,并通过协会影响各国无产阶级运动和民主运动。(19—20)

---

19. 1844年的伦敦
20. 民主派兄弟协会会员证

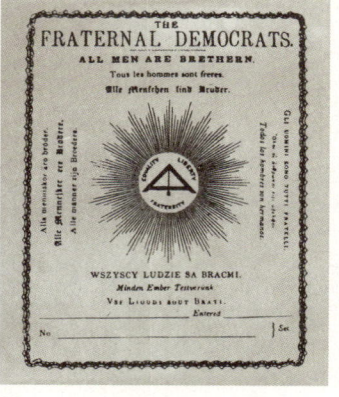

> 马克思在《政治经济学批判》（1859年柏林版）的序言中说，1845年我们两人在布鲁塞尔着手"共同阐明我们的见解"——主要由马克思制定的唯物主义历史观——"与德国哲学的意识形态的见解的对立，实际上是把我们从前的哲学信仰清算一下。这个心愿是以批判黑格尔以后的哲学的形式来实现的。两厚册八开本的原稿早已送到威斯特伐利亚的出版所，后来我们才接到通知说，由于情况改变，不能付印。既然我们已经达到了我们的主要目的——自己弄清问题，我们就情愿让原稿留给老鼠的牙齿去批判了"。
>
> ——恩格斯《路德维希·费尔巴哈和德国古典哲学的终结》1888年单行本序言

为了全面阐述和捍卫自己的政治信念和理论观点，马克思和恩格斯决定进一步采取行动，彻底批判费尔巴哈和青年黑格尔派主要代表布·鲍威尔、麦·施蒂纳等人的唯心史观，揭露所谓"真正的社会主义"的假社会主义面目。青年黑格尔派颠倒意识与存在、思想与现实的关系，主张以"纯粹的思想批判"代替反对现存制度的革命实践。马克思和恩格斯把这种哲学思想和政治主张称做"德意志意识形态"。他们决心通过对"德意志意识形态"的批判，彻底清算从前的哲学信仰，集中阐发新的世界观即唯物主义历史观，科学地论证共产主义取代资本主义的历史必然性。为此，马克思和恩格斯从1845年10月至1847年4或5月合写了《德意志意识形态》一书，实现了他们的共同心愿。这部著作当时未能出版，直到1932年才第一次以原文全文发表。（21-22）

21. 《德意志意识形态》手稿
22. 《德意志意识形态》手稿中的两页

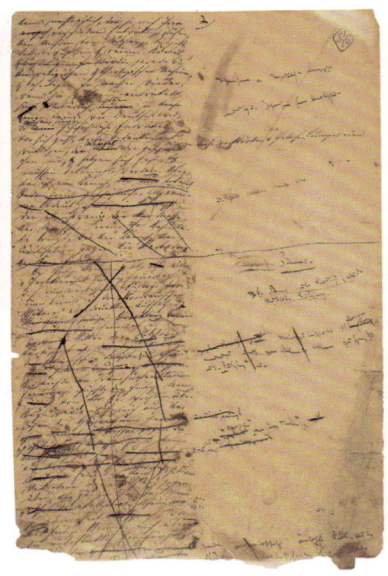

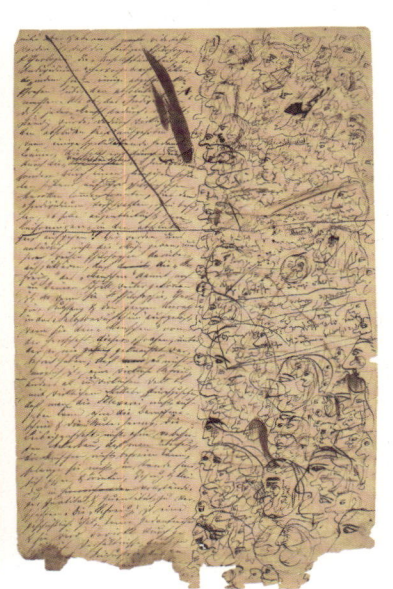

> 这种历史观和唯心主义历史观不同，它不是在每个时代中寻找某种范畴，而是始终站在现实历史的基础上，不是从观念出发来解释实践，而是从物质实践出发来解释各种观念形态。
>
> ——马克思恩格斯《德意志意识形态》

马克思和恩格斯在《德意志意识形态》中首次对唯物史观和共产主义理论作了比较系统的阐述。他们论证了研究现实的人的生产活动以及他们的物质生活条件是唯物史观考察历史的出发点，论述了社会存在决定社会意识这一历史唯物主义的基本原则，阐述了物质生产在人类历史发展进程中的决定作用，揭示了生产力和生产关系、经济基础和上层建筑之间的矛盾运动和辩证关系，论述了私有制和阶级产生的根源，阐明了共产主义革命的远大目标和基本特征，提出了无产阶级夺取政权、消灭私有制、建设新社会并在斗争实践中改造自己的任务。这部著作是唯物史观基本形成的里程碑，也是马克思主义哲学创立的标志。（23-24）

---

23. 《马克思恩格斯全集》历史考证版（MEGA[1]）第 1 部分第 5 卷（1932 年柏林版）发表的《德意志意识形态》
24. 麦克斯·施蒂纳（1806—1856），德国唯心主义哲学家，青年黑格尔派代表人物。图为施蒂纳头像，头像下面的德文题词为："麦克斯·施蒂纳。弗里德里希·恩格斯凭记忆绘，1892 年于伦敦。"

23

24

> 德国的革命行动将从我们的工人当中开始。……无产阶级运动以惊人的速度展开了,一两年后,我们就可以检阅光荣的工人队伍,即民主主义者和共产主义者的队伍。
> ——恩格斯《最近发生的莱比锡大屠杀。——德国工人运动》

恩格斯在布鲁塞尔的寓所是被迫流亡的各国革命者经常聚会的场所。他们在这里讨论有关欧洲政治形势以及各国革命运动的种种问题,聆听恩格斯对这些问题的意见。(25)

25. 与政治流亡者在一起 (油画)　王沂东

> 我们不参与同盟的内部事务，但仍然知道那里发生的一切重要事件。另一方面，我们通过口头、书信和报刊，影响着最杰出的盟员的理论观点。
> ——恩格斯《关于共产主义者同盟的历史》

1846年初，马克思和恩格斯创建了布鲁塞尔共产主义通讯委员会。他们通过这种组织形式，同各国共产主义者、社会主义者和先进工人团体保持经常性的通讯联系，以便沟通情况、交流观点，广泛宣传科学社会主义思想，及时消除各种错误思潮的影响，团结真正的革命力量，为建立无产阶级政党做好思想上、组织上的准备。为此，他们特别重视与正义者同盟保持密切联系，引导他们逐步自觉接受无产阶级革命的科学理论和斗争策略。通讯委员会的领导核心由马克思、恩格斯和比利时共产主义者菲力浦·沙尔·日果组成。（26-28）

26. 马克思
27. 恩格斯

> 我和我的两个朋友，即弗里德里希·恩格斯和菲力浦·日果（他们两人都在布鲁塞尔）一起同德国的共产主义者和社会主义者建立了经常性的通讯联系，借以讨论学术问题，评论流行的著作，并进行社会主义宣传。
>
> ——马克思 1846 年 5 月 5 日给皮·约·蒲鲁东的信

28. 布鲁塞尔共产主义通讯委员会部分成员

威廉·沃尔弗（1809—1864），德国无产阶级革命家和政论家。

埃德加·冯·威斯特华伦（1819—1890），德国法学家，马克思夫人燕妮的弟弟，马克思的同学。

约瑟夫·魏德迈（1818—1866），德国和美国工人运动活动家。

威廉·魏特林（1808—1871），德国裁缝，工人运动活动家，空想平均共产主义理论家。

> 有一个年轻的威斯特伐利亚大学生海尔曼·克利盖到了美洲，在那里以同盟特使的身份出现，和一个疯子哈罗·哈林建立了联系，企图利用同盟在南美洲掀起变革；他创办了一家报纸，在报纸上以同盟的名义鼓吹一种以"爱"为基础、充满着爱、十分多情、陶醉于爱的共产主义。我们在一个通告里反对了他，这个通告立即发生了作用：克利盖从同盟舞台上消失了。
>
> ——恩格斯《关于共产主义者同盟的历史》

布鲁塞尔共产主义通讯委员会成立后，为了广泛宣传科学社会主义思想，马克思和恩格斯同当时工人运动中影响较大的魏特林的平均共产主义、蒲鲁东的小资产阶级社会主义以及所谓"真正的社会主义"作了坚决斗争。

魏特林在德国早期工人运动中起过积极作用，但他的学说是一种粗陋的、空想的平均共产主义的理论。随着工人运动的发展，他的理论很快成为工人运动的障碍。马克思和恩格斯曾耐心引导他接受科学社会主义理论，但他刚愎自用，顽固坚持自己的错误观点。最后，马克思和恩格斯不得不同他彻底决裂。

1846年，"真正的社会主义"的代表人物、德国新闻记者海尔曼·克利盖（1820—1850）在美国创办报纸，抹杀无产阶级和资产阶级之间的对立和斗争，宣扬所谓"兄弟合作"和"普遍的爱"。1846年5月11日，马克思和恩格斯为布鲁塞尔共产主义通讯委员会起草了《反克利盖的通告》，对克利盖的言行进行了彻底的批判。（29–30）

29. 同魏特林决裂（中国画） 纪清远
30. 《反克利盖的通告》稿本

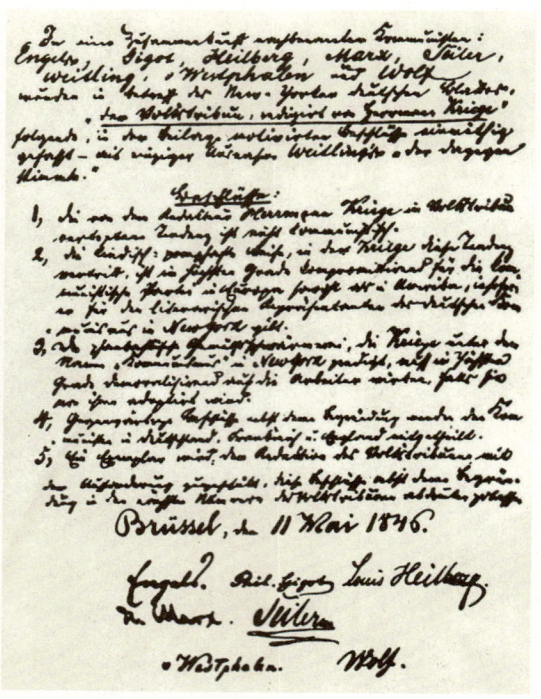

> 我把共产主义者的宗旨规定如下：（1）实现同资产者利益相反的无产者的利益；（2）用消灭私有制而代之以财产共有的手段来实现这一点；（3）除了进行暴力的民主的革命以外，不承认有实现这些目的的其他手段。
> ——恩格斯1846年10月23日给布鲁塞尔共产主义通讯委员会的信

1846年8月，恩格斯受布鲁塞尔共产主义通讯委员会的委托，到巴黎宣传科学社会主义，组建共产主义通讯委员会分会，积极参加巴黎正义者同盟的活动。在同盟支部会议上，恩格斯对"真正的社会主义"的代表人物卡尔·格律恩和他所兜售的蒲鲁东的"救世计划"进行了猛烈的抨击。恩格斯明确地指出："我所要做的主要就是证明暴力革命的必要性，同时对格律恩那种在蒲鲁东的万应灵药中找到了新生命力的'真正的社会主义'从根本上加以驳斥，指出它是反无产阶级的、小资产阶级的和施特劳宾人的东西。"恩格斯通过会上的激烈辩论和会下的恳切交谈，使许多盟员心悦诚服地接受科学社会主义理论，并坚决同错误思潮划清界限。（31）

31. 宣传共产主义（油画） 高虹

1846—1848年，恩格斯经常为《德意志—布鲁塞尔报》、《改革报》和《北极星报》撰稿，抨击反动政治制度，批判资产阶级和小资产阶级思潮，宣传科学社会主义。

在《共产主义者和卡尔·海因岑》一文中，恩格斯批驳了小资产阶级民主派卡尔·海因岑对共产主义的攻击和诬蔑，阐述了共产主义理论产生的时代背景和实践基础，指出共产主义作为理论，是无产阶级立场在阶级斗争中的理论表现，是无产阶级解放的条件的理论概括。

在《诗歌和散文中的德国社会主义》一文中，恩格斯对"真正的社会主义"的代表人物在文学领域散布的唯心史观进行了批判，第一次将历史唯物主义观点运用到文学评论和文学史研究领域，阐明了考察作家与作品的正确立场和科学态度，并对德国伟大诗人歌德的成就和历史局限性作了全面的分析和经典的评价。（32-35）

32. 1847年10月3日《德意志—布鲁塞尔报》第79号，载有恩格斯的文章《共产主义者和卡尔·海因岑》。
33. 1847年9月12日《德意志—布鲁塞尔报》第73号，载有马克思的《〈莱茵观察家〉的共产主义》一文和恩格斯的《诗歌和散文中的德国社会主义》开头部分。
34. 《德意志—布鲁塞尔报》、《改革报》和《北极星报》的报头
35. 1847年4月11日，联合省议会在柏林开幕，弗里德里希-威廉四世发表了御前演说。这是恩格斯针对这一事件所作的讽刺画（1847年5月6日《德意志—布鲁塞尔报》作为附页发表）。

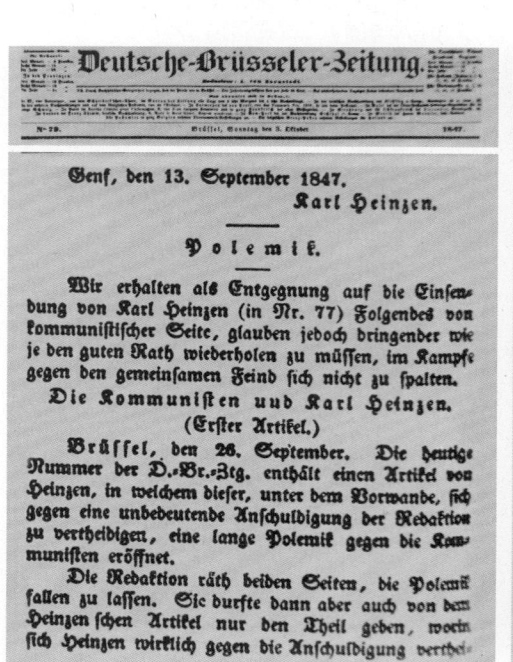

共产主义不是教义，而是运动。它不是从原则出发，而是从事实出发。共产主义者不是把某种哲学作为前提，而是把迄今为止的全部历史，特别是这一历史目前在文明各国造成的实际结果作为前提。共产主义的产生是由于大工业以及由大工业带来的后果，是由于世界市场的形成，是由于随之而来的不可遏止的竞争，是由于目前已经完全成为世界市场危机的那种日趋严重和日益普遍的商业危机，是由于无产阶级的形成和资本的积聚，是由于由此产生的无产阶级和资产阶级之间的阶级斗争。共产主义作为理论，是无产阶级立场在这种斗争中的理论表现，是无产阶级解放的条件的理论概括。

——恩格斯《共产主义者和卡尔·海因岑》

36. 共产主义者同盟成立大会（油画） 张文新

共产主义者的目标是什么？

答：建立这样的社会：使社会的每一个成员都能完全自由地发展和发挥他的全部才能和力量，并且不会因此而损害这个社会的基本条件。

——恩格斯《共产主义信条草案》

经过多年曲折起伏的斗争，正义者同盟领导人从挫折和失败中汲取了教训，认识到他们所坚持的空想共产主义观点和宗派性、密谋性斗争方式在理论上是错误的，在实践上是有害的，只有马克思和恩格斯创立的科学社会主义理论才能引导工人阶级获得解放。1847年1月20日，正义者同盟委托约瑟夫·莫尔拜访马克思和恩格斯，邀请他们加入同盟。鉴于同盟领导者愿意改组同盟并接受科学社会主义理论，马克思和恩格斯同意加入并帮助改组同盟。1847年6月2—9日，同盟在伦敦召开代表大会，恩格斯出席了大会。大会决定把正义者同盟改名为共产主义者同盟，把同盟的旧口号"人人皆兄弟"改为"全世界无产者，联合起来！"恩格斯在会上以当时流行的问答形式为同盟起草了第一个纲领稿本，即《共产主义信条草案》。这次大会作为共产主义者同盟第一次代表大会载入史册。（36–39）

37. 《共产主义信条草案》手稿
38. 同盟第一次代表大会拟定的章程草案的手稿第1页。草案中写上了马克思和恩格斯提出的战斗口号："全世界无产者，联合起来！"
39. 同盟第一次代表大会后出版的机关刊物《共产主义杂志》，1847年9月在伦敦只出了试刊。杂志标题下面印有"全世界无产者，联合起来！"这一战斗口号。

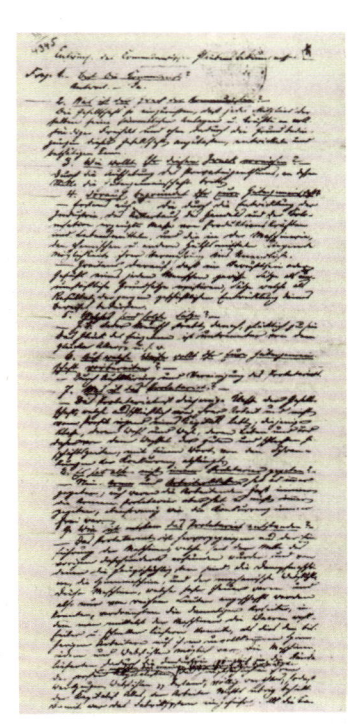

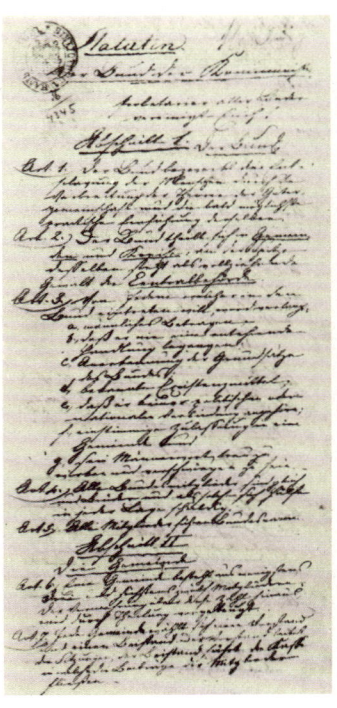

40. 写作《共产主义原理》（素描） 刘文西

> 什么是共产主义？
> 答：共产主义是关于无产阶级解放的条件的学说。
> ——恩格斯《共产主义原理》

共产主义者同盟第一次代表大会后，恩格斯受同盟巴黎区部的委托，在《共产主义信条草案》的基础上草拟了一个新的纲领草案——《共产主义原理》，供同盟第二次代表大会讨论。这个新的纲领草案虽然仍采用问答形式，但对很多重要思想作了全新的表述。大会召开前夕，恩格斯致信马克思，商讨同盟纲领的修改问题，提出："我们最好不要采用那种教义问答形式，而把这个文本题名为《共产主义宣言》。"

恩格斯的《共产主义信条草案》和《共产主义原理》是《共产党宣言》的重要准备著作。这两篇文献阐明了共产主义理论的本质，论述了无产阶级的历史使命，揭示了资本主义灭亡和共产主义胜利的历史必然性，阐述了共产党人进行革命斗争的根本宗旨和策略原则，批判了各种资产阶级和小资产阶级社会主义流派，从而在一系列重大的理论和实践问题上为撰写《共产党宣言》厘清了思路，奠定了基础。（40-42）

41.《共产主义原理》手稿
42. 恩格斯1847年11月23—24日给马克思的信的第1页

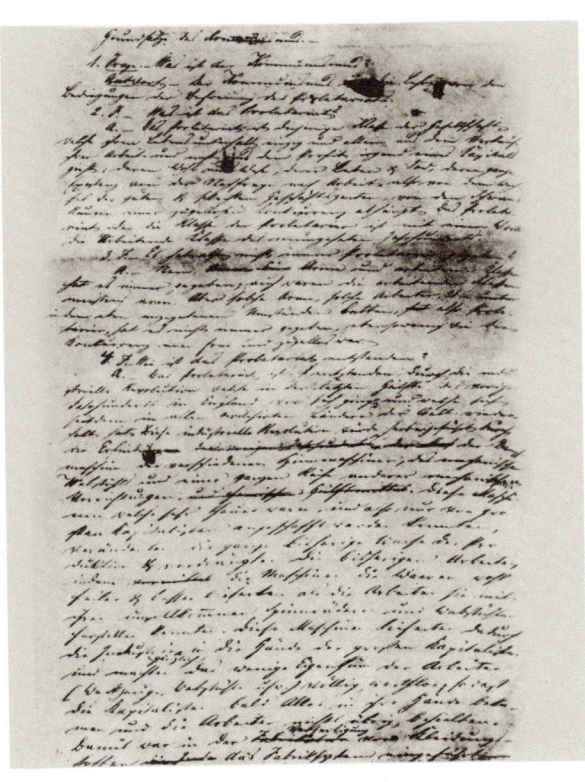

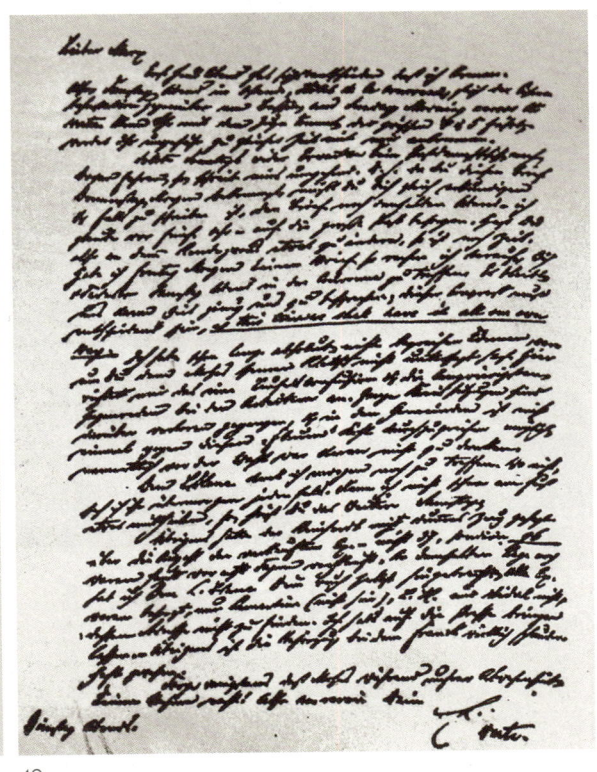

> 同盟的目标是：推翻资产阶级，建立无产阶级统治，消灭以阶级对立为基础的资产阶级旧社会，建立没有阶级、没有私有制的新社会。
> ——《共产主义者同盟章程》

1847年11月29日至12月8日，共产主义者同盟在伦敦举行第二次代表大会。马克思和恩格斯出席了这次大会，并牢牢掌握会议的方向。在长时间的辩论中，马克思和恩格斯阐述并捍卫了科学社会主义的理论主张，消除了同盟内部在指导方针和策略原则上存在的分歧和疑虑，赢得了大家的拥护，实现了思想的统一。在马克思和恩格斯的参与下，与会代表进一步修订并正式通过了《共产主义者同盟章程》。大会一致赞同马克思和恩格斯的理论观点和策略思想，并委托他们起草一个准备公布的理论和实践的党纲。（43—44）

---

43. 同盟第二次代表大会会址红狮旅馆，位于伦敦大磨坊街。
44. 代表大会通过的同盟章程

马克思和我被委托起草宣言。宣言在很短时间内就完成了。二月革命前几个星期它就被送到伦敦去付印。自那时起,它已经传遍全世界,差不多译成了所有各种文字,并且直到今天还是世界各国无产阶级运动的指南。同盟的旧口号"人人皆兄弟",已经由公开宣布斗争的国际性的新战斗口号"全世界无产者,联合起来!"所代替。

——恩格斯《关于共产主义者同盟的历史》

1847年12月至1848年1月底,马克思和恩格斯经过一个多月的努力,写成了马克思主义纲领性文献《共产党宣言》。(45)

45. 起草《共产党宣言》(木刻) 张怀江

> 共产主义的特征并不是要废除一般的所有制，而是要废除资产阶级的所有制。
>
> 但是，现代的资产阶级私有制是建立在阶级对立上面、建立在一些人对另一些人的剥削上面的产品生产和占有的最后而又最完备的表现。
>
> 从这个意义上说，共产党人可以把自己的理论概括为一句话：消灭私有制。
>
> ——马克思恩格斯《共产党宣言》

马克思和恩格斯在《共产党宣言》中运用历史唯物主义基本原理，阐述了人类历史发展进程，指出原始土地公有制解体以来的全部历史都是阶级斗争的历史，即被剥削阶级和剥削阶级、被统治阶级和统治阶级之间斗争的历史。《宣言》对资本主义作了系统而又深刻的分析，科学地评价了资产阶级的历史作用，揭示了资本主义的内在矛盾和资本主义必然灭亡、共产主义必然胜利的历史规律；阐明了无产阶级作为资本主义掘墓人的历史使命；论述了共产党的性质、宗旨、基本纲领和策略原则，奠定了马克思主义建党学说的基础；批判了形形色色的社会主义流派，划清了科学社会主义同它们的界限。《共产党宣言》的问世，标志着马克思主义的诞生，开启了国际共产主义运动的新纪元，深刻地改变了人类历史进程。（46-47）

46.《共产党宣言》手稿的一页，头两行为马克思夫人燕妮的手迹。
47. 马克思写的《共产党宣言》第三章计划草稿

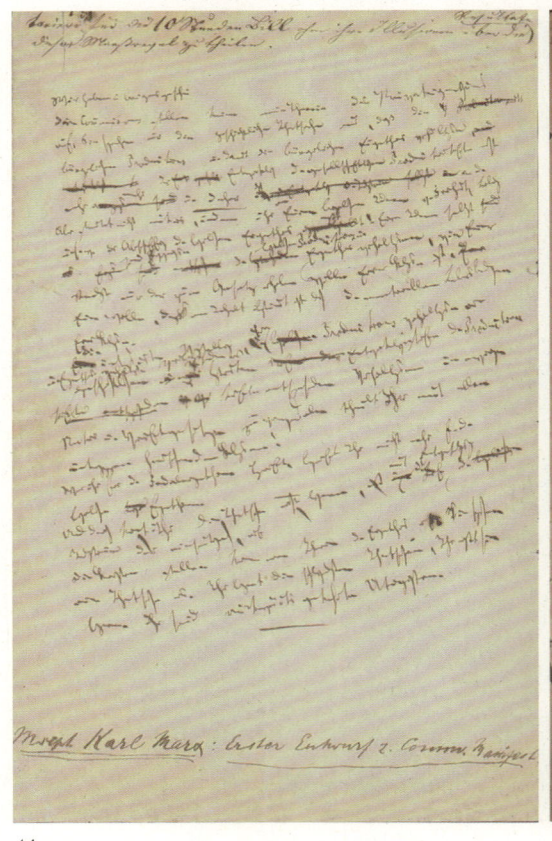

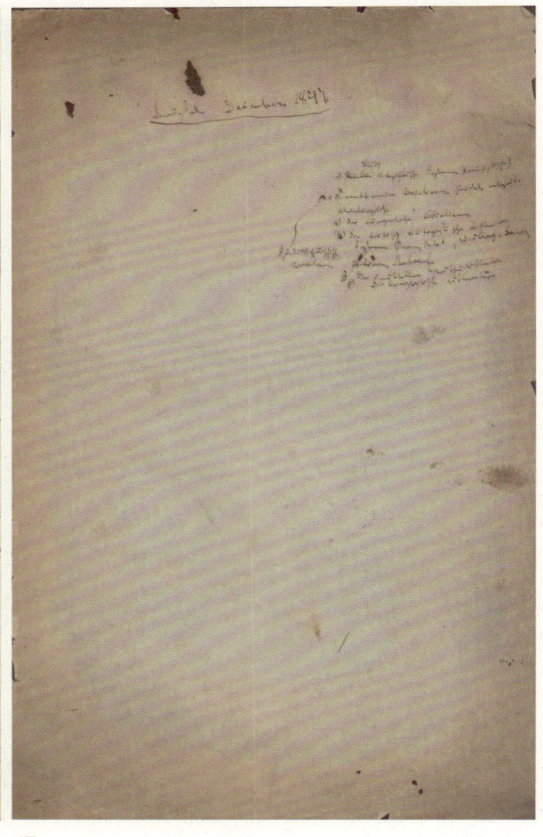

> 代替那存在着阶级和阶级对立的资产阶级旧社会的,将是这样一个联合体,在那里,每个人的自由发展是一切人的自由发展的条件。
> ——马克思恩格斯《共产党宣言》

1848年2月底,《共产党宣言》德文第一版在伦敦出版,很快被译成欧洲多种文字。在1848年的各个版本中没有作者署名。1850年英国宪章派机关刊物《红色共和党人》登载《共产党宣言》的英译文时,主编乔治·哈尼在序言中第一次指出了作者的名字。恩格斯在《共产党宣言》1888年英文版序言中指出:"《宣言》的历史在很大程度上反映着现代工人阶级运动的历史;现在,它无疑是全部社会主义文献中传播最广和最具有国际性的著作,是从西伯利亚到加利福尼亚的千百万工人公认的共同纲领。"

《共产党宣言》是一部科学洞见人类社会发展规律的经典著作,是一部充满斗争精神、批判精神、革命精神的经典著作,是一部秉持人民立场,为人民大众谋利益、为全人类谋解放的经典著作。《宣言》揭示的人类社会最终走向共产主义的必然趋势,奠定了共产党人坚定理想信念、坚守精神家园的理论基础。(48-49)

48. 马克思和恩格斯起草《共产党宣言》(油画) 波利亚科夫

49. 1848年2月在伦敦出版的《共产党宣言》德文第1版封面

munistischen Partei

...im Februar 1848

《共产党宣言》发表后，迅速在全世界广泛传播。马克思和恩格斯在不同时期为《宣言》的七个版本撰写过序言。这些序言阐明了贯穿《宣言》的基本思想是唯物史观，强调《宣言》的任务就是宣告现代资产阶级所有制必然灭亡；回顾了《宣言》在各国的传播史，总结了国际共产主义运动的历史经验，并结合各个国家的不同条件，指明了无产阶级革命和民族解放运动的前进方向；论述了对待马克思主义理论的科学态度，指出："不管最近25年来的情况发生了多大的变化，这个《宣言》中所阐述的一般原理整个说来直到现在还是完全正确的。某些地方本来可以作一些修改。这些原理的实际运用，正如《宣言》中所说的，随时随地都要以当时的历史条件为转移"。（50）

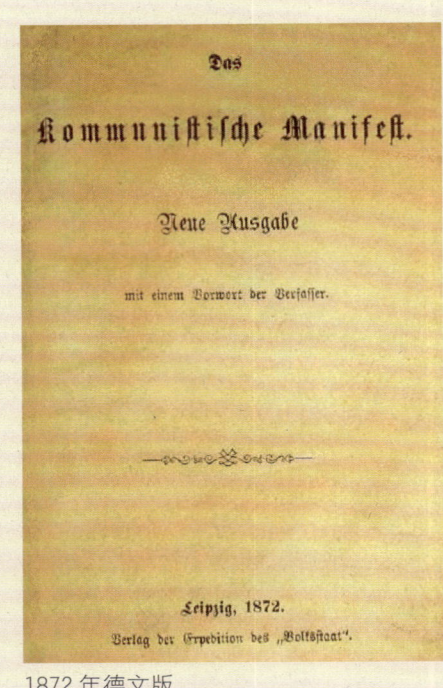

1872年德文版

1882年俄文版

1888年英文版

1890年德文版

1892年波兰文版

50. 马克思和恩格斯亲自撰写序言的《共产党宣言》七个版本

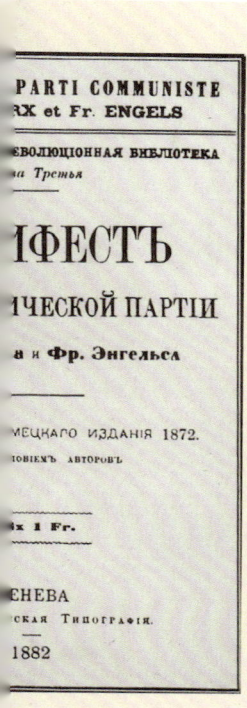

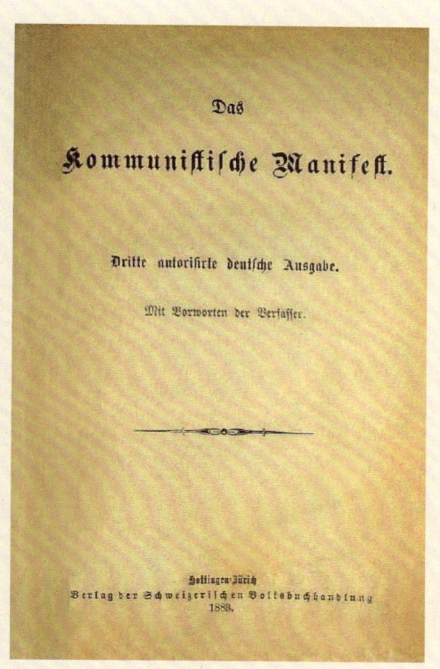

1883年德文版

1893年意大利文版

> 贯穿《宣言》的基本思想：每一历史时代的经济生产以及必然由此产生的社会结构，是该时代政治的和精神的历史的基础；因此（从原始土地公有制解体以来）全部历史都是阶级斗争的历史，即社会发展各个阶段上被剥削阶级和剥削阶级之间、被统治阶级和统治阶级之间斗争的历史；而这个斗争现在已经达到这样一个阶段，即被剥削被压迫的阶级（无产阶级），如果不同时使整个社会永远摆脱剥削、压迫和阶级斗争，就不再能使自己从剥削它压迫它的那个阶级（资产阶级）下解放出来。——这个基本思想完全是属于马克思一个人的。
> ——恩格斯为《共产党宣言》
> *1883年德文版写的序言*

Manifest der Kommunistischen Partei

Ein Gespenst geht um in Europa – das Gespenst des Kommunismus. Alle Mächte des alten Europa haben sich zu einer heiligen Hetzjagd gegen dies Gespenst verbündet, der Papst und der Zar, Metternich und Guizot, französische Radikale und deutsche Polizisten.

Veröffentlicht i[m Februar 1848]

第四章
投身于1848—1849年的革命洪流

1848年,一场革命风暴席卷欧洲大陆,1月意大利爆发巴勒莫人民反对国王的起义,接着法国爆发二月革命,德国爆发三月革命,欧洲其他一些国家也相继爆发革命。

法国二月革命后,共产主义者同盟在巴黎组成了新的中央委员会,马克思任主席,恩格斯为委员。德国三月革命爆发后,马克思和恩格斯为同盟中央委员会起草了《共产党在德国的要求》,这个文件体现了《共产党宣言》中规定的共产党人在民主革命中的斗争目标和策略原则,是无产阶级在资产阶级民主革命中的行动纲领。

1848年4月,马克思和恩格斯回到德国参加革命。他们在科隆积极筹办《新莱茵报》作为指导革命斗争的思想阵地,同时与民主派组织建立联系,组成联合阵线。

1848年6月1日,马克思和恩格斯创办的《新莱茵报》出版。他们通过《新莱茵报》评析德国革命和整个欧洲革命的重大事件,帮助工人群众认清斗争形势,了解革命的目标和任务,声援欧洲各被压迫民族的解放斗争。正像恩格斯所说,《新莱茵报》"成了革命年代德国最著名的报纸"。为了发展壮大革命力量,马克思和恩格斯直接参与领导科隆的民主运动和工人运动。马克思和恩格斯以及《新莱茵报》其他编辑积极参加科隆民主协会的工作,促使该协会同工人联合会和其他民主派建立密切联系,并同农民和农业工人进行合作,广泛动员人民群众参加革命民主运动。普鲁士反动当局对马克思、恩格斯和《新莱茵报》的编辑进行疯狂迫害。1849年5月19日,《新莱茵报》被迫停刊,用红色油墨出版了终刊号。

1849年5月初,德国爆发了声势浩大的维护帝国宪法的运动。恩格斯立即投入这场运动,先是返回家乡埃尔伯费尔德参加起义,后来加入共产主义者同盟盟员奥·维利希领导的起义军，参加了巴登—普法尔茨的多次战斗，最后随军团余部撤退到瑞士。恩格斯以亲身实践证明，"最坚定的共产主义者也是最勇敢的士兵"。

1849年11月，恩格斯来到伦敦，和马克思一起改组共产主义者同盟，创办《新莱茵报。政治经济评论》，从理论上对1848年革命进行总结。1850年3月和6月，他们起草了两篇《共产主义者同盟中央委员会告同盟书》，制定了无产阶级在未来革命中的纲领和策略，强调无产阶级必须建立自己的独立政党。

在此期间，恩格斯还撰写了《德国维护帝国宪法的运动》和《德国农民战争》两部重要著作，从不同角度总结1848—1849年革命的经验，指出只有无产阶级才能进行彻底的革命，强调工人阶级在现实斗争中必须高度重视和发挥农民的革命积极性。

恩格斯因在巴黎从事革命活动而遭到法国政府的迫害。1848年1月29日，法国政府发出驱逐令，要求恩格斯在24小时内离开巴黎。警察在深夜闯入恩格斯的寓所，气势汹汹地搜查所谓"罪证"。在这种形势下，恩格斯不得不立即离开法国。他来到布鲁塞尔，同马克思一起为推动欧洲革命运动而积极开展工作。（01）

01. 逼离巴黎 （中国画） 刘向平

> 由于这次革命获得胜利,法国的无产阶级又成了欧洲运动的领袖。荣誉和光荣属于巴黎的工人们!他们推动了整个世界,所有国家都将一一感到这一点,因为法兰西共和国的胜利就是全欧洲民主派的胜利。
>
> 我们的时代,民主派的时代来到了。在土伊勒里宫和罗亚尔宫燃起的火焰,是无产阶级的朝霞。现在,资产阶级的统治到处都要崩溃,被推翻。
>
> ——恩格斯《巴黎的革命》

19世纪40年代,随着资本主义的发展,欧洲资产阶级民主运动日益高涨。1848年初,意大利巴勒莫民众反抗封建统治的起义揭开了革命的序幕;接着,1848年2月,法国爆发二月革命,巴黎工人推翻了君主政权,宣布成立法兰西第二共和国。恩格斯深刻地认识到这一事件的重大意义,随即发表了《巴黎的革命》一文,指出这是人民的胜利,是巴黎的无产阶级通过斗争取得的辉煌成就;同时他预言,德国将紧随其后出现革命运动。果然,1848年3月,奥地利首都维也纳和普鲁士首都柏林相继爆发革命。在此期间,声势浩大的斗争浪潮开始席卷整个欧洲。(02-04)

02. 1848年2月24日巴黎罗亚尔宫外的战斗
03. 1848年3月13日维也纳的革命风暴
04. 1848年柏林三月革命

> 共产党人为工人阶级的最近的目的和利益而斗争，但是他们在当前的运动中同时代表运动的未来。
> ——马克思恩格斯《共产党宣言》

法国二月革命爆发后，马克思和恩格斯先后来到巴黎，领导新组建的共产主义者同盟中央委员会的工作。德国三月革命爆发后，马克思和恩格斯根据《共产党宣言》确立的原则，起草了《共产党在德国的要求》，拟定了十七条革命措施。他们指出："只有实现这些措施，德国千百万一直受少数人剥削，且少数人仍力图使之继续受压迫的人，才能争得自己的权利和作为一切财富的生产者所应有的权力。"这是无产阶级在资产阶级民主革命中的第一个行动纲领。（05）

05.《共产党在德国的要求》

> 马克思和恩格斯参加 1848—1849 年的群众革命斗争的时期，是他们一生活动中最令人瞩目的中心点。
>
> ——列宁《反对抵制》

德国爆发革命后，巴黎德意志民主协会的一些领导人鼓动德国流亡者组成义勇军打回老家去。马克思和恩格斯周密地分析了德国当时的形势，主张流亡者分散回国参加革命，反对采取冒险主义行动。截至 1848 年 4 月初，马克思、恩格斯和共产主义者同盟中央委员会动员了三四百名德国流亡者（其中多数是同盟盟员），携带着《共产党宣言》和《共产党在德国的要求》有步骤地返回祖国开展革命的宣传和组织工作。随后，马克思和恩格斯自己也离开巴黎回国，直接参加德国革命，成为革命群众斗争的引导者和组织者。（06）

06. 马克思和恩格斯动员德国工人分散回国（油画）　邓澍

1848年4月11日，马克思和恩格斯来到科隆筹办《新莱茵报》，并以共产主义者同盟中央委员会的名义，派出代表分赴各地，向广大工人群众和社会各界宣传共产党人的革命主张，扩大同盟的地方组织，推动革命运动深入发展。在此期间，恩格斯前往巴门、埃尔伯费尔德等地。他不顾个人安危，克服重重困难，为创办《新莱茵报》筹集资金，同时为组织共产主义者同盟的地方支部开展工作。（07）

07. 19世纪中期的科隆

> 这是革命的时期,在这种时候从事办日报的工作真是一种乐趣。你会亲眼看到每一个字的作用,看到文章怎样简直像榴弹一样击中目标,看到打出去的炮弹怎样爆炸。
>
> ——恩格斯给《社会民主党人报》读者的告别信

1848年6月1日,马克思主编的《新莱茵报》在科隆出版。正如恩格斯所说:"当我们在德国创办一种大型报纸的时候,我们就有了现成的旗帜。"马克思和恩格斯正是利用《新莱茵报》这个舆论阵地,指导德国工人阶级和广大人民群众开展反对封建专制制度的斗争,在复杂的形势下向他们指明斗争方向和斗争策略,揭露资产阶级的背叛行径和小资产阶级的软弱、动摇和不彻底性,同时高瞻远瞩地分析整个欧洲的形势,支持各国人民的革命斗争。马克思和恩格斯还通过《新莱茵报》指导共产主义者同盟盟员在各地的工作,因此,《新莱茵报》实际上也成了同盟在革命时期的领导中心。(08)

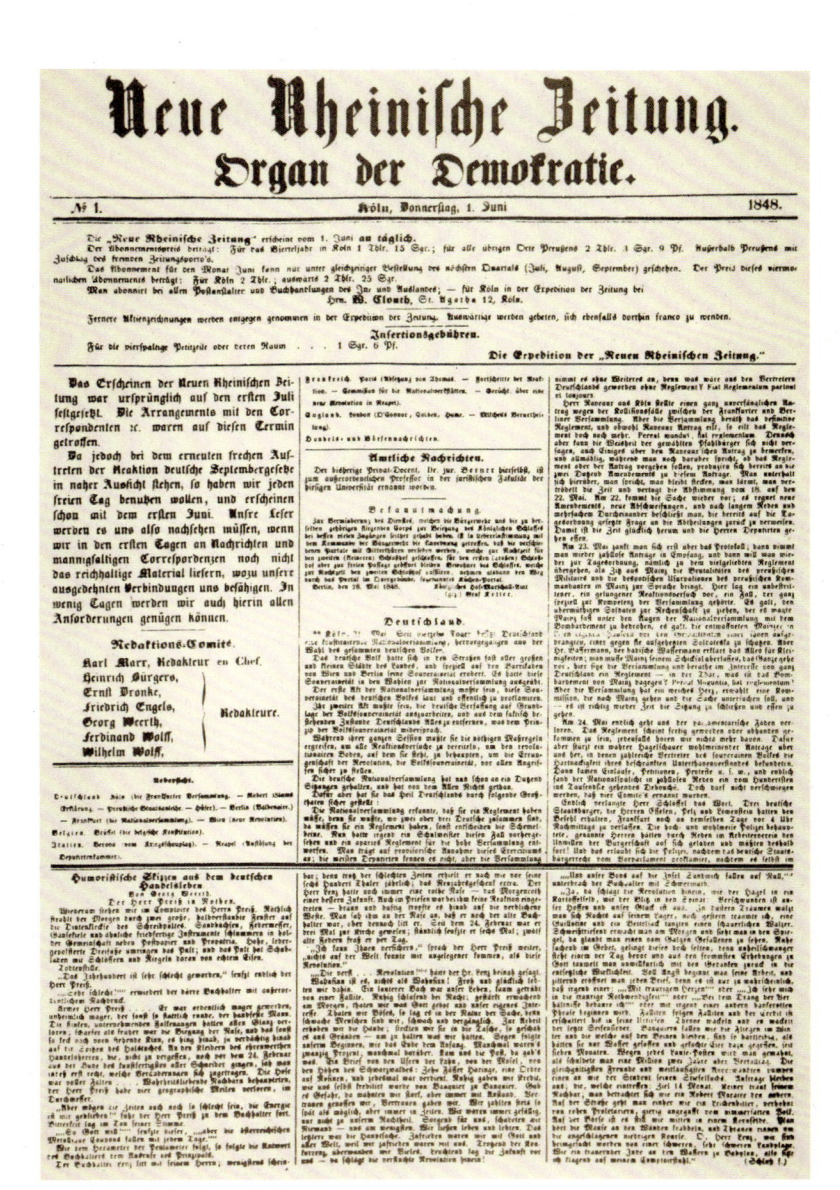

08.《新莱茵报》创刊号

> 没有一家德国报纸——无论在以前或以后——像《新莱茵报》这样有威力和有影响，这样善于鼓舞无产阶级群众。
> 而这一点首先归功于马克思。
>
> ——恩格斯《马克思和〈新莱茵报〉（1848—1849年）》

马克思领导的《新莱茵报》编辑部是一个坚强的战斗集体。恩格斯指出："首先是马克思的洞察力和坚定立场，才使得这家日报成了革命年代德国最著名的报纸。"实际上，恩格斯本人也为此倾注了大量的心血，奉献了卓越的智慧。在《新莱茵报》创办和出版的整个过程中，他始终热诚支持、紧密配合马克思的工作。他同马克思共同研究和确定报纸的编辑方针，共同分析和研判重大的时事政治问题，并亲自执笔撰写了一系列社论、政治评论和重要通讯。他思想敏锐，见解深刻，知识渊博，视野开阔，熟悉德国和欧洲其他国家的历史与现状，尤其对外交政策和军事问题有深入的研究和独到的见解，因而被马克思赞誉为"真正的百科全书"。恩格斯的文章简洁、凝练、通俗易懂，受到广大读者的欢迎。这对于增强《新莱茵报》的战斗力和影响力起到了重要作用。（09）

09. 《新莱茵报》编辑部主要成员

马克思　　　　　　　　　　　　　　恩格斯

> 在整个德国，人们感到惊讶的是，我们敢于在普鲁士的头等堡垒里面对着 8 000 驻军和岗哨做出这一切事情；但编辑室内的 8 支步枪和 250 发子弹，以及排字工人头上戴着的红色雅各宾帽，使得我们的报馆在军官们眼中也成了一个不能用简单的奇袭来夺取的堡垒。
> ——恩格斯《马克思和〈新莱茵报〉（1848—1849 年）》

威廉·沃尔弗（1809—1864），德国无产阶级革命家和政论家。

格奥尔格·维尔特（1822—1856），德国诗人和政论家。

恩斯特·德朗克（1822—1891），德国政论家和作家。

斐迪南·弗莱里格拉特（1810—1876），德国诗人。

约翰·亨利希·毕尔格尔斯（1820—1878），德国政论家。

在《新莱茵报》编辑部这个集体中，恩格斯主动协助马克思处理内部事务和对外联络工作，解决报纸出版过程中的各种难题，并在马克思临时离开科隆期间全面主持编辑部的工作。他努力使编辑部所有成员都充分发挥各自的特长，振奋精神、团结一致、尽心竭力地为共同的事业而奋斗。（10）

10. 在《新莱茵报》编辑部（石版画）　文国璋

> 起义带有真正工人起义的性质。工人的怒火喷向政府和议会，因为它们辜负了工人的期望，天天采取有利于资产阶级而不利于工人的新措施，解散了卢森堡宫工人委员会，限制国家工厂的活动，颁布了禁止集会法。事件的一切详情都说明起义是具有明确的无产阶级性质的。
>
> ——恩格斯《6月23日事件的详情》

法国二月革命后，巴黎工人阶级要求把革命继续推向前进，资产阶级共和派政府则推行敌视无产阶级的政策，并对工人进行挑衅。巴黎工人遂于6月23—26日举行起义。马克思和恩格斯积极支持巴黎工人的行动。马克思指出，六月起义是"分裂现代社会的两个阶级之间的第一次大规模的战斗。这是保存还是消灭资产阶级制度的斗争"。巴黎工人起义爆发后，恩格斯密切关注事态发展，每一天都跟踪报道和分析评论这场斗争的进程。从6月25日至7月1日，他在《新莱茵报》连续发表了6篇文章。这些文章讲述了起义发生的真实原因、发展过程和最终结果，澄清了资产阶级散布的谎言，批驳了他们对起义者的诬蔑和攻击，阐明了巴黎六月起义的性质和重大历史意义，高度评价了巴黎工人的革命精神和英雄气概，同时号召欧洲各国工人阶级和民主力量继续向反动势力展开勇敢的斗争。恩格斯的文章不仅具有高瞻远瞩的政治眼光和理论见解，而且显现出分析和阐述军事问题的卓越才能。（11—12）

11. 1848年6月巴黎圣安东郊区的街垒战
12. 1848年7月1日《新莱茵报》登载的恩格斯的文章《六月革命（巴黎起义的经过）》

为了发展和壮大革命队伍，马克思和恩格斯积极参加工人组织的活动，还与民主派组织建立广泛联系。1848年5月，他们加入科隆民主协会，开展深入细致的宣传工作，动员这个协会的会员们同科隆工人联合会以及其他民主派组织进行合作，以便为共同的目标进一步凝聚力量、统一行动。马克思和恩格斯的努力取得了预期的成效。1848年7月，科隆的工人组织和民主派组织实现了联合。（13—14）

---

13. 1848—1849年科隆工人联合会的主要活动场所
14. 1848年10月22日《科隆工人联合会报》刊登的选举马克思为该会主席的会议记录

1848年8月13—14日，莱茵省第一届民主主义者代表大会在科隆召开，马克思和恩格斯参加了会议，恩格斯发表了演说。会议宣布由科隆三个民主团体（工人联合会、民主协会、工人业主联合会）中央委员会的成员组成民主主义者莱茵区域委员会，马克思和恩格斯在这个委员会中发挥了重要作用。（15–17）

15. 1848年5月，马克思和恩格斯加入了科隆民主协会。图为该协会的一次集会。
16. 科隆工人联合会会员证
17. 莱茵省第一届民主主义者代表大会代表证

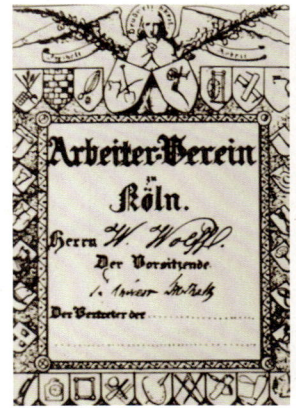

1848年6月14日,柏林工人和革命群众向反动势力宣战,攻占了军械库,夺取了武器,以便武装自己、保卫革命。恩格斯随即在《新莱茵报》发表文章,充分肯定和支持这一正义行动,驳斥反动当局对革命群众的诽谤,揭露资产阶级妥协派背弃革命的行径。8月下旬,维也纳工人举行声势浩大的游行。马克思和恩格斯旗帜鲜明地肯定和声援工人的革命行动。(18-19)

---

18. 1848年6月14日革命群众冲击柏林军械库
19. 1848年8月23日维也纳军警镇压工人游行

| 投身于1848—1849年的革命洪流　093

　　随着人民革命斗争不断发展，封建反动势力的活动也日益猖獗。为了把人民群众动员起来、组织起来，团结一致抵御反动势力的进攻，马克思、恩格斯和《新莱茵报》编辑部成员深入工人群众和民主派中间开展工作。1848年9月13日，《新莱茵报》编辑部、科隆工人联合会和民主协会召开民众大会，成立了有马克思和恩格斯参加的安全委员会，以便在反动势力的威胁面前保护人民群众的合法权益。大会还通过了恩格斯提出的致柏林议会书，要求议员们坚守岗位、履行职责，抵制国王或内阁解散议会的图谋。（20）

20. 在科隆民众大会上（水粉画）　　陈衍宁

> 意大利人民不惜任何牺牲。他们为了完成已开始的事业和争取民族独立,曾准备以殊死的精神进行战斗。
> ——恩格斯《意大利的解放斗争及其目前失败的原因》

> 不言而喻,问题不是要建立一个虚幻的波兰,而是要建立一个有生命力基础的国家。
> ——恩格斯《法兰克福关于波兰问题的辩论》

马克思和恩格斯在从事国内革命斗争的同时,还十分关心英国、意大利、波兰、匈牙利和比利时等国人民的革命斗争和民族解放运动。他们在《新莱茵报》发表文章给予支持和指导。(21—22)

21. 1848年11月16日意大利罗马起义者攻打教皇皇宫
22. 1849年3月5日匈牙利索尔诺克战役中的革命军队

> *自古以来，一切统治者及其外交家玩弄手腕和进行活动的目的可以归结为一点：为了延长专制政权的寿命，唆使各民族互相残杀，利用一个民族压迫另一个民族。*
> ——恩格斯《德国的对外政策》

在斗争日益深入和形势日趋复杂的关头，恩格斯特别关注革命的国际条件和各国革命之间的相互关系。他在论述欧洲革命形势的一系列文章中，批判了反动统治阶级宣扬的狭隘民族主义和虚伪的"爱国主义"，阐明了国际主义对于无产阶级和劳苦大众解放事业的重要意义。他反复强调：一个压迫其他民族的民族，本身是不可能获得自由的。在《德国的对外政策》这篇文章中，恩格斯指出："当德国人在抛弃自己身上的羁绊的时候，也应当改变一下他们对其他民族的全部政策。不然的话，我们的年轻的、几乎是刚刚预感到的自由就会被束缚在我们用来束缚别国民族的锁链上。德国将来自由的程度要看它给予毗邻民族的自由的多少而定。"恩格斯的这些论述，不仅对当时德国工人阶级的斗争具有重要指导意义，而且丰富了马克思主义民族理论的宝库。（23-25）

23. 波兰起义军反抗压迫他们的普鲁士人
24. 1848年布拉格最高司令部大楼外的战斗

25. 马克思、恩格斯在《新莱茵报》上发表的评论文章

> *1848 年的革命首先在法国爆发，然后蔓延到西欧其他国家，于是马克思和恩格斯就回国了。他们在莱茵普鲁士主编在科隆出版的民主派的《新莱茵报》。这两位朋友成了莱茵普鲁士所有革命民主意向的灵魂。他们尽一切可能保卫人民和自由的利益，使之不受反动势力的侵害。*
>
> ——列宁《弗里德里希·恩格斯》

在马克思和恩格斯的正确领导和精心组织下，《新莱茵报》在德国和欧洲其他国家产生了巨大影响，对教育工人群众、团结广大农民、指导革命运动发挥了极为重要的作用。这份报纸不仅有鲜明的政治立场和深刻的理论见解，而且有强烈的实践意识和群众喜闻乐见的表述风格，因而深受广大群众的喜爱。在革命的洪流中，它既是共产党人的舆论阵地，又是无产阶级的领导核心。正是这些特点，使《新莱茵报》成为列宁所说的"革命无产阶级最好最卓越的机关报"，成为无产阶级新闻事业发展史上的第一座丰碑。（26）

26.《新莱茵报》广为流传（素描） 茹科夫

1848年9月26日，反动当局在科隆实行戒严，并以"阴谋进行颠覆活动"的罪名，下令逮捕《新莱茵报》的几个编辑，其中包括恩格斯。在危急的形势下，恩格斯果断地决定离开普鲁士，前往比利时，但他在布鲁塞尔又被比利时警察逮捕并被押解出境。10月5日，恩格斯到达巴黎，逗留数日后步行前往瑞士。他在途中仔细考察法国农村状况，并在旅途随笔《从巴黎到伯尔尼》中记下了自己的见闻和感想。进入瑞士后，恩格斯经过日内瓦和洛桑，约于11月9日到达伯尔尼，在那里暂住了一段时间。他充分利用这个机会，深入考察瑞士的政治制度和社会情况，为《新莱茵报》撰写稿件，同时与共产主义者同盟在瑞士的盟员取得联系，指导他们的工作，并积极参与当地的工人联合会活动。在此期间，洛桑工人联合会委托恩格斯代表该联合会出席1848年12月9—11日在伯尔尼举行的工人代表大会，并给恩格斯颁发了正式的委托书，其中写道："特委托你做我们的代表。作为一个为无产阶级利益而斗争的老战士，在这次大会上你当然也一定能够完成自己的任务"。恩格斯在瑞士开展的工作，有力地推进了当地的工人运动。（27-29）

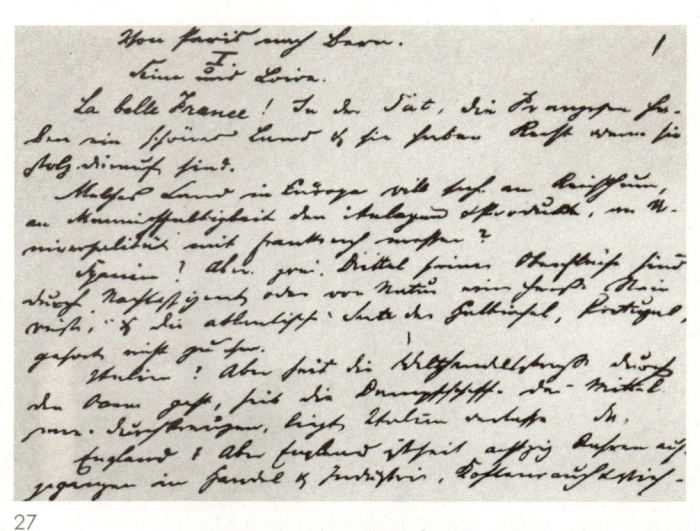

27. 恩格斯写的《从巴黎到伯尔尼》的手稿第1页
28. 恩格斯画的从欧塞尔到勒洛克勒的路线草图
29. 洛桑工人联合会给恩格斯的委托书

1849年1月中，恩格斯从瑞士回到科隆，重新投入《新莱茵报》的编辑工作，同时密切关注并亲身投入新形势下的革命运动，在各种场合、通过各种形式指导工人阶级和民主派的斗争。3月18日和19日，科隆的工人和民主派为纪念柏林街垒战一周年举行宴会。马克思和恩格斯认为，在纪念这个重要事件时，德国工人阶级应当像举行六月起义的巴黎工人那样，以勇敢的行动回击资产阶级的进攻。为此，恩格斯在出席这次宴会时提议为巴黎六月起义的战士们干杯，与会群众深受鼓舞。（30）

30. 纪念柏林街垒战一周年宴会（素描） 潘鸿海

> 诸位陪审员先生，此刻你们必须在这里解决莱茵省的出版自由问题。如果禁止报刊报道它所目睹的事情，如果报刊在每一个有分量的问题上都要等待法庭的判决，如果报刊不管事实是否真实，首先得问一问每个官员——从大臣到宪兵，——他们的荣誉或他们的尊严是否会由于所引用的事实而受到损伤，如果要把报刊置于二者择一的地位：或是歪曲事件，或是完全避而不谈，——那么，诸位先生，出版自由就完结了。如果你们想这样做，那你们就宣判我们有罪吧！
> ——恩格斯在《新莱茵报》审判案上的发言

1849年2月上旬，普鲁士当局以侮辱检察官和诽谤宪兵的罪名传讯《新莱茵报》主编马克思和编辑恩格斯。在科隆的法庭上，马克思和恩格斯以有力的证据驳斥了反动派的诬蔑，法庭不得不宣告他们无罪。这时，出席旁听的广大群众发出了一片欢呼声。（31–32）

31. 载有马克思和恩格斯在科隆受审时发言全文的小册子《两个政治审判案》的扉页
32. 法庭上的胜利（油画） 李天祥 赵友萍

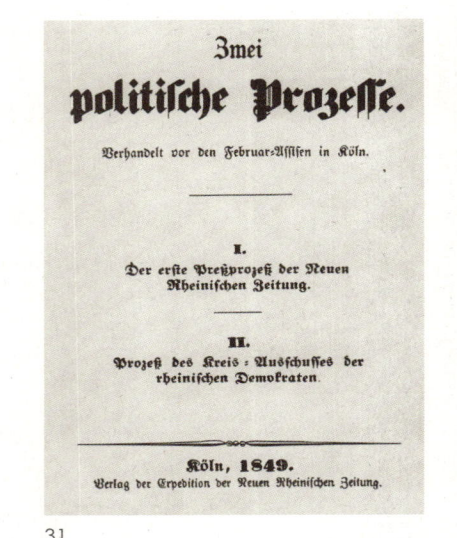

1849年3月28日，法兰克福国民议会通过了帝国宪法。这是德国第一部资产阶级宪法，这部宪法虽然没有实行其各项条文的任何力量，但毕竟是统一德国的一个步骤。正如恩格斯所说："每向统一德国迈进一步，哪怕是很小的一步，在人民看来，都是朝着消灭小邦割据局面和免除不堪忍受的苛捐杂税迈进一步。"因此，1849年5月初，当以普鲁士为首的德意志各邦拒绝承认帝国宪法并准备用武力镇压民主力量时，萨克森、莱茵普鲁士、巴登和普法尔茨等地的人民群众为维护帝国宪法这一革命成果而举行了武装起义。5月9日，埃尔伯费尔德爆发了起义，恩格斯立即奔赴索林根，组织革命队伍前往埃尔伯费尔德参加起义。在那里，他指挥工人修筑防御工事，带领武装人员袭击当局的军械库，使起义者获得了必要的武器装备。恩格斯于5月15日动身返回科隆。随后普鲁士政府对他发布逮捕令，并于6月6日向各地发出了通缉令。（33-34）

33. 恩格斯指挥工人在埃尔伯费尔德构筑街垒（素描）　　谢罗夫
34. 1849年6月6日对恩格斯的通缉令（载于1849年6月9日的《科隆日报》），描述了恩格斯的体貌特征："恩格斯。年龄：26到28岁；身高：5尺6寸；头发：浅黄色；额头：宽阔；眉毛：浅黄色；眼睛：蓝色；鼻和嘴：比例匀称；胡须：浅红色；下颌：椭圆形；脸庞：椭圆形；脸色：健康；身材：颀长。特点：说话很快，近视。"

35. 用红色油墨印刷的《新莱茵报》终刊号

> 我们不得不交出自己的堡垒,但我们退却时携带着自己的武器和行装,奏着军乐,高举着印成红色的最后一号报纸的飘扬旗帜。
>
> ——恩格斯《马克思和〈新莱茵报〉(1848—1849年)》

1849年5月16日,马克思接到普鲁士政府下达的驱逐令。恩格斯和《新莱茵报》其他编辑也面临被捕或被驱逐出境的危险。在反革命势力迫害下,《新莱茵报》被迫于5月19日停刊,并特意选用红色油墨印刷了终刊号。诗人弗莱里格拉特应马克思的请求写了一首诗作为《新莱茵报》的告别词。诗中写道:

别了,但不是永别,
他们消灭不了我们的精神,弟兄们!
当钟声一响,生命复临,
我将立即披甲返程!
……
我这个被放逐的叛乱者,
作为一个忠实于起义的人民的战友,
将在多瑙河畔和莱茵河边,
用言语和武器参加战斗!

《新莱茵报》终刊号上还发表了编辑部致科隆工人的告别信,信中写道:"《新莱茵报》的编辑们在向你们告别的时候,对你们给予他们的同情表示衷心的感谢。无论何时何地,他们的最后一句话将始终是:工人阶级的解放!"恩格斯在《新莱茵报》这个阵地上战斗到最后一刻。就在该报停刊的前一天,他还在从容不迫地坚持工作,撰写题为《匈牙利》的长篇论文,全面深入地分析匈牙利革命的进程,满怀信心地展望欧洲革命运动的前景。这篇著名论文在《新莱茵报》终刊号上发表,它和编辑部的告别信一样,使广大的工人群众受到了激励和鼓舞。(35-36)

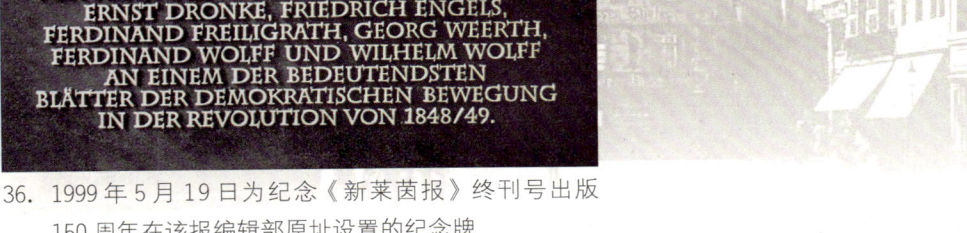

36. 1999年5月19日为纪念《新莱茵报》终刊号出版150周年在该报编辑部原址设置的纪念牌

《新莱茵报》停刊后，马克思和恩格斯到法兰克福、巴登、普法尔茨等地进行革命活动。6月中旬，恩格斯加入巴登—普法尔茨的起义军，担任起义军领导人维利希的副官，参加了多次战斗，其中包括著名的拉施塔特会战。（37）

约翰·菲力浦·贝克尔（1809—1886），德国工人运动和国际工人运动活动家，在巴登—普法尔茨起义时指挥巴登人民自卫团和志愿军。

古斯塔夫·冯·司徒卢威（1805—1870），德国小资产阶级民主主义者，1848年巴登起义和1849年巴登—普法尔茨起义的领导人。

弗兰茨·济格尔（1824—1902），德国军官，小资产阶级民主主义者，1849年巴登—普法尔茨起义军领导人。

豪普曼·格莱纳，拉施塔特革命要塞司令。

格奥尔格·伯宁（1788前后—1849），德国军官，1849年巴登—普法尔茨起义军领导人，起义失败后被判处死刑。

奥古斯特·维利希（1810—1878），原普鲁士军官，共产主义者同盟盟员，巴登—普法尔茨起义军领导人。

37. 巴登—普法尔茨起义军领导成员

无产阶级的党在巴登—普法尔茨军队里的力量相当强大，特别是在志愿军团里，例如在我们这一队，在流亡者军团等等。这个党敢于对一切其他党派这样说：谁也无法对无产阶级的党的任何成员提出丝毫的责难。最坚定的共产主义者也是最勇敢的士兵。

——恩格斯《德国维护帝国宪法的运动》

在巴登—普法尔茨起义军中，恩格斯既是一位沉着冷静、多谋善断的指挥员，又是一名奋不顾身、冲锋陷阵的战士。他在战火纷飞的战场上表现出的杰出军事才能和坚强革命毅力，极大地增强了起义者的信心和斗志。战争环境中的艰苦实践和亲身体验，使恩格斯对德国革命和欧洲革命的认识更加全面深刻，同时也为他研究和创立无产阶级军事理论奠定了坚实的基础。（38-41）

38. 巴登起义领导成员进入卡尔斯鲁厄
39. 拉施塔特要塞起义队伍
40. 1849 年 7 月 11 日巴登起义军撤退到瑞士

我参加了四次战斗，其中有两次，特别是拉施塔特会战，是相当重要的；我发现，备受赞扬的冲锋陷阵的勇敢是人们能够具备的最平常的品质。

——恩格斯1849年7月25日给燕妮·马克思的信

41. 在普法尔茨前线 （油画） 杨红太

> 我在巴登某处听说马克思已在巴黎被捕。我们看不到任何报纸,因而什么也不知道。这件事情究竟是真是假,我根本无法断定。您可以理解,我为此多么焦急不安,我急切地恳求您消除我的不安,把有关马克思的命运的确实情况告诉我。……但愿我能确实知道马克思是自由的!
> ——恩格斯1849年7月25日给燕妮·马克思的信

巴登—普法尔茨起义被镇压后,恩格斯来到瑞士洛桑,在那里写了《德国维护帝国宪法的运动》,以亲历者和目击者身份全面地回顾了这次运动的曲折过程,深刻地分析了运动的性质和特点,科学地总结了运动的经验和教训。他指出:"从1848年六月革命失败的时候起,对于欧洲大陆上的文明国家说来,问题已经是要么由革命的无产阶级来统治,要么由二月革命以前的统治阶级来统治。中间的出路已经不可能了。"恩格斯的文章使共产党人和广大工人群众认识到,德国资产阶级和小资产阶级在当时和以后都不可能领导革命,只有无产阶级才能将革命进行到底。

马克思此前已经到达巴黎,恩格斯在险象环生的动荡生活中时刻惦记着马克思的安危,千方百计地了解马克思一家在法国的情况。(42-43)

42

---

42. 恩格斯写的《德国维护帝国宪法的运动》一文
43. 1849年7月25日,恩格斯从瑞士写信给在巴黎的马克思夫人燕妮,表达了他对马克思安危的关切,并讲述了他参加巴登—普法尔茨起义军的经历。

43

马克思到达巴黎后，一直为恩格斯在瑞士的安危担忧。1849年7月底，马克思接到恩格斯7月25日从瑞士寄出的信，感到十分欣喜，接连写了三封信向恩格斯通报情况。在1849年8月23日的信中，马克思告诉恩格斯，他已被法国政府驱逐，打算前往英国伦敦，并在那里创办德文杂志。马克思考虑到革命斗争的需要和恩格斯的安全，希望他立即前往伦敦。（44-45）

44. 马克思1849年8月23日给恩格斯的信
45. 瑞士当局为恩格斯签发的出境护照

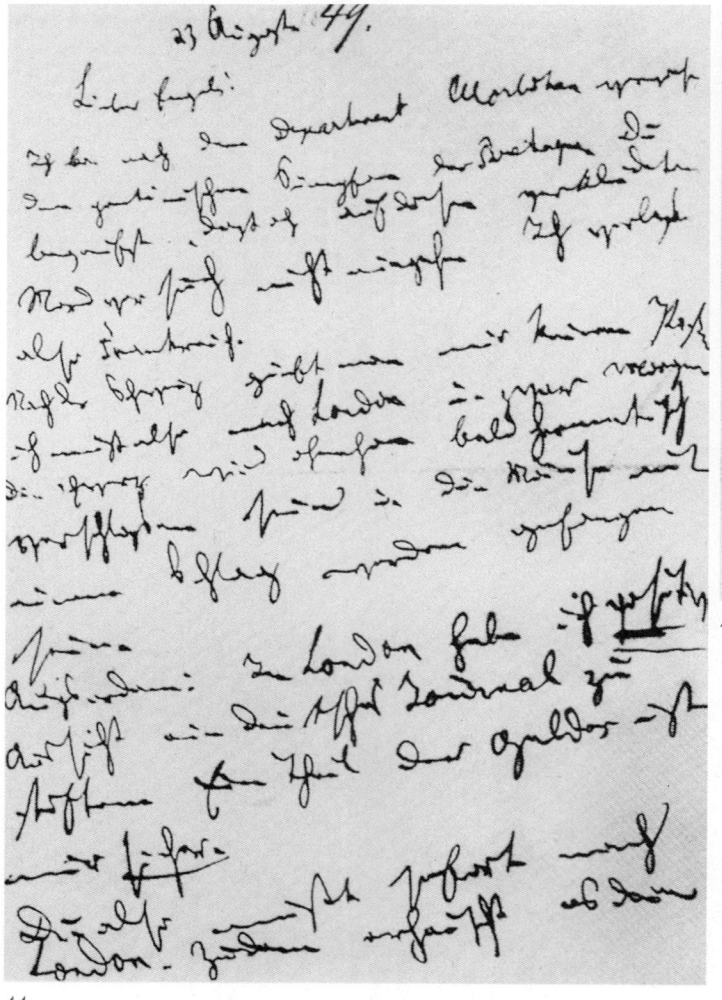

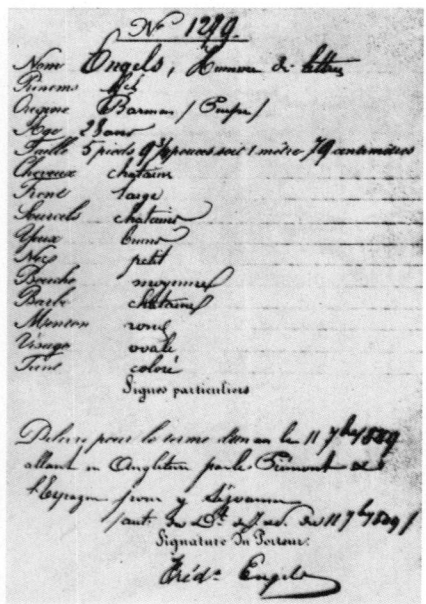

| 投身于1848—1849年的革命洪流

1849年10月初，恩格斯离开瑞士，绕道意大利，从热那亚乘船，经过五个星期的航行，约于11月10日抵达英国伦敦。（46-48）

46. 赴伦敦途中（中国画） 甘正伦 王庆明

47. 恩格斯利用航行机会研究航海学，在旅行日记中记录了有关太阳的位置、风向、海岸等情况。图为他画的西班牙穆尔西亚等地的海岸轮廓。
48. 19世纪中期的伦敦

民主派小资产者只不过希望实现了上述要求便赶快结束革命,而我们的利益和我们的任务却是要不断革命,直到把一切大大小小的有产阶级的统治全都消灭,直到无产阶级夺得国家政权,直到无产者的联合不仅在一个国家内,而且在世界一切举足轻重的国家内都发展到使这些国家的无产者之间的竞争停止,至少是发展到使那些有决定意义的生产力集中到了无产者手中。
——马克思恩格斯《共产主义者同盟中央委员会告同盟书。1850年3月》

恩格斯到达伦敦后,立即投入共产主义者同盟中央委员会的工作。1850年初,马克思和恩格斯着手改组同盟。3月和6月,他们共同起草了两篇《共产主义者同盟中央委员会告同盟书》,总结了欧洲革命的经验,制定了无产阶级在未来革命中的纲领和策略。他们指出,《共产党宣言》中阐述的关于无产阶级革命运动的特点,已经被证明是唯一正确的观点;为了将革命继续推向前进,必须建立和巩固独立的工人政党,并坚持无产阶级独立的革命策略。在《告同盟书》中,马克思和恩格斯第一次比较完整地阐明了"不断革命"的理论。(49)

49. 讨论《告同盟书》(油画) 毛凤德

> 对我们说来，问题不在于改变私有制，而只在于消灭私有制，不在于掩盖阶级对立，而在于消灭阶级，不在于改良现存社会，而在于建立新社会。
> ——马克思恩格斯《共产主义者同盟中央委员会告同盟书。1850年3月》

在与马克思共同着手改组共产主义者同盟并撰写《告同盟书》期间，恩格斯在伦敦广泛深入地调查了解工人运动情况，并搜集各种资料和信息，以便全面细致地分析英国和整个欧洲的政治形势，为迎接新的斗争做好准备。（50-51）

---

50. 马克思和恩格斯起草的《共产主义者同盟中央委员会告同盟书。1850年3月》
51. 马克思和恩格斯起草的《共产主义者同盟中央委员会告同盟书。1850年6月》

1850年，马克思和恩格斯在伦敦创办《新莱茵报。政治经济评论》作为《新莱茵报》的"延续"。3—11月，该杂志在汉堡印刷，共出六期。马克思和恩格斯在杂志上发表了一系列总结1848—1849年革命经验的著作，进一步丰富和发展了无产阶级革命理论。（52）

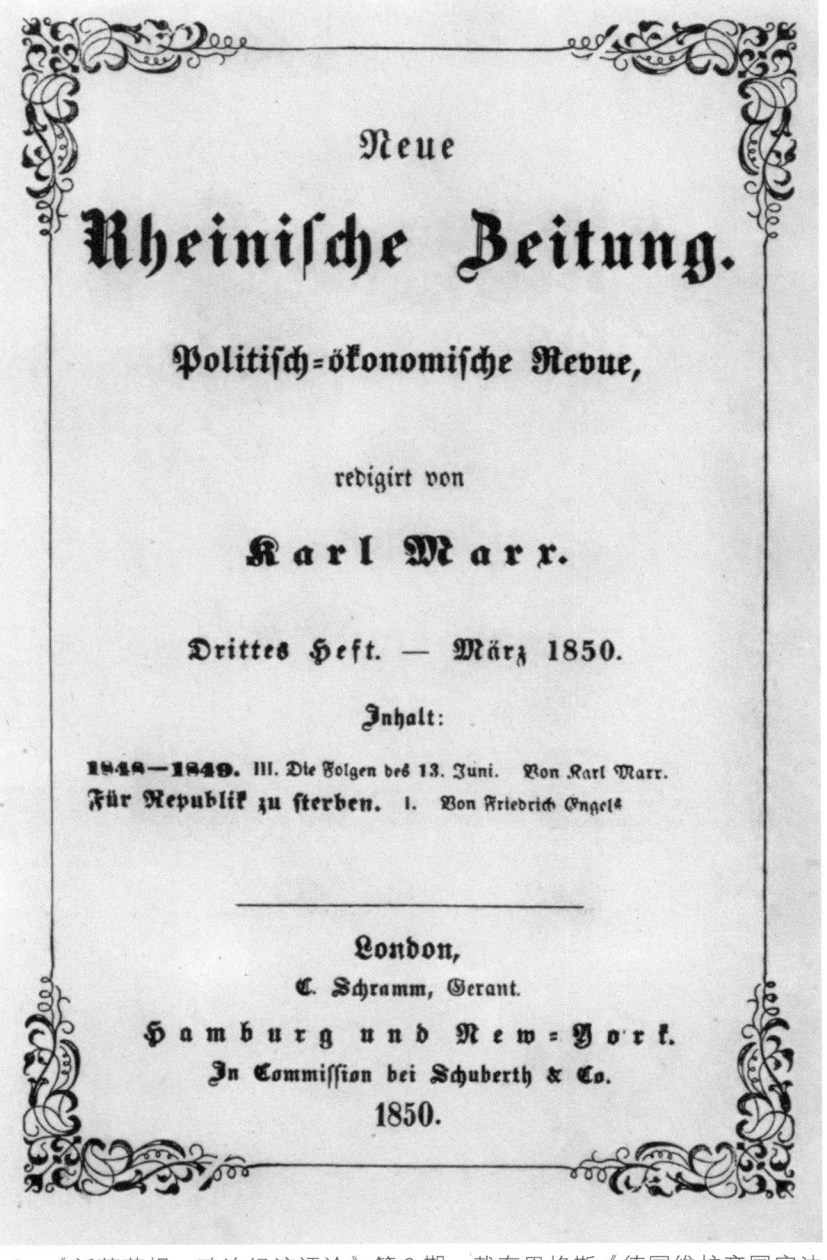

52. 《新莱茵报。政治经济评论》第3期，载有恩格斯《德国维护帝国宪法的运动》一文的第四部分《为共和国捐躯！》。

> 我是打算指明：当时德国的政治制度，反对这一制度的起义，以及当时那个时代的政治的和宗教的理论，并不是当时德国农业、工业、水陆交通、商品交易和货币交易所达到的发展程度的原因，而是这种发展程度的结果。这个唯一唯物主义的历史观不是由我，而是由马克思发现的。
>
> ——恩格斯《德国农民战争》1870年第二版序言

《新莱茵报。政治经济评论》第5—6期合刊发表了恩格斯的《德国农民战争》。这是恩格斯总结德国革命经验的重要史学著作。在这部著作中，恩格斯分析了16世纪上半叶德国农民战争的性质、根源和重要历史作用，强调工人阶级在现实斗争中必须高度重视和发挥农民的革命积极性。恩格斯还把历史上的农民革命同德国1848—1849年革命进行比较，总结了这两次革命失败的原因及其主要经验教训。19世纪40年代，马克思主义的诞生在史学领域引起了一场深刻的革命。《德国农民战争》就是在这场革命中应运而生的里程碑式的力作。这部著作为史学这门古老学科开启了前所未有的新境界，是马克思主义史学研究的经典范例。（53—55）

53. 恩格斯的《德国农民战争》

54. 16世纪的德国农民战争

55. 1848年4月瓦尔登堡的农民起义

恩格斯在伦敦期间积极参加德意志工人教育协会、社会民主主义德国流亡者救济委员会的活动，为宪章派刊物撰稿，经常出席民主派兄弟协会组织的集会。他在集会上发表演说，引导工人群众认清形势，学习巴黎工人阶级六月革命的精神，始终坚持正确的斗争方向。（56-58）

56. 伦敦德意志工人教育协会会议大厅

57. 伦敦德意志工人教育协会会址

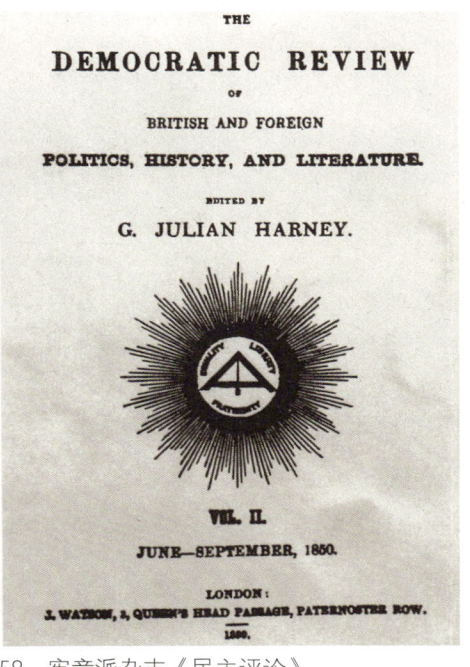

58. 宪章派杂志《民主评论》

在资产阶级社会的生产力正以在整个资产阶级关系范围内所能达到的速度蓬勃发展的时候,也就谈不到什么真正的革命。只有在现代生产力和资产阶级生产方式这两个要素互相矛盾的时候,这种革命才有可能。……新的革命,只有在新的危机之后才可能发生。但它正如新的危机一样肯定会来临。
——马克思恩格斯《时评。1850年5—10月》

1850年夏,共产主义者同盟内部形成了以维利希和沙佩尔为首的宗派集团。他们不顾革命处于低潮时期这一实际情况,提出要在德国立即发动革命,夺取政权。马克思和恩格斯坚决反对这种冒险主义行动,认为这是一种脱离实际的宗派策略。在1850年9月15日同盟中央委员会非常会议上,以马克思和恩格斯为代表的多数派同以维利希、沙佩尔为首的少数派进行了坚决斗争。为了防止少数派攫取权力,根据马克思的提议,会议决定把中央委员会迁往科隆。(59-61)

59. 同维利希—沙佩尔集团作斗争(工笔画) 杨刚
60. 奥古斯特·维利希(1810—1878),原普鲁士军官,共产主义者同盟盟员,1849年德国维护帝国宪法运动时期起义军的指挥官。
61. 卡尔·沙佩尔(1812—1870),德国工人运动和国际工人运动活动家,伦敦德意志工人教育协会创建人之一。

第五章
曼彻斯特二十年的理论研究和革命活动

在伦敦生活期间，恩格斯看到马克思一家过着极其贫困窘迫的生活。他经过反复考虑，感到唯有自己去经商，才能帮助马克思一家维持生活，使马克思能继续从事理论研究和革命工作。1850年11月，恩格斯重新回到曼彻斯特欧门—恩格斯公司办事处工作。此后在长达20年的时间里，恩格斯不得不过着"双重生活"：白天出入办事处和交易所，同资本家打交道；晚上和假日从事理论研究和革命活动。

恩格斯在曼彻斯特欧门—恩格斯公司的身份起初是办事员、襄理。尽管收入微薄，但他总是尽力帮助马克思一家渡过难关。19世纪50年代末，恩格斯收入提高，他立即向马克思提供更多的援助。1864年，由于被接纳为公司股东，恩格斯的收入大大增加，从此以后，他更是不遗余力地帮助马克思摆脱艰难窘困的境地。

在理论研究方面，恩格斯也同样满腔热忱地支持马克思的工作，特别是为马克思写作《资本论》奉献了智慧和力量。马克思经常就各种问题征询恩格斯的意见，并围绕一系列重要理论观点同恩格斯切磋。整整20年，这两位挚友几乎每天都有书信往还。他们共同研究《资本论》的篇章结构、重要论点和叙述方法，同时也涉及哲学、历史、军事、语言、科技等各个领域的问题。1867年8月16日深夜两点，马克思在看完《资本论》第一卷最后一个印张的校样后致信恩格斯，深情地写道："这样，这一卷就完成了。这本书能够完成，完全要归功于你！没有你为我作的牺牲，我是不可能完成这三卷书的繁重工作的。我满怀感激的心情拥抱你！"

在此期间，恩格斯还协助马克思为《纽约每日论坛报》撰写了大量政论文章，与马克思合作为《美国新百科全书》撰写了一系列军事条目以及传记和地理条目。这样做不仅是为了帮助马克思获得经常性的收入，而且更重要的是利用资产阶级报刊宣传革命思想。恩格斯撰写、以马克思名义发表的《德国的革命和反革命》这组文章，全面阐述了德国 1848—1849 年革命的起因、性质、过程和失败原因，并通过对德国社会结构、各阶级的社会地位及其在革命中的态度和作用的分析，论述了无产阶级领导权和工农联盟问题，提出了无产阶级革命斗争的策略原则。

恩格斯与马克思一起积极支持工人运动，同英国宪章派左翼保持密切联系，并指导德国工人阶级建立自己的政党。与此同时，恩格斯密切关注世界局势，关心欧洲各国人民争取民族统一和独立的运动，支持东方被压迫民族反对殖民统治的斗争。他发表文章，声援中华民族抗击西方列强的斗争，指出"这是'保卫社稷和家园'的战争，这是一场维护中华民族生存的人民战争"，预言中华民族必将重新崛起，成为开启"整个亚洲新纪元的曙光"。

1864 年国际工人协会（简称国际，后通称第一国际）成立，恩格斯通过各种方式积极支持国际的活动，协助马克思加强协会的思想建设和组织建设，为在新形势下促进各国工人运动的团结、反对各种错误思潮作出了巨大贡献。

在经商余暇，恩格斯独立开展广泛的科学研究并取得丰硕成果。他对军事学的深入研究和取得的成果为马克思主义军事科学奠定了基础。他在语言学上的精湛造诣使他能够卓有成效地加强各国工人之间的沟通和联系，从而为国际工人运动作出独特的贡献。他还关注并开始研究自然科学中的哲学问题。

1869 年，恩格斯摆脱了欧门—恩格斯公司的羁绊，终于重新成为"一个自由的人"，从此全力以赴地投身于无产阶级解放事业。

> 坦白地向你说，我的良心经常像被梦魇压着一样感到沉重，因为你主要是为了我才把你的卓越才能浪费在经商上面，使之荒废，而且还要分担我的一切琐碎的苦恼。
>
> ——马克思1867年5月7日给恩格斯的信

    为了帮助马克思一家维持生活，使马克思能继续从事理论研究和革命工作，1850年11月，恩格斯重返曼彻斯特。在那里，他一边经商，一边继续从事理论研究和革命活动。恩格斯原本以为他最多几年后就可以回到伦敦，同马克思一起投入波澜壮阔的斗争激流；他根本没有想到自己在曼彻斯特一住就是20年。（01–03）

---

01. 1850年前后的曼彻斯特
02. 恩格斯在曼彻斯特的住宅
03. 恩格斯（1861年摄于巴门）

01

如果不是恩格斯牺牲自己而不断给予资助，马克思不但无法写成《资本论》，而且势必会死于贫困。

——列宁《卡尔·马克思》

02
03

恩格斯重新回到欧门—恩格斯公司工作，这是一家生产缝纫线、针织细线和加工棉纱的股份公司，产品销往欧洲多国、美国和印度等地。恩格斯最初担任办事员、襄理，负责摘记办事处的业务情况，处理往来函件，研究商务报告和交易所的行情报道。1864年以后，恩格斯成为公司股东。（04-08）

04．欧门—恩格斯公司的棉纺厂
05．恩格斯摘录的欧门—恩格斯公司账目
06．1862年恩格斯与公司签订的合同
07．欧门—恩格斯公司的股东哥特弗里德·欧门
08．1864年恩格斯与公司签订的合同的第一页和最后一页

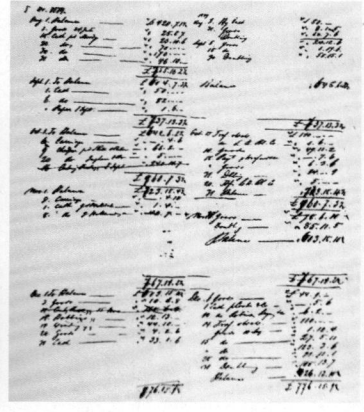

> 明天晚上我必须为琼斯写点东西,后天我要设法为《论坛报》写一篇文章。现在晚上七八点以前休想有什么空闲时间,而最令人讨厌的是,今后一段时间内,我必须把自己的全部注意力放在这该死的生意上,否则这里一切都会弄糟,我的老头儿会停止给我薪水。
>
> ——恩格斯1852年2月17日给马克思的信

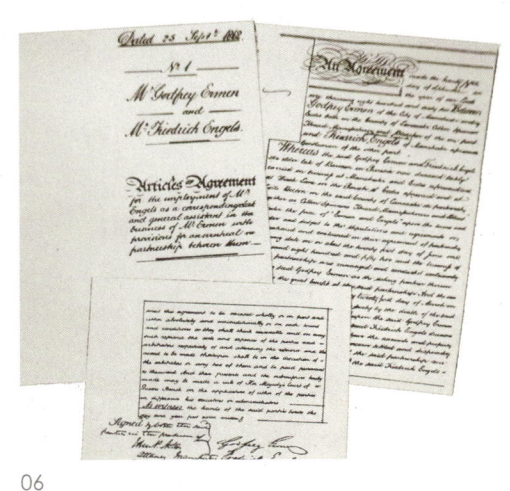

恩格斯作为公司职员,不得不整天同账本和资本家打交道。正如马克思所说,恩格斯在曼彻斯特的公司里过着"埃及的幽囚"般的生活。只有在晚间和休息日,他才能回到妻子玛丽身边,享受家庭的温暖。在这里,他利用一切时间潜心从事理论研究,积极推进革命事业。对于恩格斯来说,这样的生活是真正的"双重生活"。(09)

09."埃及的幽囚"(油画)　李新　张红年

> **1870 年以前他住在曼彻斯特，马克思住在伦敦，但这并没有妨碍他们保持最密切的精神上的联系；他们差不多每天都通信。这两位朋友在通信中交换意见和知识，继续共同创立科学社会主义。**
> **——列宁《弗里德里希·恩格斯》**

恩格斯和马克思在将近 20 年的时间内分住两地，但是他们始终保持着极其密切的联系，几乎每天都有书信往还。他们在书信中就国际形势和工人运动中的重大问题交换看法，并对各种理论问题进行深入探讨。这些书信丰富了马克思主义理论宝库。列宁指出："如果我们试图用一个词来表明整部通信集的焦点，即其中所抒发所探讨的错综复杂的思想汇合的中心点，那么这个词就是辩证法。"（10-16）

10. 马克思（1866 年）
11. 恩格斯（19 世纪 60 年代中期）

> 我童年时代最初的记忆之一就是曼彻斯特的来信。马克思和恩格斯差不多每天都有信件往还，记得摩尔（家里都这样叫我的父亲）常常拿着信自言自语，好像写信的人就在面前似的："嗯，不对，反正情况不是这样……""在这一点上你对了！"等等。但是特别使我忘不了的是：有时摩尔读着恩格斯的来信，笑得眼泪都流了出来。
> ——爱琳娜·马克思《弗里德里希·恩格斯》

12. 马克思 1856 年 4 月 16 日给恩格斯的信，信中谈到马克思应邀出席英国宪章派报纸《人民报》创刊四周年宴会并发表演说。
13. 恩格斯在 1857 年 11 月 16 日给马克思的信中所附的奥尔良棉花价格变动表
14. 马克思 1858 年 4 月 29 日给恩格斯的信，信中谈到了他因肝病发作不能写作等情况，以及对俄国农奴解放运动的评价。
15. 恩格斯 1867 年 6 月 16 日给马克思的信，信中就《资本论》第一卷的校样提出修改建议。

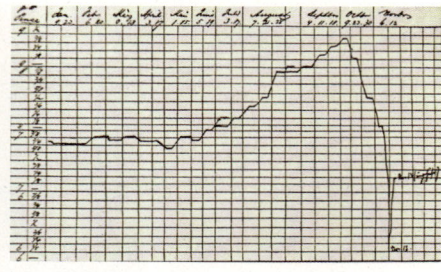

亲爱的朋友,在所有这一切情况下我比任何时候都更感觉到,我们之间存在着这样的友谊是何等的幸福。你要知道,我对任何关系都没有作过这么高的评价。

——马克思 1866 年 2 月 20 日给恩格斯的信

古老传说中有各种非常动人的友谊故事。欧洲无产阶级可以说,它的科学是由这两位学者和战士创造的,他们的关系超过了古人关于人类友谊的一切最动人的传说。

——列宁《弗里德里希·恩格斯》

16. 伟大的友谊(中国画)　　鸥洋　杨之光

> 马克思过去和现在都是唯一能够担当起这样一件工作的人,这就是从黑格尔逻辑学中把包含着黑格尔在这方面的真正发现的内核剥出来,使辩证方法摆脱它的唯心主义的外壳并把辩证方法在使它成为唯一正确的思想发展形式的简单形态上建立起来。马克思对于政治经济学的批判就是以这个方法做基础的,这个方法的制定,在我们看来是一个其意义不亚于唯物主义基本观点的成果。
> ——恩格斯《卡尔·马克思〈政治经济学批判。第一分册〉》

1859年6月,马克思的重要著作《政治经济学批判。第一分册》在柏林出版。这部著作刚刚问世时,党内许多同志不了解它的意义,而资产阶级报刊杂志则表现出前所未有的沉默,企图以这种手段来扼杀无产阶级政治经济学。恩格斯挺身而出,担当起粉碎敌人"沉默的阴谋"、传播马克思经济学思想的重任。他在《人民报》上连续发表两篇评论,阐明了无产阶级政治经济学产生的历史背景和重大意义,介绍了该书的理论基础唯物史观,阐述了书中贯穿的唯物辩证法的本质特点。

（17）

17. 马克思《政治经济学批判。第一分册》1859年柏林版扉页

恩格斯为了使马克思能够完成《资本论》的写作，不仅在经济上给予大力支持，而且在理论研究上也经常提供帮助。恩格斯早在40年代就已开始研究政治经济学，理论探索和亲身经历使他对资本主义经济运行的具体过程有着透彻的了解。因此，马克思在解释资本主义经济运动规律时，经常向恩格斯请教。恩格斯总是认真回答马克思提出的问题，并向他提供大量第一手材料，使马克思深受启发和教益。马克思对恩格斯的帮助怀着深切的感激之情。1867年8月16日深夜两点，马克思看完《资本论》第一卷最后一个印张的校样，立即给恩格斯写信："这样，这一卷就完成了。这本书能够完成，完全要归功于你！没有你为我作的牺牲，我是不可能完成这三卷书的繁重工作的。我满怀感激的心情拥抱你！"（18–20）

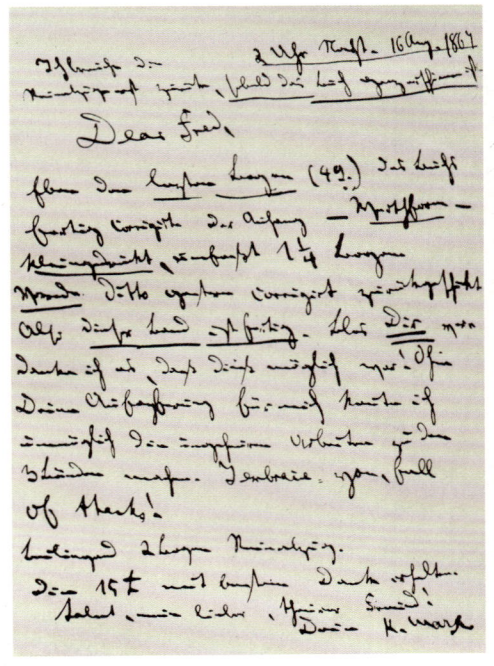

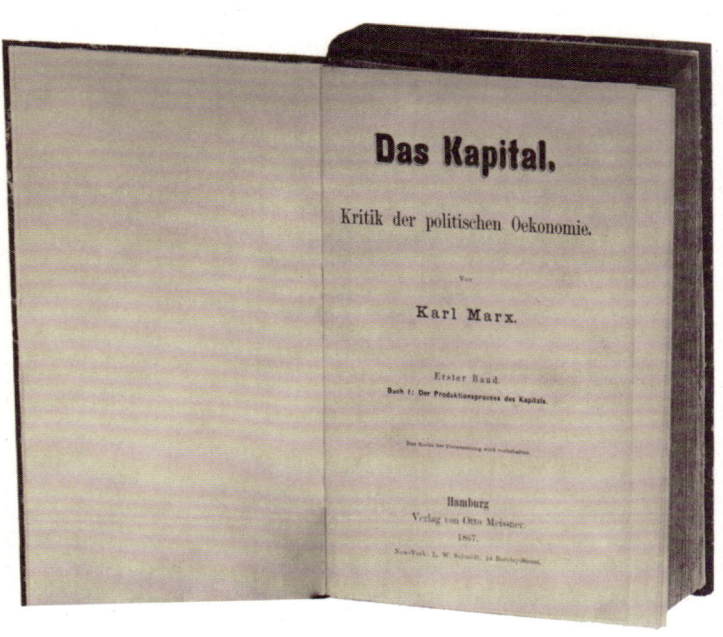

18. 马克思1867年8月16日给恩格斯的信
19. 1867年在汉堡出版的《资本论》第1卷第1版

18

19

20. 向恩格斯报捷——《资本论》第 1 卷完成（油画） 何孔德

> 自从世界上有资本家和工人以来，没有一本书像我们面前这本书那样，对于工人具有如此重要的意义。资本和劳动的关系，是我们全部现代社会体系所围绕旋转的轴心，这种关系在这里第一次得到了科学的说明，而这种说明之透彻和精辟，只有一个德国人才能做得到。
>
> ——恩格斯《卡·马克思〈资本论〉第一卷书评——为〈民主周报〉作》

《资本论》问世后，资产阶级学术界和舆论界同样以沉默来抵制这部著作。为了冲破这种无形的封锁，恩格斯在报刊上发表了一系列书评，广泛宣传《资本论》。在为自由派和民主派报纸所写的书评中，恩格斯采用匿名方式，着重从学术方面进行评论，并拿马克思与资产阶级经济学权威相对比，彰显马克思的独特贡献，以便引起广泛的讨论。而在为工人报纸所写的书评中，他以宽广的理论视野、深邃的历史眼光和明白易懂的表述方式，阐明了这部著作的思想精髓、实践意义、科学品格和历史地位，努力让工人阶级及时了解和掌握马克思锻造的理论武器，更加自觉地进行革命斗争。（21）

21. 1868年3月21日《民主周报》上刊载的恩格斯为《资本论》第1卷写的书评

19世纪50—60年代，恩格斯为了让马克思专心从事政治经济学研究，大力协助马克思为美国《纽约每日论坛报》撰稿，以马克思名义在该报发表的文章有很多出自恩格斯之手。恩格斯总结1848—1849年革命经验的重要著作《德国的革命和反革命》就是以马克思名义发表的。他在这部著作中用唯物史观分析了德国革命的起因、性质和失败原因，论述了德国社会结构、各阶级的地位及其在革命中的态度和作用，指出革命是"社会进步和政治进步的强大推动力"，强调工人阶级是革命的最彻底的真正的战斗力量，"代表整个民族的真正的和被正确理解的利益"，论述了无产阶级领导权和工农联盟问题，阐明了无产阶级革命斗争的策略原则以及马克思主义关于武装起义的基本观点。恩格斯还为《新奥德报》、《人民报》和《新闻报》等报刊积极撰稿。（22-24）

22. 19世纪50—60年代恩格斯为之撰稿的几种报纸
23. 1851年10月25日《纽约每日论坛报》发表的《德国的革命和反革命》
24. 燕妮·马克思关于向报刊寄送马克思和恩格斯文章的记载

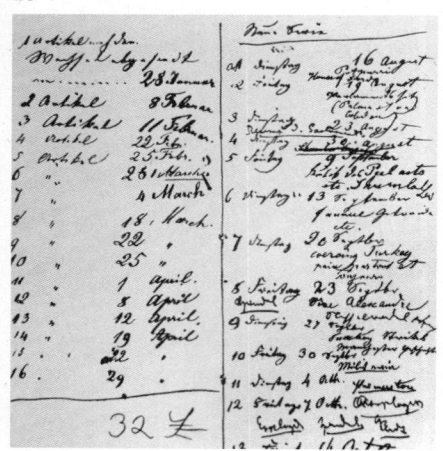

19世纪50年代初期,恩格斯积极支持英国宪章派左翼领袖琼斯等人开展反对妥协倾向的斗争。在曼彻斯特的最初几年,恩格斯除继续为革命宪章派刊物撰稿外,还参加了建立宪章派左翼地方组织的工作。(25–26)

25. 恩格斯出席1851年1月5日宪章派曼彻斯特委员会组织的公开集会(油画)　李骏
26. 厄内斯特·查理·琼斯(1819—1869),英国宪章派左翼领袖,马克思和恩格斯的朋友。

1852年10月，普鲁士政府以所谓"图谋叛国"罪对科隆共产主义者同盟的一些成员进行审讯。马克思和恩格斯积极为战友们搜集辩护材料，并在英国和德国的报刊上发表声明，揭露普鲁士司法机关伪造文件、捏造罪名、蓄意对革命者进行诬陷和迫害的卑劣行径。恩格斯还利用他在商业上的关系为马克思和科隆之间的通讯联系提供方便。

科隆案件宣判后，恩格斯专门撰写了《最近的科隆案件》一文，揭露并痛斥了普鲁士司法机关的卑鄙手段和警察当局的无耻伎俩，捍卫了共产主义者同盟的革命立场和斗争原则。

由于普鲁士当局策划了所谓科隆共产党人审判案，加上国际反动势力不断进行压制和迫害，共产主义者同盟实际上停止了活动。马克思在1852年11月19日写信告诉恩格斯："星期三这里的同盟根据我的建议自动解散了，并宣布同盟还在大陆上继续存在是不合时宜的。"同盟虽然解散了，但它在国际共产主义运动史上留下了不可磨灭的影响。它是工人运动第一次与科学社会主义结合的产物，是培养无产阶级革命战士的学校，也是第一国际的重要先驱。（27—29）

27. 马克思、恩格斯等人写的题为《科隆案件》的声明
28. 刊登马克思、恩格斯等人声明的部分英国报刊的报头
29. 1852—1853年普鲁士警察局档案中的马克思案卷和恩格斯案卷

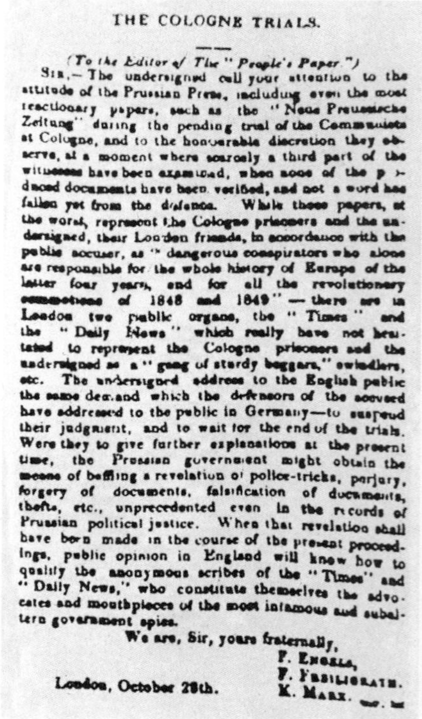

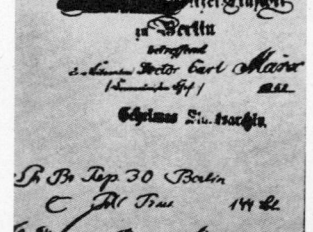

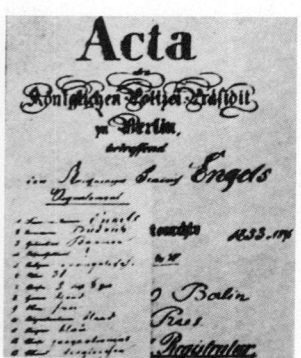

| 曼彻斯特二十年的理论研究和革命活动

恩格斯白天在欧门—恩格斯公司工作，晚上从事理论研究和革命活动，由于劳累过度而影响了健康。1857年7月，恩格斯到海滨疗养。马克思于10月初专程前往泽西岛圣赫利尔探望恩格斯，并同恩格斯一起去看望正在患病的老战友康拉德·施拉姆。（30-31）

30. 探望亲密战友（中国画）　谢志高
31. 康拉德·施拉姆（1822—1858），德国新闻工作者，共产主义者同盟盟员，《新莱茵报。政治经济评论》的发行负责人。

> 简言之，我们不要像道貌岸然的英国报刊那样从道德方面指责中国人的可怕暴行，最好承认这是"保卫社稷和家园"的战争，这是一场维护中华民族生存的人民战争。
>
> ——恩格斯《波斯和中国》

恩格斯一贯同情东方被压迫民族争取独立的解放运动，支持中国人民反抗外国侵略者的斗争。19世纪50年代，他先后发表三篇文章，严厉谴责西方侵略者在中国的野蛮暴行，高度赞扬中国人民反抗列强侵略、争取民族生存的斗争，并预言"旧中国的死亡时刻正在迅速临近"；"过不了多少年，我们就会亲眼看到世界上最古老的帝国的垂死挣扎，看到整个亚洲新纪元的曙光"。（32-33）

32. 1857年6月5日《纽约每日论坛报》发表的恩格斯的《波斯和中国》一文
33. 第二次鸦片战争

> 无论在欧洲或者在美洲都没有像英国军队这样残暴的军队。抢劫、暴行、屠杀——这在任何别国军队里都是已经严格禁止和完全排除了的行为，——是英国士兵由来已久的特权，是他们的合法权利。……1858年勒克瑙的洗劫是英国军队永远洗不掉的耻辱。
>
> ——恩格斯《攻占勒克瑙的详情》

1857年印度爆发了反抗英国统治的起义。马克思和恩格斯发表了一系列文章分析起义发生和失败的原因，论述起义的性质和意义，愤怒谴责英国侵略者的血腥暴行，坚决支持印度人民的正义斗争。（34-35）

34. 1857年12月5日《纽约每日论坛报》发表的恩格斯的《德里的攻占》一文
35. 英军镇压印度起义

19世纪50年代末60年代初，欧洲资产阶级民主主义运动和民族解放运动重新兴起。恩格斯先后发表了《波河与莱茵河》及其续篇《萨瓦、尼斯与莱茵》两部论著，他运用渊博的军事、历史和语言知识，揭露和批判了欧洲各国统治集团以保护本民族利益为借口而采取的侵略行动和掠夺政策，阐明了无产阶级政党对德国统一和意大利统一问题的立场，强调无产阶级必须从人民的根本利益和国际主义立场出发，清醒地分析民族关系问题，在复杂的形势下坚持正确的斗争方向。马克思高度评价恩格斯的论著，他在信中写道："我已读了一遍；妙极了；就连政治问题也阐述得非常出色，这是非常不容易的。小册子必将大受欢迎。"果然，恩格斯的两部论著不仅在工人群众中，而且在社会各界引起了强烈的反响。（36-38）

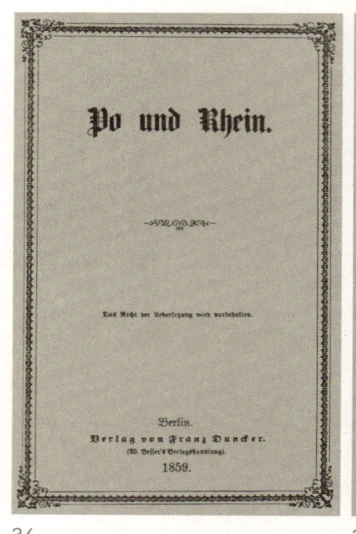

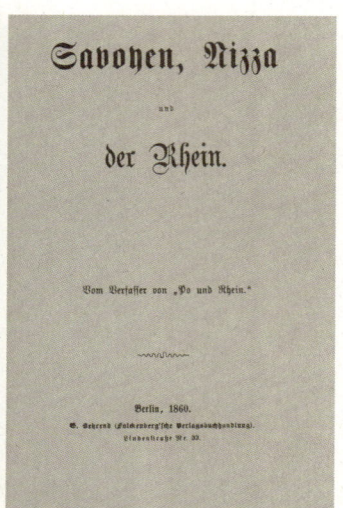

36. 《波河与莱茵河》扉页
37. 《萨瓦、尼斯与莱茵》扉页
38. 1860年加里波第在马尔萨拉登陆

> *无论从什么角度来看，美国内战都是战争史上无与伦比的一个壮观。争夺的土地幅员广大；作战线的正面极长；敌对的军队数量庞大，而创建这些军队时却没有什么旧有的组织基础可以凭借；军队的费用浩大；再加上指挥这些军队的方法以及进行战争的一般战术战略原则，——这一切对于欧洲的观察家来说都完全是新的东西。*
>
> ——马克思恩格斯《美国内战》

马克思和恩格斯十分关注19世纪60年代初期爆发的美国内战，强调废除奴隶制是整个战争的关键，指出为黑人的解放而斗争是关系到欧美工人阶级整体利益的正义事业。为此，马克思和恩格斯高度评价欧洲工人阶级在美国内战爆发后采取的正确立场。（39-40）

---

39. 1862年3月27日《新闻报》发表的马克思和恩格斯的《美国内战》一文
40. 1861年7月21日美国布尔河战役

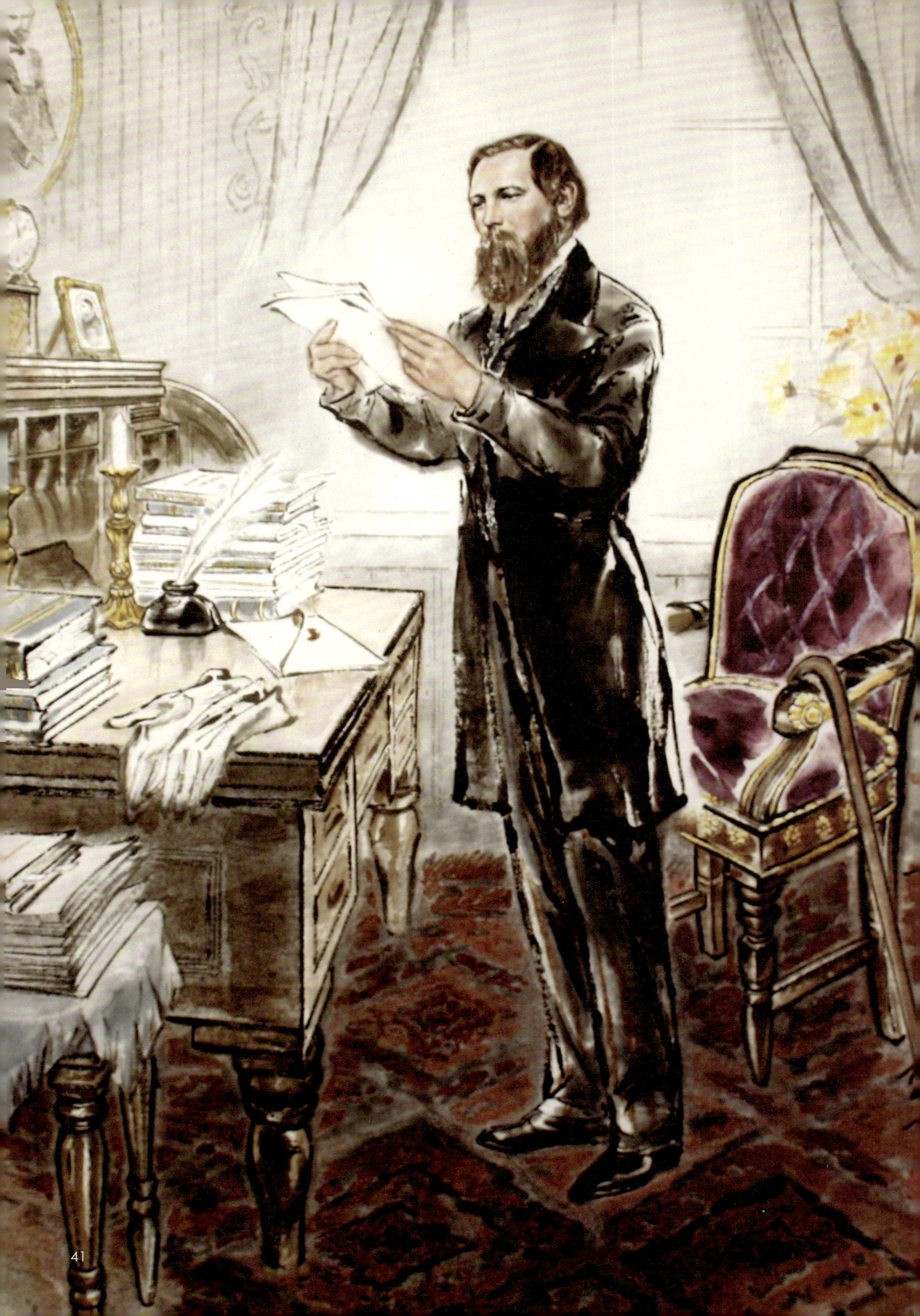

1864年9月28日，英、法、德、意、波兰和瑞士等国的几百名工人代表在伦敦圣马丁堂举行集会，宣告成立国际工人协会。马克思参加了大会，并被选入协会的领导机构。马克思为国际工人协会起草了成立宣言、临时章程等重要文件。11月4日，马克思致信恩格斯，详细介绍了成立国际、起草成立宣言和临时章程的经过。恩格斯积极支持国际的活动，并经常就重要问题与马克思交换意见。（41-44）

41．喜讯传来（中国画）　　甘正伦　王庆明
42．马克思1864年11月4日给恩格斯的信
43．《国际工人协会成立宣言和临时章程》第1版扉页
44．恩格斯的国际工人协会会员证和会费卡

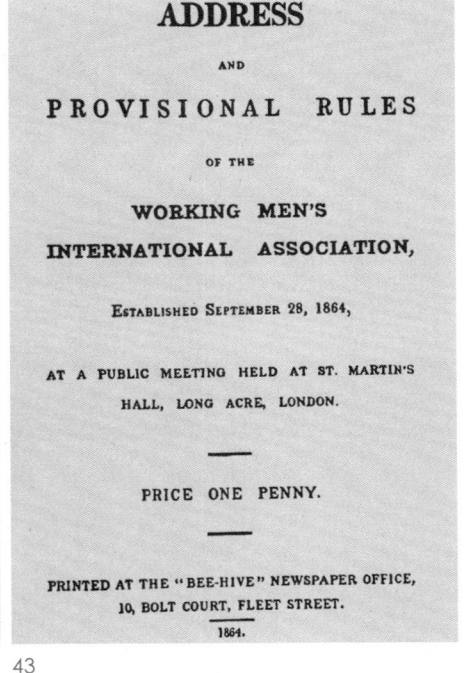

> 欧洲工人一致宣称恢复波兰是自己政治纲领的重要组成部分，是他们的对外政策的最全面的表达。中间阶级也曾"同情过"，而且现在也还"同情"波兰人，但是，这种同情并没有妨碍他们在1831年、1846年和1863年对陷于危难的波兰人袖手旁观，甚至也没有妨碍他们纵容像帕麦斯顿勋爵这种波兰最凶恶的敌人一面在口头上维护波兰，一面干实际上给俄国帮忙的勾当。
>
> ——恩格斯《工人阶级同波兰有什么关系？》

恩格斯积极支持波兰人民反对沙皇压迫的斗争，并在曼彻斯特为波兰起义者募捐。应马克思的请求，恩格斯撰写了题为《工人阶级同波兰有什么关系？》的一组文章。在这组文章中，恩格斯批判了蒲鲁东主义者在波兰独立问题上的错误观点，同时揭露了资产阶级政府为欺骗人民而提出的所谓"民族原则"的反动本质，阐明了工人阶级在民族问题上的原则立场。（45-46）

---

45. 1866年3月24日《共和国》周报报头以及该报发表的恩格斯《工人阶级同波兰有什么关系？》一文
46. 1863年波兰起义者锻造武器

> 英国人已经做到了使属于各个不同种族的人安于它的统治。……只有爱尔兰人,英国人没有把他们制服。原因在于爱尔兰种族的异乎寻常的活力。在极端残暴的镇压以后,在每一次要把他们歼灭的企图以后,经过一个短时期,爱尔兰人又比过去任何时候都更加坚强地站了起来。
>
> ——恩格斯《爱尔兰史》的片断

恩格斯长期关注爱尔兰问题。他和马克思一样,始终把爱尔兰问题视为研究民族解放问题的一个典型例证。为此,他专心致力于研究爱尔兰的历史和现状,广泛搜集有关爱尔兰经济、政治和思想文化的文献资料,作了大量的笔记和摘录,并着手撰写《爱尔兰史》,用确凿的事实戳穿资产阶级历史学家歪曲和伪造爱尔兰历史的谎言,深刻揭露英国封建统治阶级和资产阶级对爱尔兰的野蛮征服和疯狂掠夺,高度评价爱尔兰人民反抗殖民统治和阶级压迫的革命精神,热情支持他们为争取民族解放和独立而进行的英勇斗争。

19世纪60年代,恩格斯和马克思一起声援爱尔兰革命组织芬尼社,并高瞻远瞩地指出,爱尔兰民族解放运动只有同英国工人运动紧密结合起来,才有光明的前途。(47–49)

47. 英国政府驱赶爱尔兰佃户
48. 反动当局逮捕芬尼社社员
49. 恩格斯的《爱尔兰史》手稿第1页

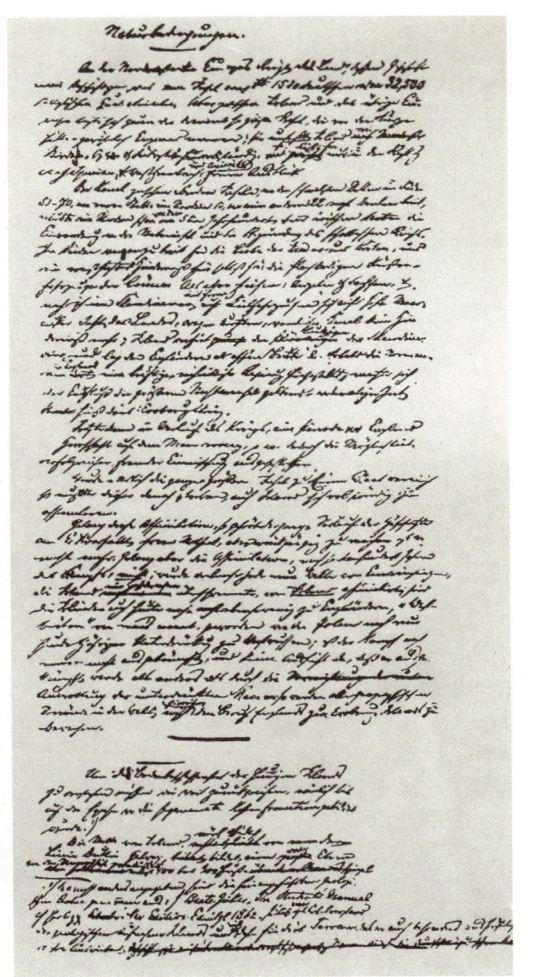

1863年恩格斯的夫人玛丽·白恩士在曼彻斯特逝世后，恩格斯与玛丽的妹妹莉迪娅（莉希）·白恩士结为夫妇。莉希是一个具有无产阶级觉悟和革命热忱的爱尔兰女工，她坚定不移地支持自己的同胞为反抗压迫和剥削而开展的斗争。恩格斯说过："我的妻子也是一个地地道道的血统的爱尔兰无产者，她对本阶级的天赋的热爱，对我是无比珍贵的，在关键时刻，这种感情给我的支持，比起'有教养的'、'多愁善感的'资产阶级小姐的细腻和小聪明可能给予的总要多些。"1869年9月，恩格斯和莉希携马克思的小女儿爱琳娜访问爱尔兰。在那里，他们对爱尔兰的社会状况进行了实地考察。（50）

50. 1869年9月恩格斯和莉希携马克思的小女儿爱琳娜访问爱尔兰（油画）　　张红年

> 在所有这些情况下，工人政党决不会只是当资产阶级的尾巴，而是将以与资产阶级完全不同的独立政党的姿态出现。它将一有机会就提醒资产阶级，工人的阶级利益同资本家的阶级利益是直接对立的，而且工人是了解这一点的。
>
> ——恩格斯《普鲁士军事问题和德国工人政党》

19世纪60年代，恩格斯密切关注德国工人运动的发展，并给予积极指导。1863年5月23日，全德工人联合会在莱比锡建立，拉萨尔当选为第一任主席。1869年8月7—9日，德国社会民主工党在爱森纳赫成立，领导人是倍倍尔、李卜克内西和白拉克。恩格斯对拉萨尔的机会主义观点在德国工人运动中的影响一直保持着高度警惕，他在《普鲁士军事问题和德国工人政党》等著作中批判了拉萨尔派的机会主义路线，阐明了工人阶级政党的斗争策略。（51-53）

---

51. 《普鲁士军事问题和德国工人政党》一书封面
52. 1869年8月7—9日，全德社会民主主义工人代表大会在爱森纳赫举行，成立了德国社会民主工党。图为召开这次代表大会的摩尔人旅店。
53. 斐迪南·拉萨尔（1825—1864），全德工人联合会第一任主席（1863），拉萨尔主义创始人。

> 我自从迁来曼彻斯特以后，就开始啃军事，我在这里弄到的材料，至少对开端来说是足够了。军事在最近的运动中必将具有的重大意义，我往日的爱好，我在报纸上发表的匈牙利军事通讯，以及我在巴登的光荣的冒险经历——所有这些都促使我在这方面下功夫，我想在这方面至少要做到能够发表一定的理论见解而又不致太丢脸。
>
> ——恩格斯1851年6月19日给约·魏德迈的信

恩格斯移居曼彻斯特后开始进行军事理论和军事历史的系统研究，《1852年神圣同盟对法战争的条件与前景》是他的第一个研究成果。在这篇文章中，恩格斯把唯物史观运用到军事科学研究领域，指出"新的军事科学只能是新的社会关系的必然产物"，"新的生产力同样是作战方法上每一步新的完善的前提"。

从克里木战争开始，恩格斯对五十年代和六十年代的多次战争都给予密切关注，在《纽约每日论坛报》、《新奥得报》和《人民报》等报刊上发表了大量军事文章，对战争的性质、进程和发展趋势作了深刻的分析和评述。恩格斯还为《普特南氏月刊》撰写了《欧洲军队》系列文章，为《美国新百科全书》编写了大量的军事条目。在这些著述中，恩格斯详细评述了欧洲各国军队的历史和现状，研究了各个兵种的发展历程。他指出，军队的发展和其他社会现象一样，归根到底是由构成社会经济基础的物质生产方式的变化决定的。恩格斯的军事研究为马克思主义军事科学奠定了坚实的基础。（54—55）

---

54. 恩格斯在《喀琅施塔得要塞》一文中画的地形图
55. 恩格斯《1852年神圣同盟对法战争的条件与前景》手稿的第1页

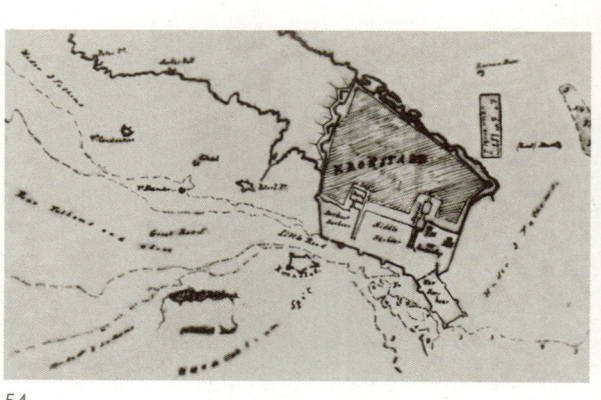

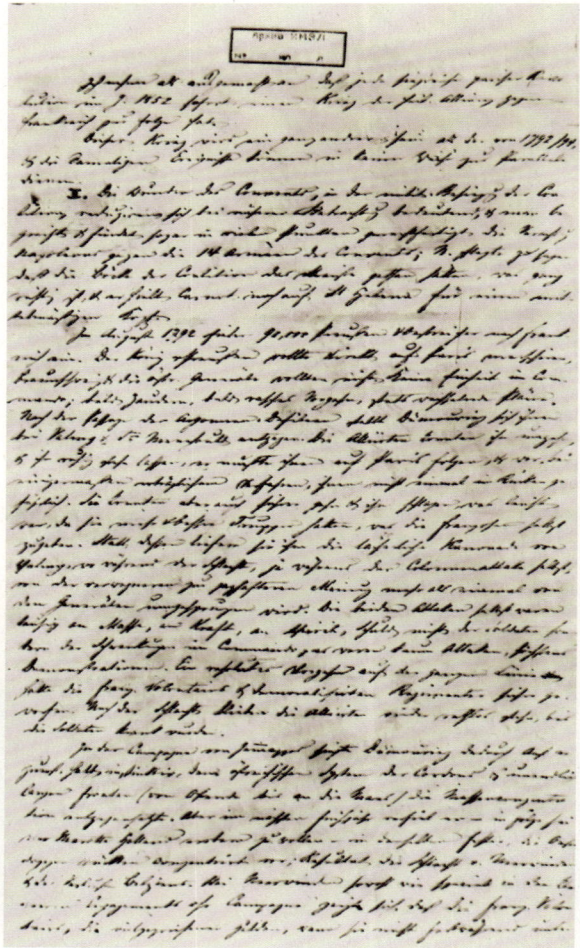

> 请把已经答应给我的黑格尔的《自然哲学》寄来。目前我正在研究一点生理学,并且想与此结合起来研究一下比较解剖学。在这两门科学中包含着许多极富思辨成分的东西,但这全是新近才发现的;我很想看一看,所有这些东西老头子是否一点也没有预见到。
>
> ——恩格斯 1858 年 7 月 14 日给马克思的信

在研究军事理论的同时,恩格斯还深入研究语言学,刻苦学习并掌握了多种语言。他为了更好地研究东方问题和克里木战争学习了波斯语,为研究丹麦战争学习了斯堪的纳维亚地区的语言,为研究爱尔兰史学习了古爱尔兰语。

恩格斯始终密切关注生理学、物理学和化学等自然科学的发展,认真研读了黑格尔的《自然哲学讲演录》和达尔文的《物种起源》等著作,重视从哲学角度概括自然科学研究的发展历程和最新成果。(56–58)

---

56. 恩格斯摘抄和翻译的普希金《叶甫盖尼·奥涅金》的部分段落手迹
57. 黑格尔《自然哲学讲演录》1842 年柏林版扉页
58. 达尔文《物种起源》1859 年伦敦版扉页

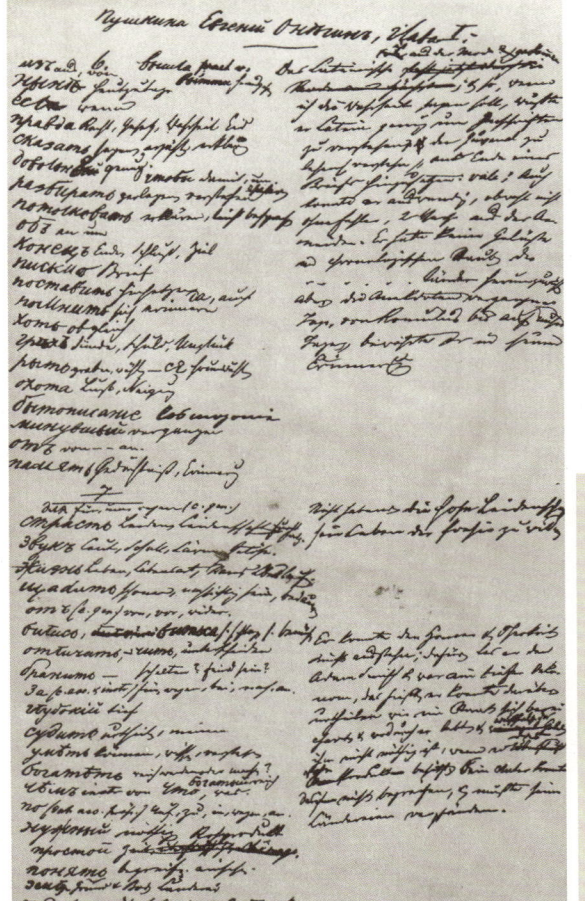

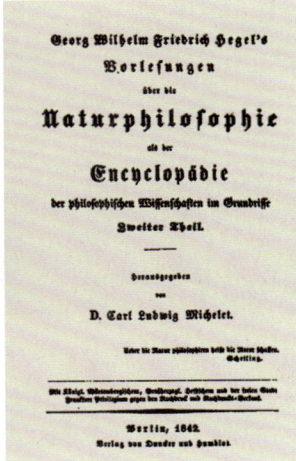

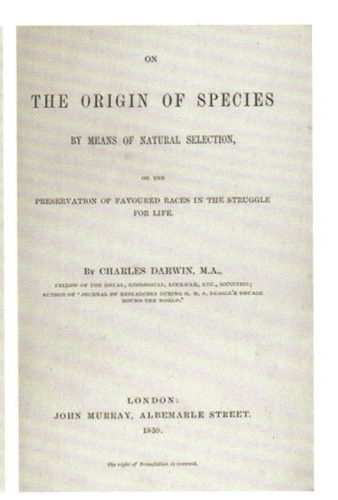

弗里德里希·恩格斯集学者、战士、普通人于一身。他是一个完整的人，一个既有威力又有魅力的人。高深的造诣和坚毅的意志在他身上融为一体。

——维克多·阿德勒《弗里德里希·恩格斯》

恩格斯在"埃及的幽囚"般的境遇中始终保持着坚定乐观的情怀。对革命的信念、对真理的追求、对大自然的热爱以及对马克思一家的情谊，使恩格斯的内心世界非常充实，也使他的生活丰富多彩。（59-60）

---

59. 马克思、恩格斯和马克思的女儿燕妮、劳拉、爱琳娜（1864年摄于伦敦）
60. 燕妮·马克思（1814—1881），父姓冯·威斯特华伦，马克思的妻子。

> 当恩格斯来信说他要从曼彻斯特到伦敦来的时候,马克思一家都为此大大欢庆,老是在谈这件事,而当恩格斯来的那一天,马克思等得不耐烦,甚至工作不下去,两个朋友抽烟喝酒,通宵畅谈他们分别后所发生的一切事情。
> ——保尔·拉法格《忆马克思》

恩格斯热诚关心马克思和燕妮的工作和生活,十分喜爱他们的三个女儿,并为孩子们的健康成长倾注了许多心血。孩子们由衷地钦佩恩格斯无私无畏的品德、热情爽朗的性格和博学多才的素养。在她们的心目中,恩格斯既是平易近人的长辈,又是可亲可敬的良师益友。

在20年分住两地的漫长岁月里,恩格斯和马克思见面机会非常有限。难得的短暂欢聚往往使他们忘记了流亡生活的痛苦。(61)

61. 马克思携小女儿爱琳娜在曼彻斯特恩格斯家做客(工笔画)　杨刚

> 他总是面带笑容,而且他的笑声很有感染力。他永远是乐观的,使周围的人们都能分享他的愉快的心情。
>
> ——乔治·朱利安·哈尼《关于恩格斯》

在艰难困苦的岁月,马克思一家保持着乐观的精神,填写《自白》就是他们全家喜爱的活动。恩格斯也参加了这一活动,在马克思女儿燕妮的纪念册中保存有他的《自白》,这一《自白》从一个侧面反映了他的性格和为人。(62—65)

62. 恩格斯(1864年摄于曼彻斯特)
63. 燕妮·龙格(1844—1883),马克思的大女儿,国际工人运动活动家,新闻工作者。

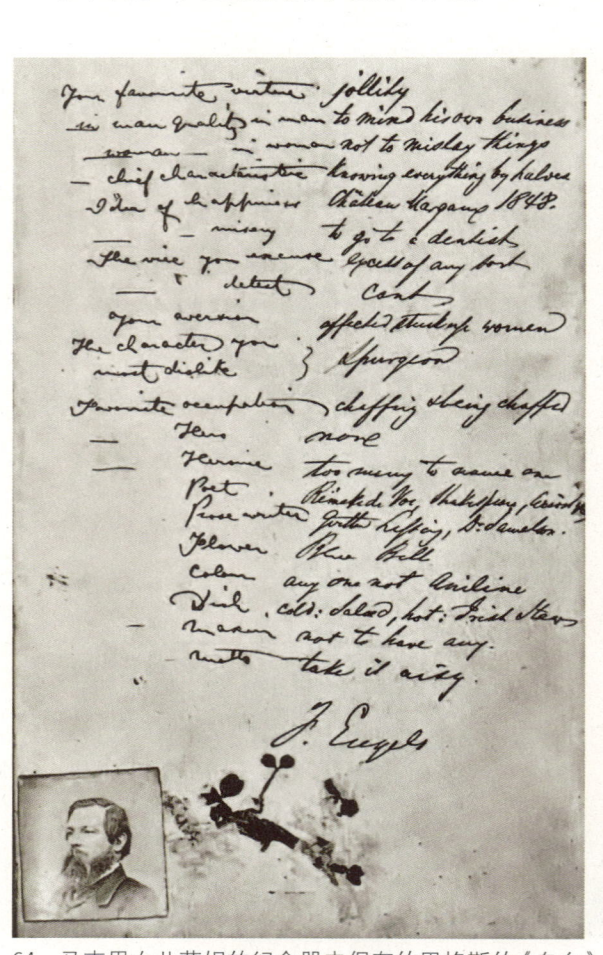

64. 马克思女儿燕妮的纪念册中保存的恩格斯的《自白》

恩格斯的《自白》

您喜爱的美德……乐观
　男人的优良品质……用心做好分内的事
　女人的优良品质……有条不紊
您的主要特点……天下事都略有所知
您对幸福的理解……饮1848年的马尔戈庄园葡萄酒
您对不幸的理解……看牙科医生
您能原谅的缺点……各种分寸失当之举
您厌恶的缺点……伪善
您讨厌的……矫揉造作、傲慢不逊的女人
您最不喜欢的人物……斯珀吉翁
您喜欢做的事……捉弄人和被人捉弄
您喜爱的男英雄……一个也没有
您喜爱的女英雄……太多了,一个也举不出来
您喜爱的诗人……"狐狸-莱涅克"、莎士比亚、
　　　　　　　　阿里欧斯托等等
您喜爱的著作家……歌德、莱辛、扎梅耳松博士
您喜爱的花……蓝色风铃草
您喜爱的颜色……任何一种,只要不是苯胺染料
您喜爱的菜……凉菜:沙拉;热菜:爱尔兰焖肉
您喜爱的座右铭……我喜爱的座右铭就是没有座右铭
您喜爱的格言……从容不迫

65. 恩格斯（1868年冬摄于曼彻斯特）

66. 狩猎（油画） 孙向阳

恩格斯心胸豁达，性格爽朗，无论多大的困难、多重的压力，都不能改变他对生活的热爱，正如马克思的夫人燕妮所说的那样："他向来是身体健康，精力充沛，兴致勃勃，心情愉快"。恩格斯喜欢骑马。他在致马克思的信中诙谐地说：骑马这种运动"是我整个军事研究的物质基础"。他也喜欢旅行，19世纪60年代他游历过瑞士、意大利、瑞典和丹麦，并且数次到德国旅行。他利用每次旅行的机会，研究各地的语言、历史、地理和民俗等方面的情况。（66—69）

67．石勒苏益格—荷尔斯泰因东海岸的基尔（1860年前后）

68．19世纪60年代的瑞士

69．斯德哥尔摩（1852年）

> 好啊！从今天起再不搞可爱的商业了，我是一个自由的人了。
> ——恩格斯 1869 年 7 月 1 日给马克思的信

> 最热烈地祝贺你逃出了埃及的幽囚。为了祝贺这件事，我喝了"不该喝的一小杯"。
> ——马克思 1869 年 7 月 3 日给恩格斯的信

1869 年 6 月 30 日，恩格斯终于实现了多年的愿望，结束了在曼彻斯特欧门—恩格斯公司的工作。翌日，他在给马克思的信中报告了这个喜讯，马克思当即回信向他表示衷心祝贺。恩格斯还给母亲写了信，字里行间流露出无法抑制的兴奋心情，他写道："我刚刚获得的自由使我高兴极了。从昨天起，我已经完全变成另一个人了，年轻了十岁。"

此后，恩格斯为了处理未了的事务，在曼彻斯特羁留了一年多时间。在此期间，他一如既往地关注工人运动，从事理论研究。普法战争爆发后，他密切关注时局，及时撰写评论文章。恩格斯渴望与马克思早日重聚，以便为无产阶级革命事业并肩战斗；莉希也热切盼望与燕妮和孩子们久别重逢。直到 1870 年秋，恩格斯夫妇才实现了移居伦敦的夙愿。（70）

70. "一个自由的人"（中国画） 韩国臻

第六章

参与领导第一国际 支持巴黎公社的斗争

1870年9月20日，恩格斯从曼彻斯特移居伦敦，住在马克思家附近。从此他在伦敦一直居住到逝世。

恩格斯移居伦敦以后，在马克思的提议下，被选为国际工人协会总委员会委员，并先后担任多个国家的通讯书记。这时的国际工人协会，已经成为欧洲政治舞台上举足轻重的力量。恩格斯凭借卓越的理论素养、丰富的实践经验和非凡的语言才能，成为马克思最得力的助手。

1870年7月普法战争爆发，恩格斯写了大量军事评论文章，对战争进程作了精辟分析，并对战争结局作了科学预测，因此在同志和朋友中获得了"将军"的美誉。

1871年3月18日，巴黎爆发人民起义，推翻了资产阶级政权。3月28日，巴黎公社宣告成立。马克思和恩格斯坚决站在"冲天的巴黎人"一边，充分肯定巴黎公社的革命创举和伟大意义，揭露资产阶级报刊上的各种谎言，联合各国无产阶级和进步力量声援巴黎人民的革命行动；通过国际工人协会总委员会，向国际的各个支部发出几百封信件，号召他们发起支持公社的运动；密切关注巴黎形势的发展和公社所采取的革命措施，并向公社领导人提出许多重要建议。公社遭到镇压后，马克思和恩格斯积极援助流亡到伦敦的公社社员，同时严厉驳斥反动势力对公社的诽谤。恩格斯把马克思从理论上总结巴黎公社经验教训的重要著作《法兰西内战》译成德文，后来还为该著德文单行本写了导言，在导言中进一步总结了巴黎公社的经验，阐明了巴黎公社的无产阶级专政的性质。

公社失败后，国际工人协会在各国遭到迫害，国际内部的各种错误思潮特别是巴枯宁主义甚嚣尘上。面对严峻的局势，马克思和恩格斯组织召开了国际工人协会的两次重要会议——1871年9月的伦敦代表会议和1872年9月的海牙代表大会。在伦敦代表会议上，马克思和恩格斯抨击了巴枯宁派鼓吹的工人运动应当放弃政治斗争的错误观点，旗帜鲜明地指出，只有实现无产阶级的政治统治，才能达到消灭阶级的目的；为此，无产阶级必须建立独立政党。在海牙代表大会上，马克思和恩格斯揭穿并挫败了巴枯宁分子分裂国际的阴谋。大会决定把巴枯宁派开除出国际，并批准了伦敦代表会议关于无产阶级必须建立独立政党的决议。

19世纪70年代，各国工人运动进入建立无产阶级政党的阶段，国际工人协会完成了历史使命，于1876年宣布解散。恩格斯满怀信心地指出："下一个国际——在马克思的著作产生了多年的影响以后——将是纯粹共产主义的国际，而且将直截了当地树立起我们的原则。"

> 这以后的10年中，恩格斯每天都要来找我的父亲。他们常常一同出去散步。但他们也常常留在家中，在我父亲的屋里走来走去——两人各走一边，在屋角的地方转身，他们的鞋跟在地板上磨出了深深的脚印。他们在这里讨论了大多数人不能想象的许多问题。
>
> ——爱琳娜·马克思《弗里德里希·恩格斯》

1870年9月20日，恩格斯举家迁居伦敦。这是恩格斯多年来梦寐以求的事情，而马克思也早就盼望着这一天。马克思的夫人燕妮和她的女儿们提前做了精心准备，为恩格斯一家在伦敦找好了住所。那座房子位于伦敦西北区瑞琴特公园路，离马克思的家很近，走路只需一刻钟。在曼彻斯特长达20年的"幽囚"岁月，恩格斯不得不主要靠写信与马克思互通情况、交流思想，而现在，他们两人终于可以朝夕相处、并肩战斗了。（01-02）

01. 伦敦瑞琴特公园路122号，1870年9月至1894年10月恩格斯居住在这里。
02. 恩格斯和马克思在一起（油画）**高泉**

恩格斯迁居伦敦的时候，国际工人协会正进入重要发展阶段。协会在很多国家都建立了支部，影响不断增强，威望大大提高。总委员会的工作异常繁重：要分析和研究政治斗争形势，要支持和指导各国工人运动，特别是要讨论和厘清重要的理论与策略问题。因此，马克思早就盼望恩格斯参与总委员会的工作。1870年9月20日，也就是恩格斯迁居伦敦的当天晚上，马克思在总委员会会议上推荐恩格斯参加总委员会；14天后，恩格斯经一致同意被选为总委员会委员。从此，恩格斯以极大的热情投入国际工人协会的领导工作。他曾先后担任比利时、意大利、西班牙、葡萄牙和丹麦的通讯书记，此外他还是国际工人协会财务委员会的成员。他凭借卓越的理论素养、丰富的实践经验、非凡的组织才能和深厚的语言功底，成为总委员会中除马克思以外唯一能够担当全局性重任的领导成员。（03—06）

---

03. 1870年10月4日恩格斯被选入国际总委员会的会议记录
04. 1870年9—12月国际总委员会会议出席登记表
05. 恩格斯担任国际总委员会意大利通讯书记的委托书
06. 恩格斯作为国际总委员会意大利通讯书记给朱泽培·博里安尼的委托书

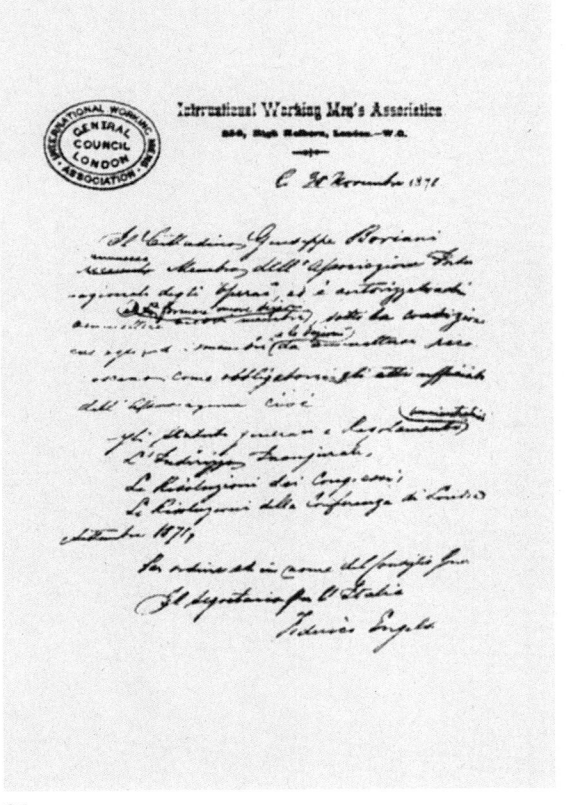

1870年7月19日普法战争爆发。同年9月初法军在色当会战中惨败,拿破仑第三被俘,巴黎人民推翻王朝,宣告法兰西共和国成立。马克思和恩格斯密切关注这一重大事件,并及时作出科学评述。(07-08)

07. 1870年9月1—2日的色当会战
08. 1870年9月4日法兰西共和国宣告成立

> 不管当前这场可憎的战争进程如何,全世界工人阶级的联合终究会根绝一切战争。……同那个经济贫困和政治昏聩的旧社会相对立,正在诞生一个新社会,而这个新社会的国际原则将是和平,因为每一个民族都将有同一个统治者——劳动!
> ——马克思《国际工人协会总委员会关于普法战争的第一篇宣言》

普法战争爆发当天,马克思受国际总委员会委托起草了关于普法战争的宣言。色当会战之后,马克思又起草了第二篇宣言。这两篇宣言精辟地分析了这场战争的性质和发展趋向,指明了德法两国工人在新形势下的行动方向。(09-10)

09. 国际总委员会关于普法战争的第一篇宣言的传单
10. 国际总委员会关于普法战争的第二篇宣言的德译文(马克思手迹)

普法战争爆发后，恩格斯接受马克思的建议和委托，为伦敦的报纸《派尔－麦尔新闻》撰写了大量军事评论，这些评论与马克思撰写的总委员会关于普法战争的两篇宣言在基本观点和总体判断上相互呼应、密切关联，是运用历史唯物主义研究军事和战争问题的光辉范例。恩格斯善于从内容简略甚至互相矛盾的战报中洞悉战场的真相，对战争进程作了精辟的分析，并准确地预言了战争的结局。恩格斯深刻地指出，法兰西第二帝国在军事上的溃败绝非偶然，它是腐朽透顶的法国政治制度走向瓦解的必然结果。恩格斯深切同情并坚决支持法国人民反对普鲁士侵略者的斗争，指出人民的英勇抵抗是战胜侵略者的根本原因。这些杰出的军事著作对丰富和发展马克思主义关于战争的理论作出了重大贡献。

恩格斯的军事评论不仅赢得了战友们的高度评价，而且在社会各界引起了强烈反响。因此马克思指出，恩格斯无疑已被"公认为伦敦的头号军事权威"；也正是由于这个原因，恩格斯在同志和朋友中间获得了"将军"的美誉。（11-12）

11. "伦敦的头号军事权威"（中国画）　李子侯

> 事实是，普军的野蛮和暴行不仅没有把人民的抵抗镇压下去，反而使这种抵抗加倍激烈起来……既然这种人民抵抗精神已经激发起来，那么即使一支20万人的军队在占领敌国时也不会得到许多东西。这支军队会迅速达到极限，越过极限它的部队就将弱于防御者能够用来抵抗他们的兵力；而这种状态将怎样迅速到来，就全靠人民抵抗的威力了。这样看来，只要国内人民奋起抵抗，甚至一支溃败的军队，也会迅速找到摆脱敌人追击的安全地点，而正是这种抵抗目前可能在法国发生。如果敌占区的居民奋起抵抗，即使仅仅经常截断敌人的交通线，那么入侵的敌人也将更加临近无能为力的境地。
>
> ——恩格斯《法国的军事形势》

12. 1870年9月17日《派尔－麦尔新闻》上刊登的恩格斯的《如何击败普军》一文，标题右侧有恩格斯的亲笔签名。

法兰西共和国成立后，资产阶级的国防政府对内镇压人民，对外卖国投降，激起巴黎人民强烈不满。1871年3月18日，国民自卫军战士和巴黎人民举行武装起义，推翻了资产阶级政府。（13-16）

13. 反动政府把巴黎城门的钥匙交给俾斯麦（当时的讽刺画）
14. 起义前夕的蒙马特尔高地

15. 巴黎人民夺回自己的大炮
16. 国民自卫军中央委员会 3 月 19 日发布《告人民书》，宣布革命胜利，并号召巴黎人民准备进行公社选举。

马克思和恩格斯得知巴黎爆发革命的消息后，坚决站在"冲天的巴黎人"一边，积极采取各种有力措施，支持巴黎公社的革命事业。他们号召各国工人阶级起来声援巴黎人民，严厉驳斥资产阶级报刊对公社的诬蔑，并利用各种渠道向公社提出忠告和建议。

　　为了让国际工人协会总委员会掌握真实情况、作出正确决策，恩格斯在巴黎起义发生后立即通过各种渠道搜集情报，获取信息，并进行梳理和分析。1871年3月21日，就在巴黎革命爆发三天之后，恩格斯在国际总委员会会议上第一次作了关于这一重大事件的综合报告。（17）

17. 恩格斯向国际总委员会报告巴黎起义的情况　（素描）　顾盼

1871年3月28日，经选举产生的巴黎公社委员会在市政厅广场召开公社成立大会。国民自卫军和普通群众约20万人隆重集会，庆祝自己的政府正式成立。"公社万岁"的呼声响彻整个广场。（18-23）

18. 1871年3月28日巴黎公社在市政厅广场宣告成立

从 3 月 18 日起，先前被抵抗外敌侵犯的斗争所遮蔽了的巴黎运动的阶级性质，便以尖锐而纯粹的形式显露出来了。因为公社委员几乎全都是工人或公认的工人代表，所以公社所通过的决议也都带有鲜明的无产阶级性质。
——恩格斯为马克思《法兰西内战》1891 年版写的导言

19. 1871 年 3 月 29 日巴黎公社宣告成立的公告
20. 公社委员会举行会议
21. "七月纪念柱"上红旗飘扬

莱奥·弗兰克尔（1844—1896），匈牙利工人运动活动家，国际总委员会委员。

路易·欧仁·瓦尔兰（1839—1871），法国工人运动活动家，国际巴黎支部联合会主席。

路易·奥古斯特·布朗基（1805—1881），法国革命家，布朗基主义创始人，缺席当选为公社委员。

爱德华·玛丽·瓦扬（1840—1915），法国工人运动活动家，国际总委员会委员。

埃米尔·德西雷·弗朗索瓦·埃德（1843—1888），法国工人运动活动家，国际巴黎支部成员。

泰奥菲尔·沙尔·吉尔·费雷（1846—1871），法国工人运动活动家。

拉乌尔·里果（1846—1871），法国工人运动活动家。

古斯塔夫·保尔·弗路朗斯（1838—1871），法国工人运动活动家。

加布里埃尔·朗维埃（1828—1879），法国工人运动活动家，国际总委员会委员。

22．巴黎公社部分委员

23. 满腔热情支持巴黎公社（油画） 骆根兴

参与领导第一国际　支持巴黎公社的斗争　171

巴黎公社成立后，为把公社建成真正民主的国家政权而采取了一系列重要措施，其中最主要的是：公社代表并维护工人阶级和劳动群众的根本利益，从而保证权力始终掌握在人民手中；由选举产生的公社权力机构和人民代表必须对选民负责，履行人民公仆的职责；公社是实干的而不是议会式的机构，一切公职人员都只能领取相当于熟练工人工资的报酬，而且在必要的情况下随时可以罢免；武装力量按民主原则组织；法官和审判官均由选举产生，对选民负责，并且可以罢免；一切教育机构对人民免费开放，完全不受教会和国家的干涉，从而使人人都能受教育。（24-28）

24．英国工人在伦敦海德公园集会声援巴黎公社

25．巴黎公社《告农村劳动者书》

26．根据巴黎公社的法令，劳动人民可以无偿地取回自己典当的生活必需品。

27. 根据公社 1871 年 4 月 12 日的法令，拆除了旺多姆广场上象征民族沙文主义的凯旋柱。

28. 在伏尔泰纪念碑前焚毁断头台

盘踞在凡尔赛的梯也尔反动政府勾结普鲁士军队，向巴黎公社疯狂反扑。公社战士们为捍卫公社事业进行了英勇不屈的斗争。1871年5月28日，巴黎公社最终失败。（29-36）

29. 巴黎街头筑起街垒
30. 战斗在市区激烈展开
31. 雅罗斯拉夫·东布罗夫斯基（1836—1871），波兰军官，革命民主主义者，公社武装力量总司令。
32. 瓦列里·符卢勃列夫斯基（1836—1908），波兰革命民主主义者，公社将军，国际总委员会委员和波兰通讯书记。

33. 公社最后的战斗

只是在经过八天的战斗之后，最后一批公社捍卫者才在贝尔维尔和美尼尔芒坦的高地上倒下去，这时对赤手空拳的男女老幼已进行了一个星期的越来越疯狂的屠杀达到了顶点。用后装枪杀人已嫌不够快了，于是便用机关枪去成百上千地屠杀战败者。最后一次大屠杀是在拉雪兹神父墓地上的一堵墙近旁发生的，这堵"公社战士墙"至今还立在那里，作为无声的雄辩见证，说明一旦无产阶级敢于起来捍卫自己的权利，统治阶级的疯狂暴戾能达到何种程度。

——恩格斯为马克思《法兰西内战》1891年版写的导言

34. 拉雪兹神父公墓的战斗

35. 凡尔赛军队屠杀公社战士

36. 反动当局在凡尔赛审判公社社员

在巴黎公社遭到镇压的时刻，马克思和恩格斯仍然坚定不移地站在"冲天的巴黎人"一边。他们高度评价巴黎公社的历史意义，义愤填膺地谴责反动政府血腥屠杀公社战士和工人的残暴行径，有力驳斥了资产阶级对公社的攻讦和诽谤。公社被镇压后，幸存的公社社员有些遭到审判，有些流亡国外。马克思和恩格斯积极投入救援公社流亡者的活动。他们想方设法营救尚未脱险的公社社员，为他们办护照、筹路费。在马克思和恩格斯的领导下，国际工人协会总委员会在伦敦成立救济公社流亡者委员会，为流亡者安排食宿，谋求职业。（37–38）

37. 公社流亡者委员会的募捐单

38. 在伦敦的巴黎公社流亡者

> 自伦敦有史以来，还没有一件公诸于世的文献，像国际总委员会的宣言那样，产生如此强烈的影响。大型报刊起初本来打算施展其保持完全沉默的惯技，但是，只过了几天它们就深深感到，这一次再这样做已经行不通了。……所有的报刊都不得不一致承认国际是欧洲的一支巨大的力量，对这支力量必须加以考虑，而且不能用故意不理会它的存在的办法来消灭它。
>
> ——恩格斯《宣言〈法兰西内战〉和英国报纸》

巴黎公社失败两天后，即1871年5月30日，马克思在国际工人协会总委员会的会议上宣读了他用英文撰写的总委员会宣言《法兰西内战》。这部著作全面总结了巴黎公社的战斗历程和历史经验，进一步阐发了马克思主义关于阶级斗争、国家、无产阶级革命和无产阶级专政的学说。马克思特别强调无产阶级通过革命打碎旧的国家机器、代之以无产阶级专政的重要意义、历史条件和实现途径，并对巴黎公社作为真正民主的国家政权所采取的各项措施作了高度评价。（39-40）

---

39. 《法兰西内战》初稿手稿
40. 《法兰西内战》1871年英文第3版扉页

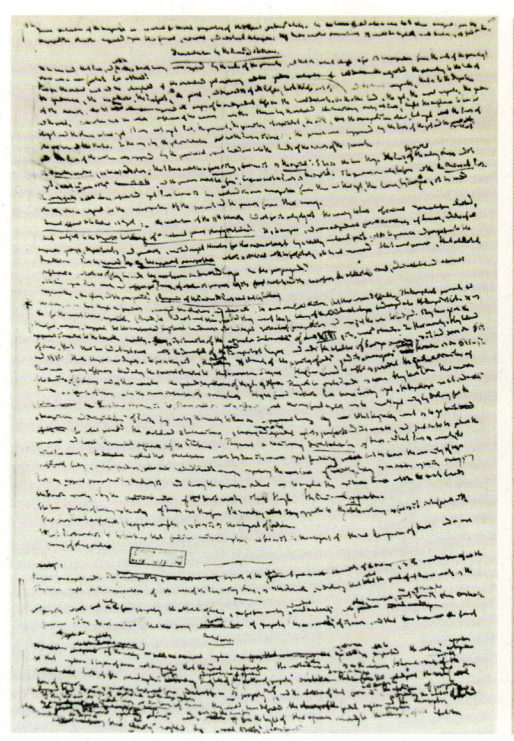

> 先生们，你们想知道无产阶级专政是什么样子吗？请看巴黎公社。这就是无产阶级专政。
>
> ——恩格斯为马克思《法兰西内战》1891 年版写的导言

恩格斯同马克思一样，特别重视巴黎公社的历史意义和经验教训。在恩格斯看来，巴黎公社具有广泛而又深远的世界性影响，这种影响绝不会随着公社的失败而湮灭；为了继续推进工人阶级的解放事业，必须从理论上对巴黎公社社员用鲜血凝成的革命经验进行科学总结。他大力支持马克思撰写总委员会宣言《法兰西内战》，完全赞同马克思提出的理论观点。为了让德国工人也能尽快读到这部科学社会主义的重要文献，恩格斯及时将它译成德文发表。在《共产党宣言》1872 年德文版序言中，马克思和恩格斯指出："公社已经证明：'工人阶级不能简单地掌握现成的国家机器，并运用它来达到自己的目的。'" 1891 年，为纪念巴黎公社二十周年出版了《法兰西内战》德文第三版，恩格斯重新校订了译文，并撰写了导言。恩格斯在导言中阐明了马克思对巴黎公社经验所作的总结的重大理论意义，着重强调了巴黎公社的无产阶级专政性质，进一步论述了巴黎公社的历史作用和失败原因，高度评价了公社公职人员由普选产生并可随时撤换、公职人员只领取相当于熟练工人的工资这两项措施，指出这些措施可以"防止国家和国家机关由社会公仆变为社会主人"。（41–42）

41.《法兰西内战》1871 年德文版扉页
42.《法兰西内战》1891 年德文版，恩格斯写了导言。

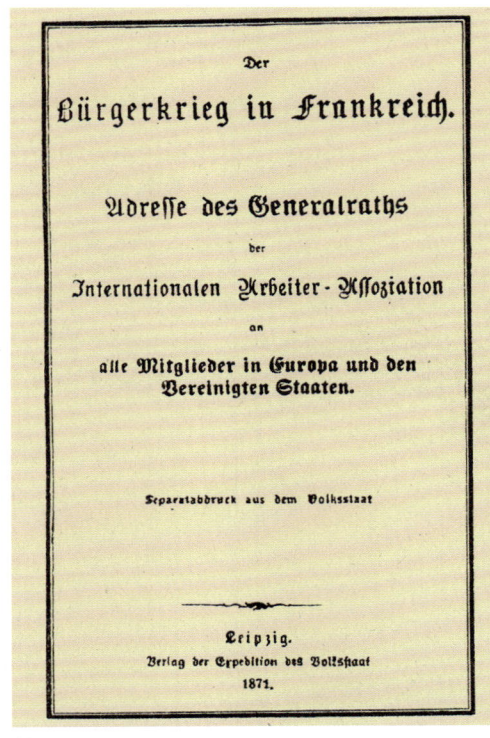

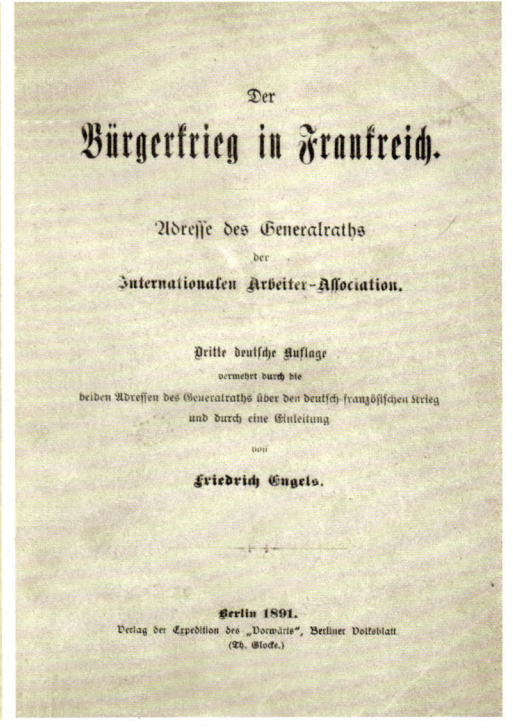

巴黎公社遭到镇压后不久，幸存的公社委员、工人诗人欧仁·鲍狄埃创作了《国际歌》。1888年，法国工人作曲家皮埃尔·狄盖特为《国际歌》谱写了曲子，从此这首歌被译成多种语言传遍世界，成为全世界无产者和被压迫人民的战斗歌曲。（43—47）

43. 欧仁·鲍狄埃（1816—1887），法国无产阶级诗人，巴黎公社委员，《国际歌》词作者。
44. 《国际歌》原稿
45. 皮埃尔·狄盖特（1848—1932），法国工人作曲家，《国际歌》曲作者。
46. 《国际歌》曲谱的手稿
47. 中文版《国际歌》的歌词和曲谱

> 一个有觉悟的工人，不管他来到哪个国家，不管命运把他抛到哪里，不管他怎样感到自己是异邦人，言语不通，举目无亲，远离祖国，——他都可以凭《国际歌》的熟悉的曲调，给自己找到同志和朋友。
>
> ——列宁《欧仁·鲍狄埃》

45　　　　　　　　　　　　46

国际歌

作词：鲍狄埃
作曲：狄盖特

$1=\flat B \frac{4}{4}$
♩=100

| 5 | i·7 2i 53 | 6 − 4 06 | 2·i 765 4 | 3 − −5 | i·7 2i 53 |

1. 起　来，饥寒交迫的奴　　隶，起　来，全世界受苦的　人！满　腔　的热血　已经
2. 从　来就没有什么救世　　主，也不　靠神仙皇　帝。要　创　造人类的
3. 是　谁创造了人类世　　界？是我　们劳动群　众。一　切　归劳动者

| 6 − 4ⱽ 6 2i | 7 2 4 7 | i − 1 0 32 | 7 − 67 i6 | 7 − 5ⱽ 5 45 | 6·6 |

沸　腾，要为真理而斗　争！旧世界　打个落花流　水，奴隶们起　来，
幸　福，全靠我们自　己！我们要　夺回劳动果　实，让思想冲破
所　有，哪能容得寄生　虫！最可恨　那些毒蛇猛　兽，吃尽了我们的

| 2·i 7 − 70 | 2 2·7 55 45 | 3 − iⱽ 6 7i | 7 2 i 65 | 5 − 50 | 3·2 |

起　来！不要说我们一无所　有，我们要做天下的主　人！这是
牢　笼。快把那炉火烧得通　红，趁热打铁才能成　功。
血　肉。一旦把它们消灭干　净，鲜红的太阳照遍全　球。

| i − 5 3 | 6 − 40 2·i | 7 − 65 | 5 − 50 5 3 | − 25 | i − 7·7 |

最　后的斗　争，团结起来到明　天，英特纳雄耐　尔就

| 6·5 6 2 2 | − 20 3·2 | i − 5 6 | − 40 2·i | 7 − 65 | 3 − − 3 |

一　定要实现。这是最后的斗　争，团结起来到明天，英

| 5 − 43 2·3 4 04 | 3·3 2 2·2 | i − − − ‖ |

特　纳雄耐　尔就一定要实现。

> *我丝毫没有改变将近 30 年来所持的观点，这你是知道的；而且每当事变需要，我就不仅会坚持它，在其他方面也会去履行自己的义务，对此想必你也没有感到意外。我要是不这样做，你倒应该为我感到羞愧。即使马克思不在这里或者根本没有他，情况也不会有丝毫改变。所以，归罪于他是很不公平的。当然我还记得，从前马克思的亲属曾经断言，是我把他引坏了。*
>
> ——恩格斯 1871 年 10 月 21 日给母亲的信

恩格斯在青年时代走上革命道路以后，依然同自己的亲人，特别是同他的母亲保持着密切的联系。尽管母亲不赞成他的政治观点，但他始终对母亲怀着深厚的爱。巴黎公社革命爆发后，恩格斯旗帜鲜明地表示支持，这一公开举动使他的母亲产生了深深的忧虑。这位远在德国故乡居住的 74 岁的母亲专门写信给儿子，对他进行规劝和告诫，希望他与马克思断绝来往，因为正是马克思使他"迷失方向"、"误入歧途"。恩格斯对母亲的担忧表示理解，在回信中委婉而又坚决地表示了自己的无产阶级立场。他以鲜明的态度为马克思辩护，为巴黎公社的战士们辩护，并以确凿的事实揭露反动势力滥杀无辜的血腥暴行，驳斥资产阶级报刊诬蔑和诽谤巴黎公社的无耻谎言。（48-49）

---

48. 伊丽莎白（爱利莎）·弗兰契斯卡·毛里齐亚·恩格斯（1797—1873），恩格斯的母亲。

49. 恩格斯 1871 年 10 月 21 日给母亲的信的第 1 页

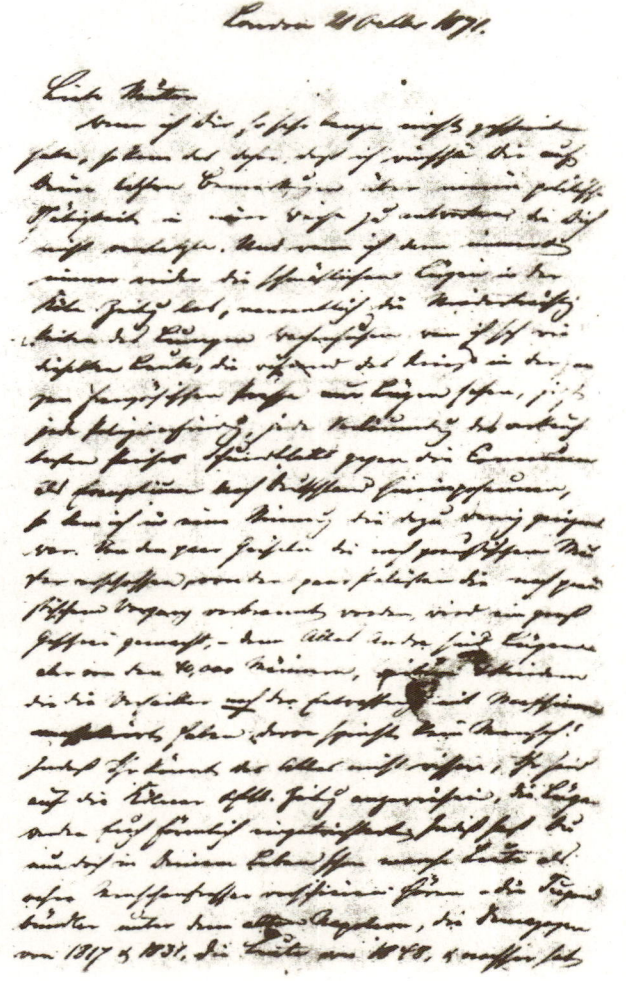

> 向工人鼓吹放弃政治，就等于把他们推入资产阶级政治的怀抱。特别是在巴黎公社已经把无产阶级的政治行动提到日程上来以后，放弃政治是根本不可能的。
>
> 我们要消灭阶级。用什么手段才能达到这个目的呢？这就是无产阶级的政治统治。而当大家都承认这一点的时候，竟有人要我们不干预政治！所有放弃派都自诩为革命家，甚至是杰出的革命家。但是，革命是政治的最高行动；谁要想革命，谁就要有准备革命和教育工人进行革命的手段，即政治行动。
>
> ——恩格斯《关于工人阶级的政治行动》

公社失败后，国际工人协会在各国遭到迫害，国际内部的各种错误思潮特别是巴枯宁主义甚嚣尘上。巴枯宁主义鼓吹无政府主义，宣扬个人"绝对自由"，主张废除一切国家，因而也反对建立无产阶级专政的国家；要求工人阶级放弃政治行动、取消本阶级的独立政党，煽动工人群众进行冒险主义的自发暴动。巴枯宁派在国际工人协会内部进行宗派活动，制造分裂。面对严峻的局势，马克思和恩格斯领导国际工人协会同以巴枯宁为首的无政府主义分子进行了一系列坚决的斗争。1871 年 9 月 17—23 日，在恩格斯的提议和推动下，国际工人协会在伦敦举行秘密代表会议，讨论在新形势下工人阶级的政治行动问题。马克思和恩格斯批判了巴枯宁派的无政府主义观点，阐明了无产阶级建立独立政党、坚持革命的政治行动的必要性，并强调指出："工人的政党不应当成为某一个资产阶级政党的尾巴，而应当成为一个独立的政党，它有自己的目的和自己的政治。"在他们的努力下，会议通过了关于无产阶级必须建立独立政党的决议。（50–51）

50. 在伦敦代表会议上（油画） 李台还

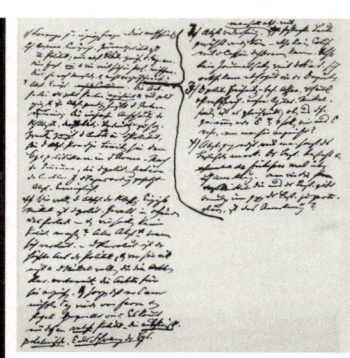

51. 恩格斯在伦敦代表会议上的发言提纲

> 同那些耽于幻想和相互争斗的宗派组织相反，国际是在反对资本家和土地占有者、反对他们的组织成为国家的阶级统治的共同斗争中联合起来的全世界无产阶级的真正的、战斗的组织。
>
> ——马克思恩格斯《所谓国际内部的分裂》

伦敦代表会议后，巴枯宁分子加紧进行分裂活动。马克思和恩格斯写了《所谓国际内部的分裂》一文，揭露巴枯宁分子的真正目的及其分裂工人运动的宗派活动。马克思和恩格斯指出，在工人运动诞生和形成初期，宗派的产生有其历史必然性，"宗派在开始出现时曾经是运动的杠杆，而当它们一旦被这个运动所超过，就会变成一种障碍；那时宗派就成为反动的了"。随着工人运动的深入发展，即随着无产阶级作为一个阶级愈来愈意识到自己的阶级地位和历史使命，宗派就变成了群众性无产阶级运动进一步推进的障碍，变成了反动统治阶级的帮凶。马克思和恩格斯的这篇文章彻底澄清了巴枯宁分子在思想理论上制造的混乱。（52-53）

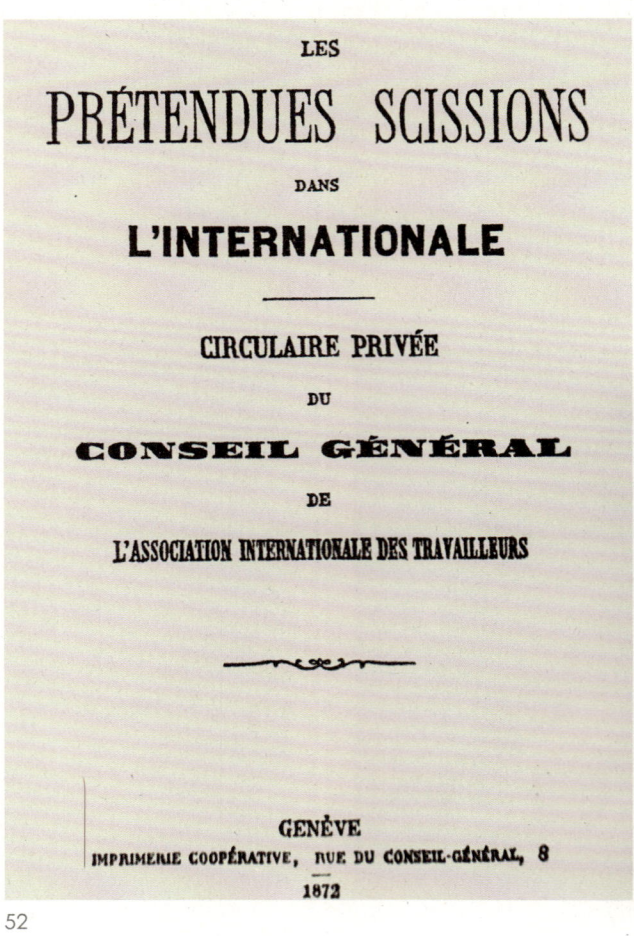

52.《所谓国际内部的分裂》扉页
53. 米哈伊尔·亚历山大罗维奇·巴枯宁（1814—1876），俄国无政府主义和民粹主义创始人，国际工人协会中无政府主义派别的首领。

在马克思和恩格斯的领导下，国际工人协会内部掀起反对巴枯宁分子分裂活动的斗争，然而巴枯宁宗派集团依然十分猖獗，一场决定性的斗争迫在眉睫。根据马克思和恩格斯的建议，国际工人协会定于1872年9月在荷兰海牙召开代表大会。马克思和恩格斯深知这次大会任务繁重、意义深远，因而全力以赴进行缜密的筹备工作。9月1日马克思和恩格斯到达荷兰海牙。这是他们第一次参加国际工人协会的代表大会。（54）

54. 抵达海牙（中国画）　　马振声

55. 恩格斯在海牙代表大会上发言（素描） 茹科夫

在1872年9月2—7日召开的国际工人协会海牙代表大会上，马克思代表总委员会作了工作报告，恩格斯代表总委员会向大会提交了揭露巴枯宁派秘密团体社会主义民主同盟的报告。大会经过激烈的斗争挫败了巴枯宁分子的分裂阴谋，并决定把巴枯宁等开除出国际。大会批准了伦敦代表会议关于无产阶级必须建立独立政党的决议，并决定把这一内容补入国际工人协会的章程。大会还决定把总委员会驻地迁往纽约。国际工人协会海牙代表大会的工作是在马克思和恩格斯的直接领导和积极推动下进行的，这次大会标志着马克思主义在理论和实践上击溃了无政府主义者的进攻。（55–60）

56. 国际工人协会纽约支部发给恩格斯出席海牙代表大会的委托书
57. 海牙代表大会代表名单（部分）
58. 海牙代表大会结束后代表们步出会场（当时的版画）
59. 1872年在伦敦出版的海牙代表大会决议单行本的扉页

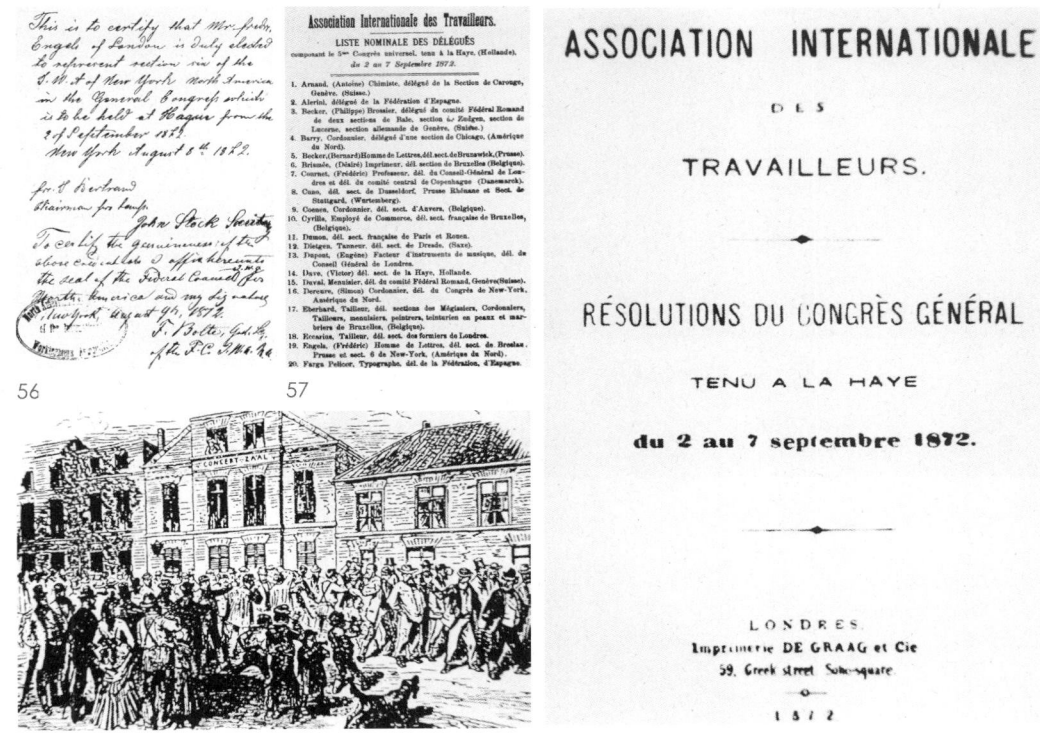

工人阶级在反对有产阶级联合权力的斗争中，只有组织成为与有产阶级建立的一切旧政党对立的独立政党，才能作为一个阶级来行动。
——马克思恩格斯《在海牙举行的全协会代表大会的决议》

60. 在国际工人协会海牙代表大会上（油画） 王铁牛

> 这些先生见过革命没有？革命无疑是天下最权威的东西。革命就是一部分人用枪杆、刺刀、大炮，即用非常权威的手段强迫另一部分人接受自己的意志。获得胜利的政党如果不愿意失去自己努力争得的成果，就必须凭借它以武器对反动派造成的恐惧，来维持自己的统治。要是巴黎公社面对资产者没有运用武装人民这个权威，它能支持哪怕一天吗？反过来说，难道我们没有理由责备公社把这个权威用得太少了吗？
>
> ——恩格斯《论权威》

马克思和恩格斯在海牙代表大会后乘胜追击，发表了《社会主义民主同盟和国际工人协会》等著作，以大量确凿的事实从政治上、组织上揭露巴枯宁分子妄图操纵和分裂国际的阴谋。同时，为了在思想上进一步肃清无政府主义的恶劣影响，恩格斯还撰写了《论权威》这篇重要文章，运用马克思主义理论批驳了无政府主义主张个人无限自由和否定一切权威的错误观点，阐明了在社会生产和社会活动中确立和维护权威的必要性。他分析了权威和自治的辩证关系，指出："把权威原则说成是绝对坏的东西，而把自治原则说成是绝对好的东西，这是荒谬的。权威与自治是相对的东西，它们的应用范围是随着社会发展阶段的不同而改变的。"针对无政府主义者不顾客观的社会条件要求一举废除权威的政治国家，甚至要求把废除权威作为社会革命的第一个行动的谬论，恩格斯深刻论述了在无产阶级革命时期和革命胜利后运用权威手段的必要性。（61-62）

---

61. 马克思和恩格斯于1873年4—7月在保·拉法格参与下撰写的《社会主义民主同盟和国际工人协会》一书扉页
62. 意大利《共和国年鉴》1874年卷及其所载的恩格斯《论权威》一文

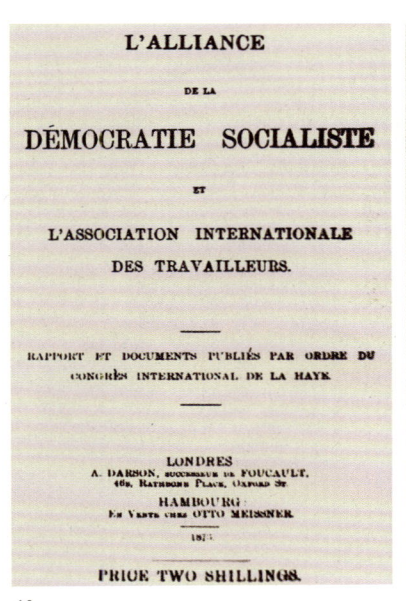

> 当1874年国际解散时，工人已经全然不是1864年国际成立时的那个样子了。法国的蒲鲁东主义和德国的拉萨尔主义已经奄奄一息，甚至那些很久以前大多数已同国际决裂的保守的英国工联也渐有进步，以致去年在斯旺西，工联的主席能够用工联的名义声明说："大陆社会主义对我们来说再不可怕了。"的确，《宣言》的原则在世界各国工人中间都已传播得很广了。
>
> ——恩格斯为《共产党宣言》1888年英文版写的序言

　　海牙代表大会以后，国际工人协会总委员会驻地由伦敦迁到纽约，马克思和恩格斯的忠诚朋友和亲密战友、主持海牙代表大会最后一次会议的弗里德里希·阿道夫·左尔格被任命为总书记。马克思和恩格斯虽然不再参加总委员会，但他们表示将一如既往地为推进国际无产阶级事业而努力奋斗。为了让马克思有更多的时间写作《资本论》和从事理论研究，恩格斯承担了代表国际工人协会在欧洲开展工作的主要职责。这时，国际工人运动进入了一个新的时期，即各国建立独立的工人阶级政党的时期，国际工人协会的组织形式已经不能适应国际工人运动发展的需要，根据马克思提议，协会在1876年的费城代表大会上正式宣布解散。国际工人协会出色地完成了自己的历史使命，成为无产阶级革命史上的重要里程碑。它把各国工人团结在无产阶级国际主义的旗帜下，为马克思主义在国际工人运动中取得主导地位做了大量工作；同时，它也为各国工人阶级建立自己的独立政党奠定了坚实基础，培养了骨干力量。（63-64）

63. 国际各支部分布图
64. 弗里德里希·阿道夫·左尔格（1828—1906），国际工人运动和美国工人运动活动家，国际工人协会美国各支部的组织者，国际总委员会总书记（1872—1874）。

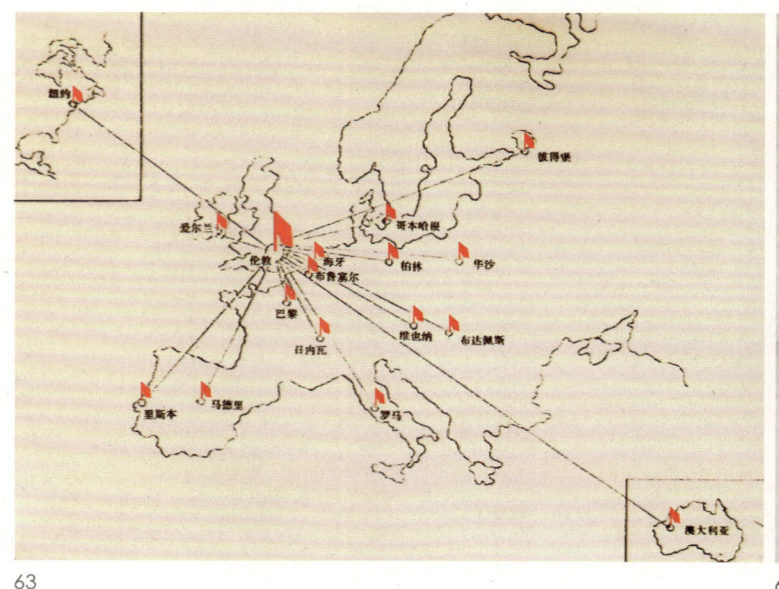

第七章
与马克思共同奋斗的最后十年

从 19 世纪 70 年代开始，马克思和恩格斯为指导欧美国家无产阶级建立自己的政党倾注了大量心血。为了保证马克思有充分的时间继续从事《资本论》的写作，恩格斯越来越多地承担了指导国际工人运动的工作。

马克思和恩格斯高度重视提高德国工人运动的理论水平和抵御错误思潮影响的能力。1872—1873 年，恩格斯在德国社会民主工党（爱森纳赫派）机关报《人民国家报》发表《论住宅问题》，批判了蒲鲁东主义者和资产阶级改良主义者提出的种种"救世计划"，阐发了科学社会主义的基本原理。当爱森纳赫派同拉萨尔派（全德工人联合会）酝酿合并的时候，马克思和恩格斯及时提醒并积极引导党的领导人必须坚持科学社会主义原则，保持党在思想上的纯洁性。1875 年 2 月两派召开了合并预备会议并拟定了纲领草案，恩格斯立即写信给倍倍尔，严厉批评了爱森纳赫派对拉萨尔派所作的无原则让步，彻底揭露和批判了纲领中充斥的拉萨尔主义的荒谬论点，旗帜鲜明地阐述了科学社会主义的理论原则。这封信在思想上、理论上同马克思的《哥达纲领批判》完全一致，表明了马克思和恩格斯的共同立场。

19 世纪 70 年代中期，德国小资产阶级社会主义者欧根·杜林在哲学、政治经济学和社会主义理论领域宣扬的错误观点对德国社会主义工人党造成严重危害。马克思和恩格斯决定予以反击。恩格斯在 1876—1878 年撰写了《欧根·杜林先生在科学中实行的变革》（简称《反杜林论》），彻底批判了杜林的错误观点，驳斥了他对马克思主义的歪曲和诋毁，第一次全面系统地阐述了马克思主义哲学、政治经济学和科学社会主义学说的理论来源与基本原理。《反杜林论》在广大工人群众特别是工人运动活动家中间产生了巨大反响，有力地推进了马克思主义理论的传播。恩格斯把《反杜林论》中的部分章节改编成《社会主义从空想到科学的发展》，马克思称它是"科学社会主义的入门"。

1878年10月，俾斯麦政府为镇压日益壮大的无产阶级革命运动，颁布了反社会党人非常法。马克思和恩格斯针对这部法令实施后德国党内出现的错误思想倾向，一方面批判了不顾现实条件、盲目要求进攻的"左"倾错误，另一方面批判了要求党服从政府法令、走"合法的"改良主义道路的右倾观点。马克思和恩格斯1879年9月在写给倍倍尔、李卜克内西、白拉克等人的通告信中严厉批判了党内的改良主义主张，重申阶级斗争对现代社会变革的巨大作用。

1880年5月，马克思和恩格斯应法国工人党领导人茹·盖得和保·拉法格的请求，帮助该党起草了纲领的理论部分，给新生的法国工人党以有力的理论支持，并进一步阐发和丰富了《共产党宣言》的基本观点。

1873—1882年，恩格斯撰写了《自然辩证法》手稿。这部著作是恩格斯研究自然界和自然科学中的辩证法问题的重要成果，为马克思主义哲学的自然辩证法学科奠定了理论基础。

1883年3月14日，马克思与世长辞。恩格斯在马克思的葬仪上发表了重要讲话，高度评价了马克思作为伟大革命家和科学家的一生，精辟概括了马克思在革命实践和理论研究领域的杰出贡献，指出："他的英名和事业将永垂不朽！"

巴黎公社革命失败后，国际工人运动一度低落。但随着资本主义迅速发展、垄断趋势不断加强，资本主义固有的矛盾日益加剧，无产阶级的力量进一步壮大，与资产阶级的斗争更加激化。在科学社会主义理论指引和巴黎公社革命精神鼓舞下，工人运动重新蓬勃兴起，工人阶级政党和团体在欧美各国普遍建立。

在这种形势下，资产阶级一方面在政治上加紧遏制和镇压工人运动，一方面极力在思想上侵蚀和瓦解工人队伍，从而使形形色色的错误思潮在工人阶级政党和团体内部流行起来。为了保证工人运动沿着正确方向健康发展，马克思和恩格斯同各种资产阶级和小资产阶级思潮进行了坚决的斗争。为了让马克思有充分的时间从事《资本论》创作，恩格斯主动承担起在公开的报刊上批判错误思潮的重任。（01）

01. 19世纪70年代的马克思和恩格斯（素描） 茹科夫

> 当资本主义生产方式还存在的时候，企图单独解决住宅问题或其他任何同工人命运有关的社会问题都是愚蠢的。解决办法在于消灭资本主义生产方式，由工人阶级自己占有全部生活资料和劳动资料。
>
> ——恩格斯《论住宅问题》

1872—1873年，恩格斯为批判《人民国家报》上登载的有关住宅问题的几篇文章中的错误观点，写了题为《论住宅问题》的一组文章，批判了蒲鲁东主义和资产阶级改良主义，阐发了科学社会主义的基本原理。恩格斯指出，在资本主义制度下，住房短缺等关系到广大工人切身利益的社会问题产生的根源是统治阶级的剥削和压迫，解决这些问题的根本途径在于消灭资本主义生产方式，由工人阶级自己占有全部生活资料和劳动资料。恩格斯根据马克思的剩余价值理论揭露了资本家剥削工人的秘密，进而揭示了资本主义法律和资产阶级国家的本质，阐明了无产阶级及其政党的斗争目标，论述了产生城乡对立的原因以及消除这种对立的途径。恩格斯坚决反对为未来社会臆造空想的方案，强调无产阶级必须坚持革命斗争，推翻资本主义制度，建立无产阶级专政，才能为本阶级和全人类的解放创造必要的条件。（02-04）

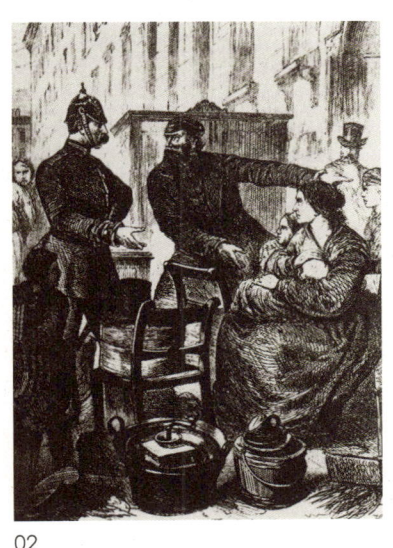

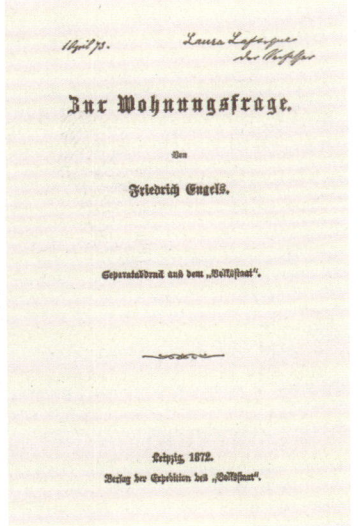

02. 工人家庭因付不起房租而被赶出住宅
03. 1872年6月26日《人民国家报》刊载《论住宅问题》第一篇文章《蒲鲁东怎样解决住宅问题》
04. 恩格斯《论住宅问题》1872年莱比锡版单行本扉页，上面有恩格斯赠书给劳拉·拉法格的题词。

> 一步实际运动比一打纲领更重要。所以，既然不可能——而局势也不容许这样做——超过爱森纳赫纲领，那就干脆缔结一个反对共同敌人的行动协定。但是，制定一个原则性纲领（应该把这件事推迟到由较长时间的共同工作准备好了的时候），这就是在全世界面前树立起可供人们用来衡量党的运动水平的里程碑。
>
> ——马克思《哥达纲领批判》

　　1875年2月，德国社会民主工党（爱森纳赫派）和全德工人联合会（拉萨尔派）在哥达召开合并预备会议，并拟定了《德国工人党纲领》草案。同年3月7日，爱森纳赫派和拉萨尔派经过正式会谈后，分别公布了为准备合并而共同拟定的纲领草案。这个草案充斥着一系列拉萨尔主义的荒谬论点。马克思和恩格斯高度重视革命纲领的制定对于一个无产阶级政党的重要意义。他们明确表示，必须在理论问题和政治问题上坚持原则，决不能向拉萨尔派妥协让步；应当迫使拉萨尔派放弃他们的错误主张，只有在这种条件下才能实行两党的合并。（05–06）

---

05. 恩格斯1875年3月18—28日给奥·倍倍尔的信
06. 马克思1875年5月5日给威廉·白拉克的信以及《德国工人党纲领批注》的开头部分

> 一般说来，一个政党的正式纲领没有它的实际行动那样重要。但是，一个新的纲领毕竟总是一面公开树立起来的旗帜，而外界就根据它来判断这个党。
> ——恩格斯1875年3月18—28日给奥·倍倍尔的信

1875年3月中下旬，恩格斯率先对《德国工人党纲领》草案展开严肃的批判。在致德国社会民主工党（爱森纳赫派）领导人奥·倍倍尔的信中，恩格斯指出，工人阶级政党必须坚定不移地恪守科学社会主义原则，彻底清除拉萨尔主义的影响，否则，"我们的党将丧失它的政治纯洁性"。恩格斯批判了拉萨尔鼓吹的"对工人阶级来说，其他一切阶级只是反动的一帮"以及所谓"铁的工资规律"和"国家帮助"等错误观点。他还批判了纲领草案中关于建立"自由国家"的错误主张，指出："当无产阶级还需要国家的时候，它需要国家不是为了自由，而是为了镇压自己的敌人，一到有可能谈自由的时候，国家本身就不再存在了。"

马克思在1875年4月底5月初抱病撰写了《德国工人党纲领批注》（后来通称《哥达纲领批判》），进一步阐明恩格斯在信中论述的观点，划清科学社会主义与拉萨尔主义的界限。恩格斯的信和马克思的著作表明，他们在指导工人运动的实践中紧密配合，共同维护科学的理论主张和策略原则。（07–10）

07. 1875年5月22—27日在哥达蒂沃利饭店举行的德国社会民主党人合并代表大会
08. 奥古斯特·倍倍尔（1840—1913），国际工人运动活动家，德国社会民主工党（爱森纳赫派）创始人和领导人之一。
09. 威廉·白拉克（1842—1880），德国社会民主工党（爱森纳赫派）创始人和领导人之一。
10. 威廉·李卜克内西（1826—1900），国际工人运动活动家，德国社会民主工党（爱森纳赫派）创始人和领导人之一。

> 本书所阐述的世界观，绝大部分是由马克思确立和阐发的，而只有极小的部分是属于我的，所以，我的这种阐述不可能在他不了解的情况下进行，这在我们相互之间是不言而喻的。在付印之前，我曾把全部原稿念给他听，而且经济学那一编的第十章（《〈批判史〉论述》）就是马克思写的，只是由于外部的原因，我才不得不很遗憾地把它稍加缩短。在各种专业上互相帮助，这早就成了我们的习惯。
>
> ——恩格斯《反杜林论》第二版序言

19世纪70年代中期，在工人运动蓬勃发展的同时，一批小资产阶级分子混入无产阶级队伍，各种反映小资产阶级立场的唯心主义哲学、庸俗经济学和冒牌社会主义理论应运而生。正是在这一时期，德国小资产阶级社会主义者杜林的思想在德国社会主义工人党内迅速蔓延开来，不仅导致党内的思想混乱，而且严重威胁党的团结和统一。为了保证工人运动沿着正确方向发展，马克思和恩格斯决定公开回击杜林的进攻。恩格斯放下《自然辩证法》的写作，毅然承担了批判杜林的艰巨而又复杂的重任（恩格斯风趣地称做"啃酸果"），用两年时间写成了《欧根·杜林先生在科学中实行的变革》（简称《反杜林论》）。马克思不仅在各方面予以支持，而且直接参与了《反杜林论》部分篇章的写作。（11）

11．"啃酸果"——写作《反杜林论》（木刻）　许钦松

> 他为《前进报》撰写并讽刺地题为《欧根·杜林先生在科学中实行的变革》的最近的一组论文，是对欧根·杜林先生关于一般科学，特别是关于社会主义的所谓新理论的回答。这些论文已经集印成书并且在德国社会主义者中间获得了巨大的成功。
> ——马克思为恩格斯《社会主义从空想到科学的发展》1880 年法文版写的前言

恩格斯通过对杜林思想的批判系统地阐明了马克思主义哲学、政治经济学和科学社会主义的基本原理。在《引论》中，恩格斯论述了唯物辩证法和唯物史观的形成过程，阐明马克思创立的唯物史观和剩余价值理论使社会主义由空想变为科学。在《哲学》编中，恩格斯批判了杜林的唯心主义和形而上学，利用他多年研究自然科学和自然辩证法的成果阐明了"世界的真正的统一性在于它的物质性"这一辩证唯物主义的基本原理，并对唯物辩证法的基本规律——对立统一规律、质量互变规律、否定的否定规律作了科学论证。他结合对杜林在道德和法的领域鼓吹的"永恒真理"、"终极真理"的批判，阐明了人类认识的辩证发展过程、相对真理和绝对真理的辩证关系以及马克思主义的道德观与平等观。在《政治经济学》编中，恩格斯批判了杜林的唯心主义"暴力论"和庸俗经济学的价值论，驳斥了杜林对马克思的经济学理论的歪曲和攻击，尽可能用通俗易懂的语言系统地阐发了《资本论》中论述的劳动价值论和剩余价值理论，高度评价了剩余价值理论对于经济学领域的革命变革和科学社会主义形成的伟大意义。在《社会主义》编中，恩格斯揭露了杜林的冒牌社会主义，系统阐述了科学社会主义的基本原理。他用唯物史观剖析了资本主义的基本矛盾，揭示了资本主义产生、发展和灭亡的规律，论证了资本主义为共产主义取代的历史必然性，还预言了未来共产主义社会的一些基本特征。（12—14）

---

12. 恩格斯为写作《反杜林论》作的笔记
13. 马克思为《反杜林论》写的《评杜林〈国民经济学批判史〉》手稿的第 1 页
14. 欧根·卡尔·杜林（1833—1921），德国折中主义哲学家和庸俗经济学家，小资产阶级社会主义者。

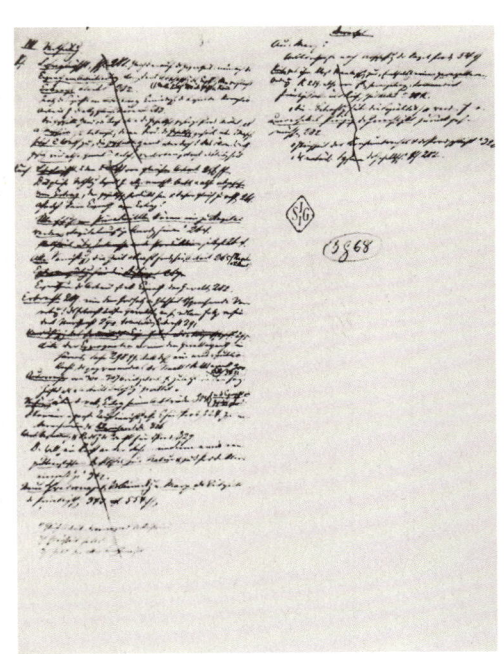

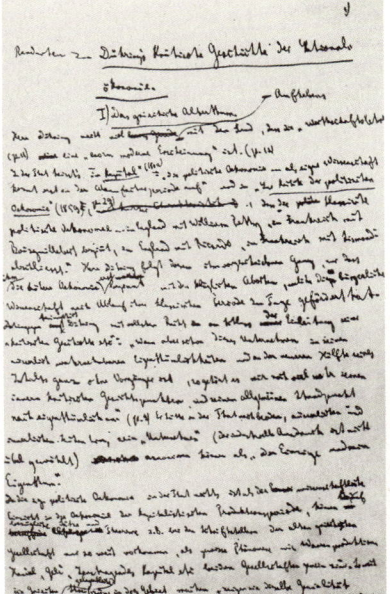

> 我感到十分满意的是,自从第二版以来,本书所主张的观点已经深入科学界和工人阶级的公众意识,而且是在世界上一切文明国家里。
> ——恩格斯《反杜林论》第三版序言

《反杜林论》原本是为清除杜林思想在德国社会主义工人党内的影响而写的。但正如恩格斯所说,在这部著作中,"消极的批判成了积极的批判;论战转变成对马克思和我所主张的辩证方法和共产主义世界观的比较连贯的阐述,而这一阐述包括了相当多的领域。"恩格斯在这里第一次把马克思主义哲学、政治经济学和科学社会主义作为一个有机的整体加以论证和阐发,论述了这三个组成部分的来源和基本内容,指出了它们之间的内在联系。这部著作有力地促进了马克思主义的传播,受到各国工人运动活动家的高度评价,被誉为马克思主义的百科全书。列宁指出,这部著作"分析了哲学、自然科学和社会科学中最重大的问题","这是一部内容十分丰富、十分有益的书",是"每个觉悟工人必读的书籍"。(15—16)

15. 1877年1月3日《欧根·杜林先生在哲学中实行的变革》(即《反杜林论》第一编)开始在《前进报》发表

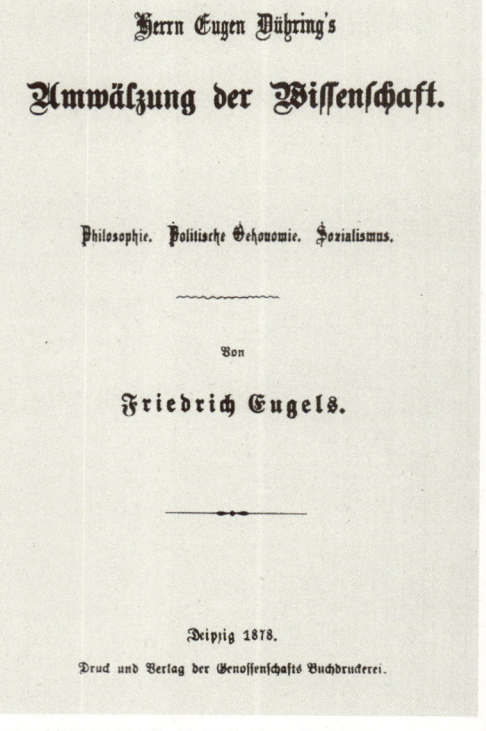

16. 《反杜林论》单行本第1版扉页

> 1883年，我们的德国朋友用原文出版了这本小册子。此后，根据这个德文本又出版了意大利文、俄文、丹麦文、荷兰文和罗马尼亚文的译本。这样，连同现在这个英文版在内，这本小书已经用10种文字流传开了。据我所知，其他任何社会主义著作，甚至我们的1848年出版的《共产主义宣言》和马克思的《资本论》，也没有这么多的译本。
>
> ——恩格斯《社会主义从空想到科学的发展》1892年英文版导言

1880年，恩格斯应法国工人党领袖保尔·拉法格的请求，把《反杜林论》中的三章（《引论》的第一章《概论》、《社会主义》编的第一章《历史》和第二章《理论》）编成一本阐述科学社会主义理论的通俗著作，由拉法格译成法文，以《空想社会主义和科学社会主义》为题发表在《社会主义评论》上，并出版了单行本。马克思在为该书写的前言中概述了恩格斯在理论研究和革命实践活动方面的卓越贡献，称这部著作是"科学社会主义的入门"。法文版出版后不久，波兰文版和西班牙文版就相继问世。1883年出版了德文版，书名改为《社会主义从空想到科学的发展》。后来又出版了多种译本。这部著作对科学社会主义思想的普及和传播起了巨大作用。（17-18）

---

17. 《空想社会主义和科学社会主义》1880年法文版扉页
18. 《社会主义从空想到科学的发展》1883年德文第1版扉页，出版时扉页上写的是1882年。

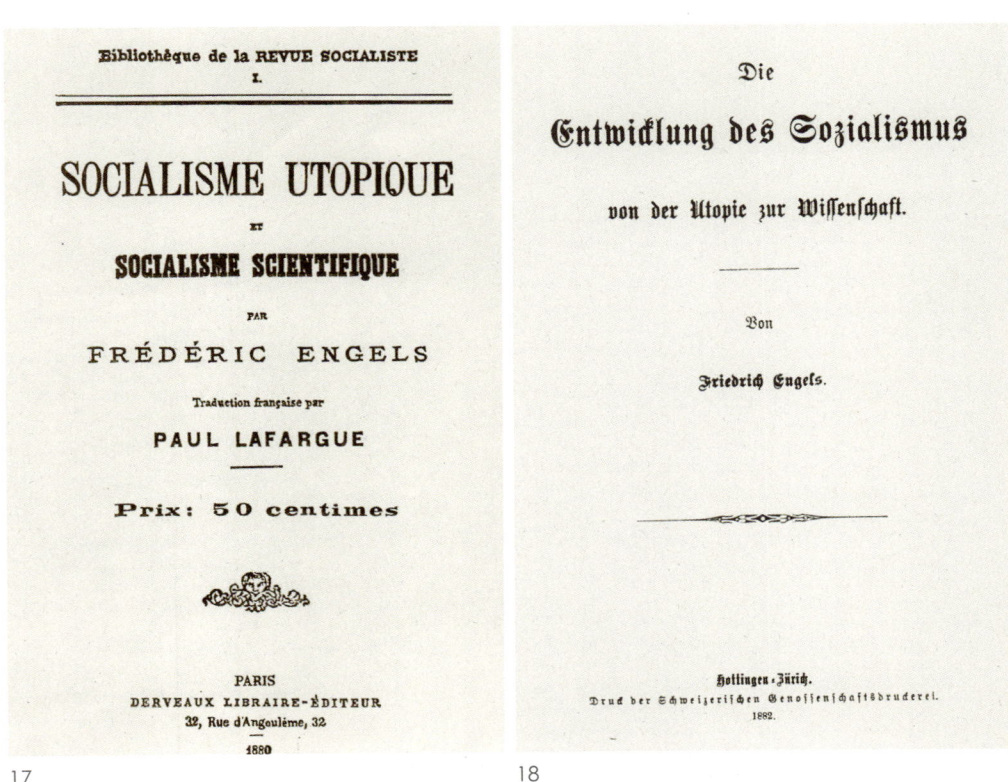

17　　　　　　　　　　　　　　　18

> 马克思和我，可以说是唯一把自觉的辩证法从德国唯心主义哲学中拯救出来并运用于唯物主义的自然观和历史观的人。可是要确立辩证的同时又是唯物主义的自然观，需要具备数学和自然科学的知识。……当我退出商界并移居伦敦，从而有时间进行研究的时候，我尽可能地使自己在数学和自然科学方面来一次彻底的——像李比希所说的——"脱毛"，八年当中，我把大部分时间用在这上面。
>
> ——恩格斯《反杜林论》第二版序言

1873年起，恩格斯为了深入阐发马克思和他创立的唯物辩证法，用了大量时间研究自然界和自然科学中的辩证法问题，并决定写一部专著，即《自然辩证法》。这个计划得到了马克思的赞同和支持。1873—1882年间，恩格斯写了大量论文、札记和片断。马克思逝世后，恩格斯将自己的主要精力用于编辑出版《资本论》和指导国际工人运动，《自然辩证法》最终没有完成，但留下了内容极为丰富的手稿。恩格斯在手稿中论述了自然科学史、唯物辩证的自然观和自然科学观、自然界的辩证法规律和自然科学的辩证内容，阐明了自然科学研究中的认识论和方法论，批判了唯心主义和形而上学。这部手稿为马克思主义哲学领域的自然辩证法这一学科奠定了理论基础。（19—20）

---

19. 恩格斯1873年5月30日给马克思的信，信中论述了关于《自然辩证法》的构思。
20. 《自然辩证法》的总计划草案

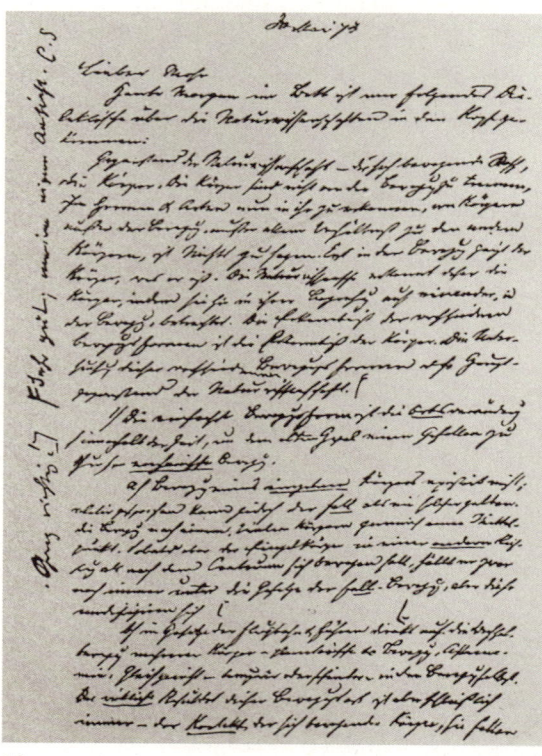

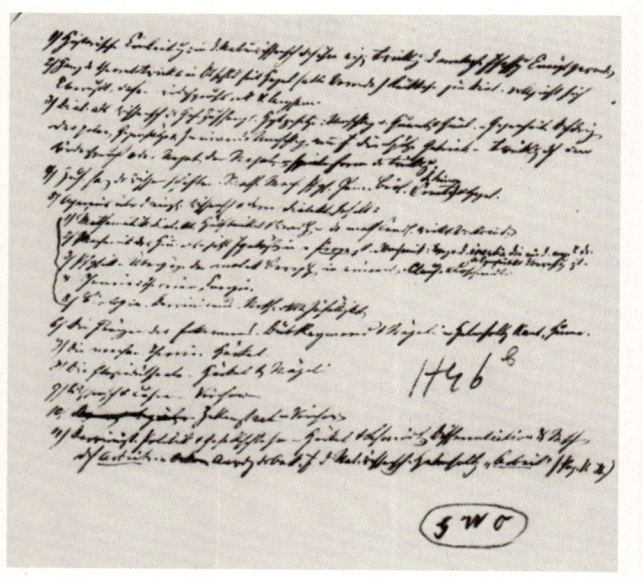

> 我们每走一步都要记住：我们决不像征服者统治异族人那样支配自然界，决不像站在自然界之外的人似的去支配自然界——相反，我们连同我们的肉、血和头脑都是属于自然界和存在于自然界之中的；我们对自然界的整个支配作用，就在于我们比其他一切生物强，能够认识和正确运用自然规律。
> ——恩格斯《自然辩证法》

收入《自然辩证法》这部手稿的《劳动在从猿到人的转变中的作用》一文具有独特的科学价值。恩格斯用历史唯物主义观点研究了人类的起源问题，阐明了劳动在人类起源中的决定作用。同时，他还专门论述了人与自然的关系这个重要问题，指出"人同其他动物的最终的本质的差别"，就在于人能够"通过他所作出的改变来使自然界为自己的目的服务，来支配自然界"；正因为如此，人就更有必要不断认识并正确运用自然规律，就更有责任始终善待并自觉保护自然环境。针对人类社会在对待自然环境方面存在的问题，恩格斯提出了警告："我们不要过分陶醉于我们人类对自然界的胜利。对于每一次这样的胜利，自然界都对我们进行报复。"为此，恩格斯深刻地揭露了资本主义生产方式对自然界的破坏，指出资本家为了直接的利润而从事生产和交换，他们首先考虑的只能是最近的、最直接的结果，因而必然造成环境的恶化和资源的浪费；而我们必须认清生产活动的间接的、较远的自然影响和社会影响，并努力控制和调节这些影响。恩格斯指出，要实行这种调节，仅仅有正确的认识是不够的，还必须有革命的实践，必须对资本主义生产方式和整个资本主义社会制度进行彻底变革。（21–22）

21.《劳动在从猿到人的转变中的作用》手稿的第 1 页
22.《新时代》1895—1896 年第 14 年卷第 2 册上刊载的《劳动在从猿到人的转变中的作用》

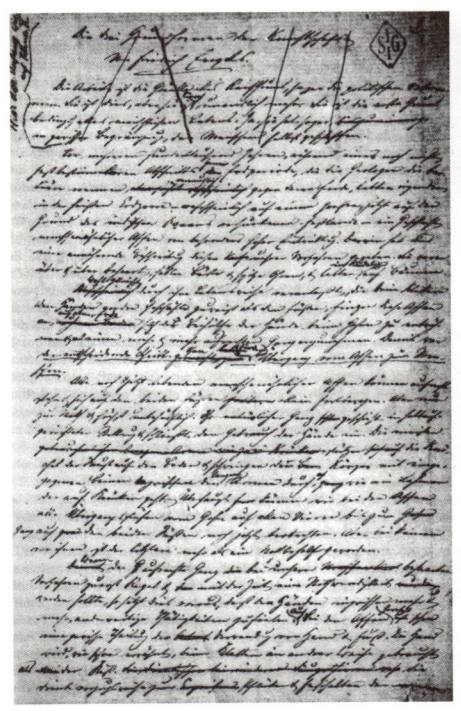

恩格斯为了写作《自然辩证法》，研读了数学、力学、物理学、天文学、化学、生物学等方面的大量著作，揭示其中的辩证内容。他特别重视能量守恒和转化规律、生物进化论和有机化学的研究。马克思和恩格斯对生物进化论的奠基者达尔文的研究成果极为重视并给予高度评价。他们同有机化学创始人肖莱马结为挚友，经常同他探讨自然科学问题。（23-25）

23. 卡尔·肖莱马（1834—1892），德国化学家，有机化学创始人。
24. 查理·罗伯特·达尔文（1809—1882），英国自然科学家，生物进化论的奠基人。
25. 恩格斯与肖莱马（木刻）李以泰

> 将近40年来，我们一贯强调阶级斗争，认为它是历史的直接动力，特别是一贯强调资产阶级和无产阶级之间的阶级斗争，认为它是现代社会变革的巨大杠杆；所以我们决不能和那些想把这个阶级斗争从运动中勾销的人们一道走。在创立国际时，我们明确地制定了一个战斗口号：工人阶级的解放应当是工人阶级自己的事情。所以，我们不能和那些公开说什么工人太没有教养，不能自己解放自己，因而必须由仁爱的大小资产者从上面来解放的人们一道走。
> ——马克思恩格斯《给奥·倍倍尔、威·李卜克内西、威·白拉克等人的通告信》

　　1878年10月，俾斯麦政府颁布反社会党人非常法，德国工人阶级政党被宣布为非法，在政治上、思想上、组织上受到了反动当局的压制和迫害。在异常困难的形势下，党内的右倾机会主义倾向抬头，而党的一些领导人对这种倾向却采取调和主义态度。正是在这一期间，卡尔·赫希柏格、卡尔·奥古斯特·施拉姆、爱德华·伯恩施坦在苏黎世的《社会科学和社会政治年鉴》上发表了《德国社会主义运动的回顾》一文，公然鼓吹改变党的无产阶级性质，企图把党变成改良主义政党。为了帮助德国社会民主党克服党内的错误思想倾向，马克思和恩格斯给德国党的领导人写了一封通告信，严厉批判赫希柏格等人的错误主张，强调必须毫不动摇地坚持党的无产阶级性质，必须旗帜鲜明地确认无产阶级和资产阶级之间的斗争是"现代社会变革的巨大杠杆"，指出无产阶级政党不能为了对旧社会进行修修补补的改良而把自身目标的实现推迟到遥远的未来，强调掌握无产阶级世界观的重要性。在马克思和恩格斯指导下，德国社会民主党对党内机会主义倾向进行了坚决斗争，并在1880年的维登代表大会上确定了正确的斗争策略和斗争方向。（26—28）

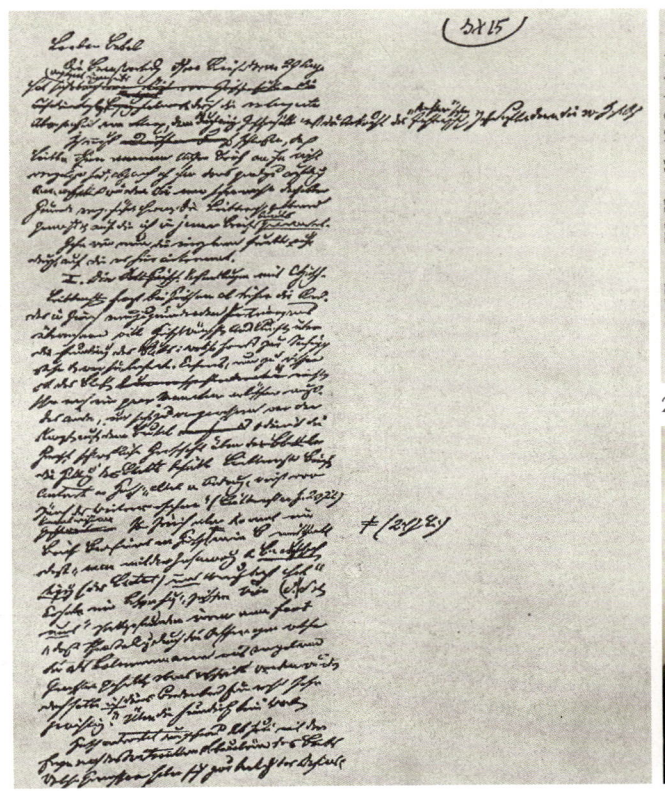

26. 马克思和恩格斯1879年9月17—18日给奥·倍倍尔等人通告信的第1页

27. 刊载有反社会党人非常法的1878年10月22日《帝国法律报》第34期

28. 奥托·俾斯麦（1815—1898），普鲁士首相和德意志帝国首相。

> 导言就是在这里，在我的房间里，我和拉法格都在场，由马克思口授，盖得笔录的：工人只有在成了他们的劳动资料的占有者时才能获得自由；这可以采取个体形式或集体形式；个体占有形式正在被经济的发展所排斥，而且将日益被排斥；所以，剩下的只是共同占有形式，等等。这真是具有充分说服力的杰作，寥寥数语就可以对群众说得一清二楚，这样的杰作是我少见的，措辞这样精练，真使我自己也感到惊叹。
>
> ——恩格斯 1881 年 10 月 25 日给爱·伯恩施坦的信

1879 年 10 月，法国工人社会主义者代表大会在马赛举行，会上通过了关于建立独立的工人阶级政党的决议。以茹尔·盖得为首的法国社会主义者决定，通过保尔·拉法格请求马克思和恩格斯帮助制定党的竞选纲领。1880 年 5 月，盖得到伦敦向马克思和恩格斯请教。马克思和恩格斯帮助盖得和拉法格制定了法国工人党纲领草案，马克思口授了纲领的理论部分《法国工人党纲领导言（草案）》。他认为，"这个很精练的文件在导言中用短短的几行说明了共产主义的目的"，"这是把法国工人从空话的云雾中拉回现实的土地上来的一个强有力的步骤"。恩格斯高度评价马克思在这篇导言中对科学社会主义的要义所作的理论概括，并利用各种渠道和机会传播马克思表述的精辟思想。（29-31）

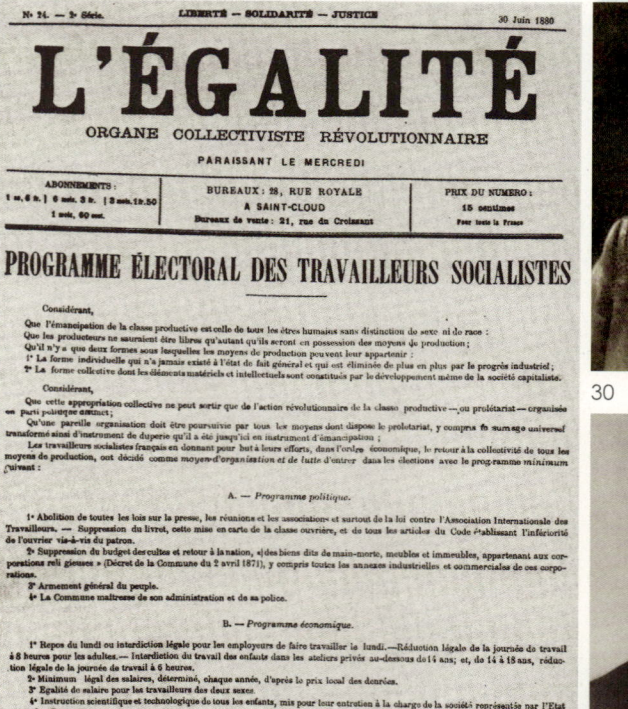

29. 载有马克思《法国工人党纲领导言（草案）》的 1880 年 6 月 30 日《平等报》第 24 号
30. 茹尔·盖得（1845—1922），国际工人运动活动家，法国工人党创始人之一。
31. 保尔·拉法格（1842—1911），国际工人运动活动家，法国工人党创始人之一。

> 只有在社会生产力发展到一定程度，发展到甚至对我们现代条件来说也是很高的程度，才有可能把生产提高到这样的水平，以致使得阶级差别的消除成为真正的进步，使得这种消除可以持续下去，并且不致在社会的生产方式中引起停滞甚至倒退。
>
> ——恩格斯《论俄国的社会问题》

恩格斯和马克思一样，十分关注俄国和东方经济文化相对落后国家的发展道路。他同俄国的革命家和学者保持着密切的通信联系，探讨农奴制改革后俄国的发展方向和革命前景等问题。1875年，恩格斯写了《论俄国的社会问题》，这是恩格斯以《流亡者文献》为题写的一组文章中的第五篇文章，1875年在莱比锡出版了单行本。这篇文章是恩格斯论述俄国社会发展和俄国革命前景问题的重要文献。恩格斯用历史唯物主义观点驳斥了俄国民粹派不顾历史发展的客观条件，鼓吹俄国可以借助农村公社直接过渡到社会主义的主张。他指出，俄国的公社所有制随着俄国资本主义的发展正在趋于解体，要使这一社会形式不经过资本主义阶段而实现向高级形式的过渡，必须具备一定的社会历史条件，即西欧的无产阶级革命取得成功并给俄国农民提供必要的支持。恩格斯还针对俄国民粹派的错误观点，指出社会生产力的发展是实行现代社会主义变革的基本前提，只有社会生产力发展到很高的程度，才能为消灭一切阶级差别、建立新的社会组织创造必要的先决条件。马克思认为这篇文章是恩格斯70年代在《人民国家报》上发表的"最重要的论文"之一。在《共产党宣言》1882年俄文版序言中，马克思和恩格斯进一步指出："假如俄国革命将成为西方无产阶级革命的信号而双方互相补充的话，那么现今的俄国土地公有制便能成为共产主义发展的起点。"（32-33）

---

32. 恩格斯《论俄国的社会问题》1875年单行本扉页
33. 马克思和恩格斯共同撰写的《共产党宣言》1882年俄文版序言手稿第1页

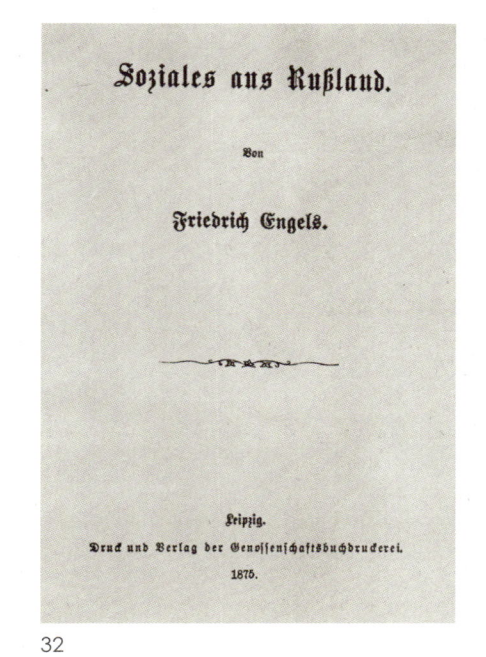

34. 痛失亲人（中国画） 王为政

1876年前后，恩格斯的妻子莉希患了重病，恩格斯无微不至地关心她、照顾她。然而，莉希的病情日益加重，不幸于1878年9月12日逝世。莉希自从与恩格斯结为伉俪以来，一直坚定而又热诚地支持恩格斯的工作。他们既是相濡以沫的伴侣，又是并肩战斗的同志。恩格斯高度评价莉希的坚定立场和斗争精神；莉希的猝然离世使他陷入巨大的悲痛之中。然而，为了工人阶级和全人类的解放事业，为了实现莉希生前的崇高理想，恩格斯努力克制悲伤情绪，很快就振作起来，以更加高昂的斗志全身心地投入如火如荼的工人运动。（34—37）

35. 莉迪娅（莉希）·恩格斯，父姓白恩士（1827—1878），爱尔兰女工，爱尔兰民族解放运动的参加者。
36. 恩格斯为妻子莉希所作的画像
37. 恩格斯和莉希·白恩士的结婚登记表

35

36

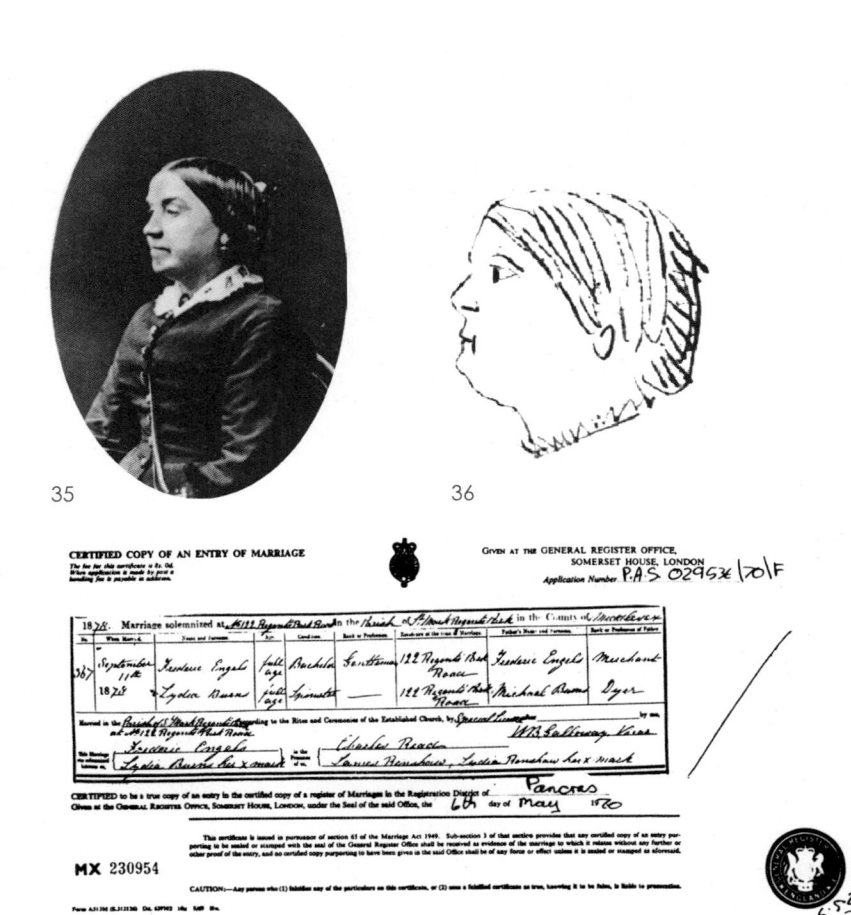

37

> 自从马克思生病以来,全部重担都落在我一个人身上,另外函询等等的数目也增加了一倍。况且我晚上不能写字,因为写字使眼睛感到疲乏并且引起失眠。因此,全部文字工作只能用白天的几个小时去搞,而冬天这里白天又很短;加之,此地路远,如果需要去城里跑一趟,几乎总是要花去整整一个工作日。最近我有多少事情要东奔西跑呀!
>
> ——恩格斯 1883 年 2 月 10 日给卡·考茨基的信

19 世纪 70 年代末至 80 年代初,马克思承担着繁重的工作,同时忍受着多种疾病的折磨。恩格斯出于对革命事业高度负责的使命意识,同时也出于对亲密战友的深切关心,主动地承担起指导国际工人运动的大部分重任。他同欧美各国工人政党领导人保持密切的联系。在频繁来往的通信中,在推心置腹的交谈中,恩格斯向他们仔细阐述科学理论的要义,深刻分析斗争形势的变化,并同他们一起清除错误思潮的干扰,总结党的建设的经验。恩格斯通过艰苦细致的工作,使欧美各国工人运动得以沿着正确方向健康发展,同时也使倍倍尔、辛格尔、拉法格和盖得等一批年轻的革命家在斗争实践中迅速成长起来。

19 世纪 80 年代初,随着妻子燕妮和长女燕妮·龙格相继辞世,马克思的病情日渐恶化。恩格斯怀着极为忧虑的心情关注马克思的健康状况,每天都为马克思的治疗与康复而操心。同时,他也冷静地做好了思想准备:无论发生何种情况,他都将毫不动摇地继续推进马克思和他共同开创的事业。(38—39)

38. 马克思(1882 年)

39. 恩格斯(1877 年)

虽然今天晚上我看到他仰卧在床上，面孔已经僵硬，但是我仍然不能想象，这个天才的头脑不再用他那强有力的思想来哺育新旧大陆的无产阶级运动了。我们之所以有今天的一切，都应当归功于他；现代运动当前所取得的一切成就，都应归功于他的理论活动和实践活动；没有他，我们至今还会在黑暗中徘徊。

——恩格斯1883年3月14日给威·李卜克内西的信

1883年3月14日，国际无产阶级的伟大导师马克思与世长辞。从此，恩格斯独自挑起领导国际工人运动的重担。（40）

40. 三月十四日（油画） 艾中信

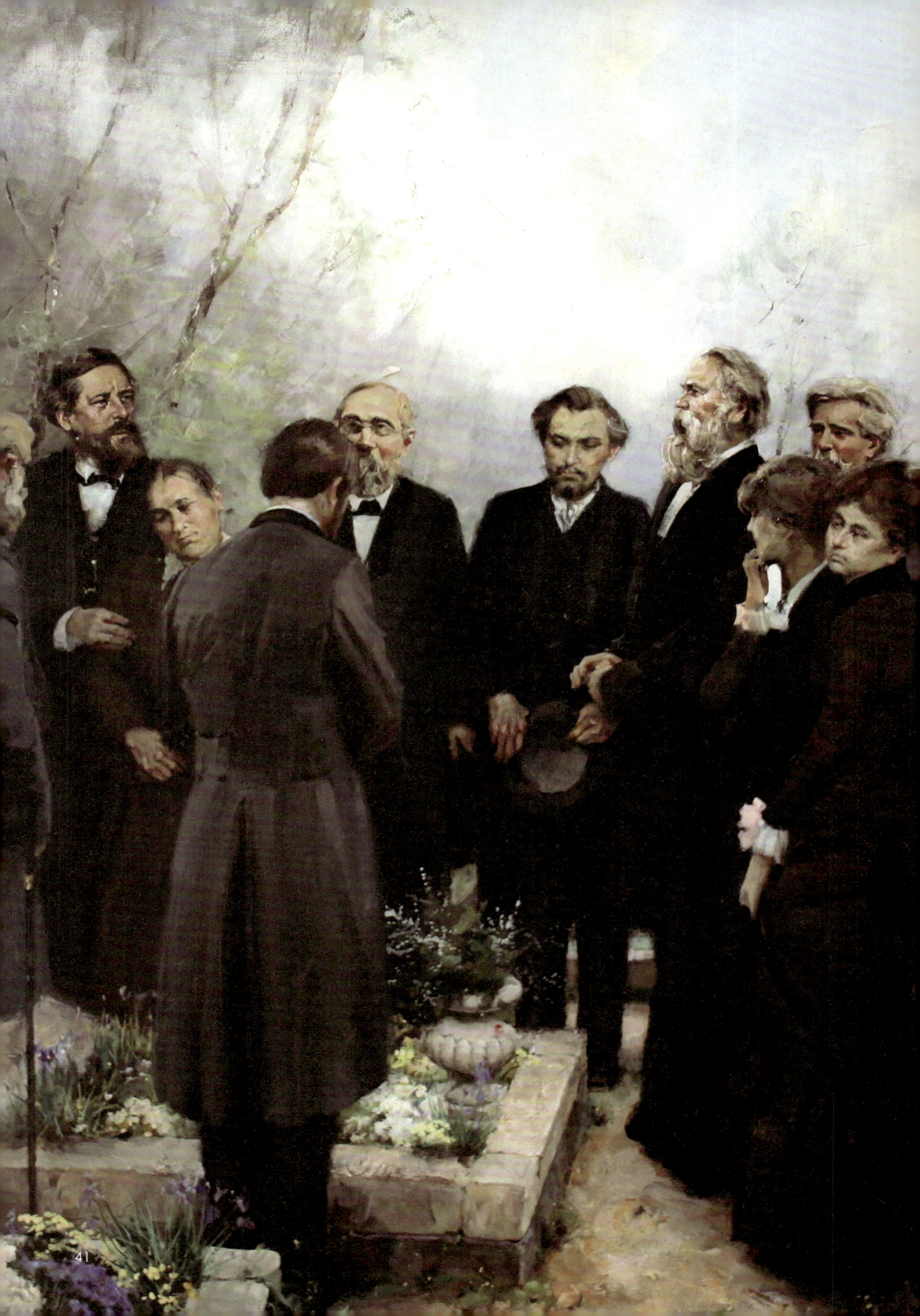

> 马克思首先是一个革命家。他毕生的真正使命,就是以这种或那种方式参加推翻资本主义社会及其所建立的国家设施的事业,参加现代无产阶级的解放事业,正是他第一次使现代无产阶级意识到自身的地位和需要,意识到自身解放的条件。斗争是他的生命要素。很少有人像他那样满腔热情、坚韧不拔和卓有成效地进行斗争。
>
> ——恩格斯《在马克思墓前的讲话》

马克思的逝世使恩格斯感到无比悲痛,但他以坚韧不拔的意志保持沉着镇静的情绪,在第一时间向各国工人运动活动家通报情况,鼓励大家化悲痛为力量,更加紧密地团结在马克思的旗帜下,进行勇敢的斗争。与此同时,恩格斯还周密地安排了马克思的葬仪。

1883年3月17日,在伦敦海格特公墓,马克思被安葬在他的夫人燕妮旁边,整个葬仪简朴而又庄严。恩格斯发表了著名的墓前讲话,概述了马克思毕生的主要理论贡献、革命活动和崇高品格。这篇讲话集中阐述了马克思的两个具有划时代意义的伟大发现——唯物史观和剩余价值理论,高度评价了马克思作为科学家和革命家的光辉一生,使欧美各国工人阶级受到了深刻教育和巨大鼓舞。(41-42)

---

41. 简朴的葬仪(丙烯画)　何孔德
42. 恩格斯写的悼词草稿

> 在整个欧洲和美洲,从西伯利亚矿井到加利福尼亚,千百万革命战友无不对他表示尊敬、爱戴和悼念,而我可以大胆地说:他可能有过许多敌人,但未必有一个私敌。
> 他的英名和事业将永垂不朽!
>
> ——恩格斯《在马克思墓前的讲话》

马克思逝世后,各国工人阶级政党及其领袖纷纷表示,决心继承马克思的遗志,为实现无产阶级革命的崇高理想和远大目标而继续奋斗。与此同时,资产阶级采取各种卑劣手段,肆意歪曲和攻击马克思创立的科学理论。正如恩格斯所说:"这位伟大人物的去世使一些无耻之徒得到了一个替自己拼凑政治资本、著作资本甚至金钱的好机会。"恩格斯清醒地分析了当时的形势,及时撰写了一系列文章和书信,"用事实来驳斥报纸上的谣言",回击资产阶级散布的谬论,引导工人阶级遵循科学社会主义的理论原则,使国际工人运动在马克思逝世后避免走上"迂回曲折的道路",坚持了正确方向,开创了崭新局面。(43—45)

43. 伦敦海格特公墓中的马克思墓

44. 1883年3月22日《社会民主党人报》第13号刊登的恩格斯《卡尔·马克思的葬仪》一文

45. 1883年5月3日《社会民主党人报》第19号刊登的恩格斯《卡尔·马克思的逝世 I.》

第八章
为整理出版马克思遗著呕心沥血

马克思逝世后,恩格斯立即投入清理马克思遗稿的工作。在马克思的小女儿爱琳娜等人协助下,恩格斯用了整整一年时间,仔细清理了马克思留下的大量手稿、笔记、信札,以及各种文件、档案和书刊。这样做是为了妥善保存国际无产阶级的宝贵财富,而更重要的是为了整理出版马克思的遗著。恩格斯在一封信中写道:"我们都在努力以应有的方式使摩尔永世长存,这将由而且应该由发表他的遗著开始。"恩格斯所说的"遗著",首先是指马克思留下的《资本论》手稿。

《资本论》在马克思生前只出版了第一卷。病魔过早地夺去了马克思的生命,使他未能实现《资本论》的全部写作计划。他在逝世前郑重表示,《资本论》手稿应由恩格斯保存,并希望恩格斯进行整理和研究。恩格斯义无反顾地挑起了这副重担。《资本论》手稿篇幅庞大、头绪纷繁,不仅字迹难以辨认,而且许多章节尚未形成连贯、严整的文字表述。要把这些未完成的手稿编辑整理成完整系统而又保持作者原意和风格的著作,是一项极其艰巨的工作,正如恩格斯所说,"这需要花费不少的劳动,因为像马克思这样的人,他的每一个字都贵似金玉"。此后,在长达十余年的时间里,恩格斯始终以坚定不移的信念和百折不挠的毅力从事这种劳动。疾病的折磨和工作的压力没有使他犹豫和退缩,反而激发了他的斗志和热情。他说:"我喜欢这种劳动,因为我又和我的老朋友在一起了。"

1884—1885年,恩格斯完成了《资本论》第二卷手稿的整理工作。属于第二卷的手稿很多,除个别比较完整的文稿外,多半带有片断性质。恩格斯倾注了大量心血，把这些手稿编辑整理成结构完整、论述缜密的著作，使《资本论》第二卷"成为一部只是作者的而不是编者的著作"。1885年7月，《资本论》第二卷出版。

1885—1894年，恩格斯完成了《资本论》第三卷手稿的整理工作。第三卷只有一个初稿，而且极不完整。为了把这部具有重大理论价值的著作提供给工人阶级，恩格斯殚精竭虑、废寝忘食，进行了近十年的编辑整理工作。他说："在这项工作没有完成的时候，我没有片刻安宁过。"直到1894年底，即在恩格斯去世前几个月，《资本论》第三卷终于出版，恩格斯用自己的生命实现了亡友的嘱托。正像列宁所说："这两卷《资本论》是马克思和恩格斯两人的著作。"

恩格斯在整理马克思的遗稿时，还发现了马克思晚年对美国学者摩尔根的《古代社会》一书所作的详细摘要，其中包含马克思自己的许多批语和论述。恩格斯确信，马克思本打算运用历史唯物主义来阐述摩尔根的研究成果，但没有来得及完成。为了实现马克思的遗愿，恩格斯撰写了阐发历史唯物主义理论的著作《家庭、私有制和国家的起源》。

马克思逝世后，恩格斯独自承担起领导国际共产主义运动的重任。他以坚如磐石的信念和万难不屈的决心，继续推进马克思和他共同开创的伟大事业。他悉心指导欧美各国工人阶级及其政党的斗争，使革命阵营牢牢掌握正确方向，不断壮大有生力量；使科学理论日益得到广泛传播，成为工人运动的指针。恩格斯在马克思墓前曾经沉痛地指出："这个人的逝世，对于欧美战斗的无产阶级，对于历史科学，都是不可估量的损失。这位巨人逝世以后所形成的空白，不久就会使人感觉到。"此后的事实表明，正是恩格斯以丰富的实践经验、卓越的理论智慧、杰出的领导才能和崇高的政治威望，填补了由于马克思逝世而形成的空白。正是在恩格斯的指导下，国际工人运动不仅避免了迂回曲折的道路和暂时、局部的迷误，而且呈现出蓬勃发展的新局面。

恩格斯面临的任务繁重复杂、千头万绪，但他认为最重要、最紧迫的工作是清理马克思的遗稿，因为这些遗稿是无产阶级和全人类至为宝贵的理论遗产。（01）

01. 恩格斯（1888年摄于伦敦）

> 今天尼姆在摩尔的手稿里找到了一个大包,里面是《资本论》第二卷,即使不是全部,也是大部分,共有五百多页对开纸。由于我们还不知道手稿已为出版准备到什么程度,也不知道我们能否找到别的什么东西,目前最好还是不要在报纸上透露这个好消息。
> ——恩格斯1883年3月25日给劳拉·拉法格的信

马克思留下的大批手稿、笔记、摘录和书信,是工人阶级和全人类的精神财富。这些遗稿和马克思收藏的各种文件、档案和书刊,存放在他们一家在伦敦最后的寓所梅特兰公园路41号的工作室和阁楼里。恩格斯为了清理马克思的文献遗产,把这个寓所又租用了一年。他不辞辛劳、不顾病痛,在马克思的小女儿爱琳娜和他们两家的忠实朋友德穆特的协助下,用了整整一年时间完成了这项重要的工作。(02—04)

02. 爱琳娜(杜西)·马克思(1855—1898),马克思的小女儿。
03. 海伦(琳蘅,尼姆)·德穆特(1823—1890),马克思家的女佣和忠实的朋友,马克思逝世后,为恩格斯管理家务。
04. 伦敦西北区梅特兰公园路41号,马克思一家从1875年3月到1883年3月一直住在这里。

> 我感到惊奇的是,马克思甚至把1848年以前所写的几乎全部文稿、书信和手稿都保存下来了,这是写传记的绝好材料。传记我当然要写。另外,这部传记也将是一部《新莱茵报》和1848—1849年下莱茵地区运动的历史,是一部1849—1852年讨厌的伦敦流亡生活的历史和国际的历史。
>
> ——恩格斯1883年5月22日给约·菲·贝克尔的信

恩格斯一边清理马克思的遗物,一边回忆与老朋友共同战斗的岁月,内心充满了革命的豪情。他在致奥·倍倍尔的信中写道:"要是像1848年或1849年那样的时代再次到来,一旦需要,我会重新骑马上阵。可是现在有严格的分工。"恩格斯对自己要做的工作进行了仔细的考虑,他说:"现在,我已63岁,本身的工作多极了,要用一年时间整理《资本论》第二卷,还要用一年时间写马克思的传记,此外还要写1843—1863年间的德国社会主义运动史和国际史(1864—1872年)。"在此后的岁月里,恩格斯必须集中精力编辑、出版《资本论》第二、三卷,因此他预定的撰写传记和历史的计划未能实现,但他仍然十分关注这方面的研究,并陆续撰写了一系列重要的文章。(05)

05. 整理遗稿(素描)　潘鸿海

恩格斯对《资本论》手稿的整理编辑工作开始于马克思逝世之后，一直进行到他自己逝世之前，前后持续了十二个春秋。

1862年马克思决定以《资本论》为标题，以《政治经济学批判》为副标题发表自己的著作，并计划把《资本论》写成四册：第一册是资本的生产过程；第二册是资本的流通过程；第三册是总过程的各种形态；第四册是理论史。这四册将分为三卷出版，其中第一卷包括第一、二册，第二卷包括第三册，第三卷包括第四册。1867年《资本论》第一卷出版时，马克思对全书的卷次作了调整：第一卷收入第一册，第二卷收入第二、三册，第三卷收入第四册。恩格斯首先清理马克思留下的《资本论》第二卷全部手稿，并对其中的理论内涵、论述思路以及篇章结构进行了仔细分析和深入研究。鉴于这一卷手稿篇幅庞大，恩格斯决定调整马克思原定的《资本论》卷次，将第二册编为第二卷，将第三册编为第三卷。（06）

06. 恩格斯（素描）　茹科夫

07. 口授《资本论》手稿（中国画） 姚有多

> 首先要出版《资本论》第二卷,这不是一件小事。第二册的手稿有四稿或五稿,其中只有第一稿是写完了的,而后几稿都只是开了个头。这需要花费不少的劳动,因为像马克思这样的人,他的每一个字都贵似金玉。但是,我喜欢这种劳动,因为我又和我的老朋友在一起了。
> ——恩格斯1883年5月22日给约·菲·贝克尔的信

1884年6月,恩格斯正式开始《资本论》第二卷的编辑工作。第一步是从马克思的手稿中挑选出可用于出版的部分,把它们誊抄出来。马克思为第二卷留下的手稿,数量庞大,字迹潦草,难以辨认,而且多半带有片断性质。繁重的工作任务使恩格斯旧病复发,视力衰退,医生禁止他长时间伏案工作。为了加快进度,恩格斯请流亡伦敦的德国社会民主党人奥斯卡·艾森加尔滕做他的助手。恩格斯口授,艾森加尔滕笔录,尔后恩格斯再进行校改。这样就使这些本来难以辨认的手稿成了清楚易读的编辑稿。恩格斯的目标是使《资本论》第二卷"既成为一部连贯的、尽可能完整的著作,又成为一部只是作者的而不是编者的著作",为此他付出了大量心血。1885年2月,恩格斯完成了该卷的全部编辑工作。当年7月,《资本论》第二卷在汉堡出版。恩格斯为该卷写了序言,对编辑工作作了详细的说明,驳斥了资产阶级经济学家对马克思的诋毁和攻击,阐明了马克思的卓越理论贡献,指出剩余价值理论的创立好像晴天霹雳,震动了一切文明国家,使政治经济学发生了彻底的革命。1893年,恩格斯出版了《资本论》第二卷第二版。(07–10)

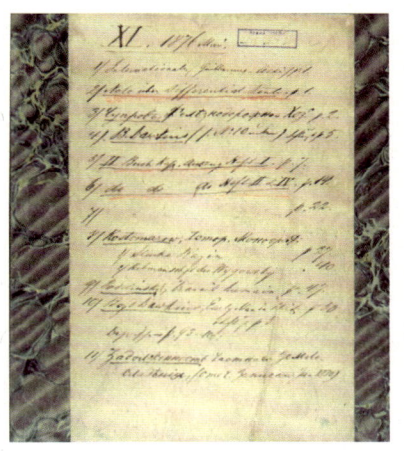

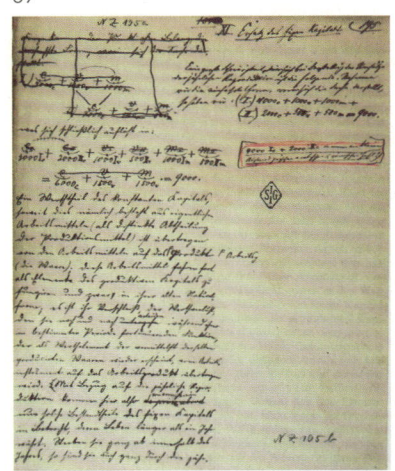

---

08. 恩格斯为马克思《资本论》第2卷手稿的笔记本所加的目录
09. 马克思《资本论》第2卷手稿第Ⅵ稿的第12页
10. 《资本论》第2卷第三篇编辑稿第195页,左栏为艾森加尔滕在恩格斯口授时所作的笔录,恩格斯在事后作了校改和补充。

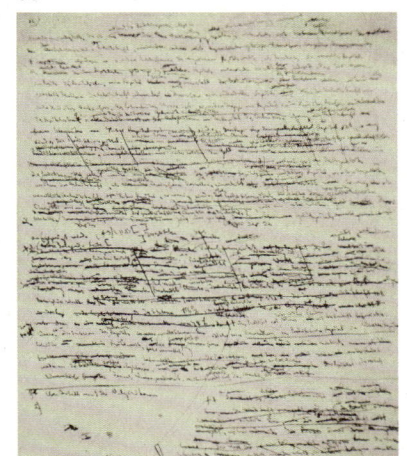

> 第三卷的工作正在全力以赴。这个包含着最后的并且是极其出色的研究成果的第三卷，一定会使整个经济学发生彻底的变革，并将引起巨大的反响。
>
> ——恩格斯1885年4月2日给约·菲·贝克尔的信

> 第三卷的手稿，我已经尽可能地口授完了。我稍微休息一下并处理完其他各种紧急工作之后，到秋天就着手定稿。不过现在我已经放心了，因为手稿已经誊写清楚，假如在这段时间我的歌子唱完了的话，那在最坏的情况下也可以照现在这个样子刊印。在这项工作没有完成的时候，我没有片刻安宁过。
>
> ——恩格斯1885年7月24日给奥·倍倍尔的信

1885年2月，恩格斯在完成《资本论》第二卷的编辑工作后，没有等到该卷出版，就只争朝夕地开始启动第三卷的工作。这一卷的编辑工作更为艰巨，正如恩格斯所说，"第三册只有一个初稿，而且极不完全。每一篇的开端通常都相当细心地撰写过，甚至文字多半也经过推敲。但是越往下，文稿就越是带有草稿性质，越不完全"。恩格斯以第三册主要手稿为基础，吸收其他片断手稿的成果，并请他和马克思的朋友赛·穆尔整理和简化了用数学方程式计算剩余价值率和利润率的手稿，吸收到正文中。恩格斯把编辑工作限制在最必要的范围内，尽可能保存马克思手稿的原貌。在他所作的改动或增补已经超出单纯编辑的范围的地方，他就用方括号括起来，并附上自己姓名的缩写。他还结合马克思逝世后出现的经济现象补写了某些片断。

因为《资本论》第三卷情况极其复杂，再加上恩格斯必须同时承担领导国际工人运动的重任、完成马克思和他本人有关著作的再版工作、克服各种疾病造成的困扰，这一卷的编辑工作历时十年才完成。1894年12月《资本论》第三卷在汉堡出版。恩格斯在《序言》中对手稿的状况和各篇章的具体编辑作了详细说明，驳斥了资产阶级庸俗经济学家的错误观点，阐明了马克思这部著作的科学品格和理论价值。（11–13）

---

11. 马克思《资本论》第3卷手稿的一页，上面有恩格斯作的标记。
12. 《资本论》第3卷初编稿的一页，上面有恩格斯所作的修改。
13. 赛·穆尔在帮助恩格斯编辑《资本论》第3卷时摘录的马克思关于剩余价值率和利润率的公式和计算

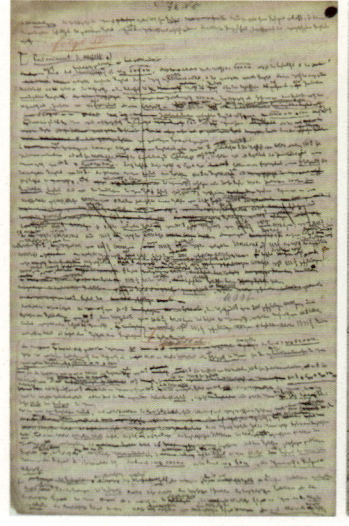

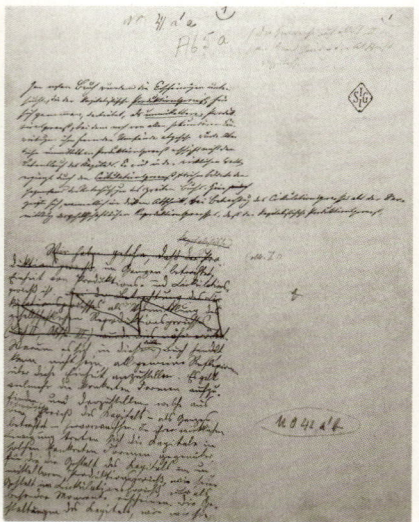

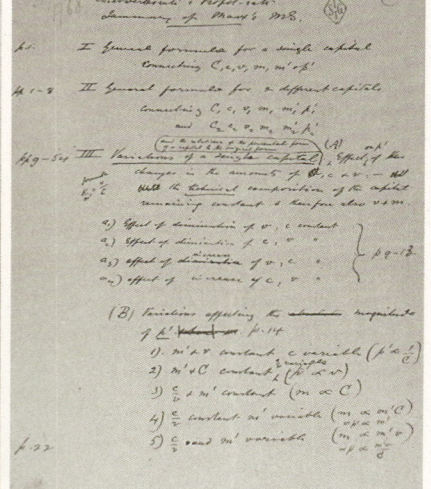

不管怎样，我要把整理摩尔的书的工作坚持下去。这部书将成为他的一座纪念碑，这是他自己树立起来的，比别人能为他树立的任何纪念碑都更加宏伟。到星期六就是两年了！然而，说实在的，在整理这部书时，我感到好像他还活着跟我在一起似的。

——恩格斯1885年3月8日给劳拉·拉法格的信

整理这两卷《资本论》，是一件很费力的工作。奥地利社会民主党人阿德勒说得很对：恩格斯出版《资本论》第2卷和第3卷，就是替他的天才朋友建立了一座庄严宏伟的纪念碑，无意中也把自己的名字不可磨灭地铭刻在上面了。的确，这两卷《资本论》是马克思和恩格斯两人的著作。

——列宁《弗里德里希·恩格斯》

马克思呕心沥血四十年创作的《资本论》是一部具有划时代意义的科学巨著，是一个"艺术的整体"，然而在马克思逝世前，《资本论》只出版了第一卷；正是由于恩格斯坚持不懈的努力，第二卷和第三卷才得以相继出版，《资本论》这个"艺术的整体"才真正完整地呈现在世人面前，从而使全世界无产阶级获得了强大的思想武器。在马克思主义的传播和发展史上，恩格斯作出了不可磨灭的贡献。（14-15）

14. 1885年出版的《资本论》第2卷德文第1版扉页
15. 1894年出版的《资本论》第3卷德文第1版上册和下册扉页，上册扉页上有恩格斯赠书给倍倍尔的题词。

> **我打算给你一篇使你高兴的著作在《新时代》上刊登，这就是《资本论》第三卷增补：Ⅰ．《价值规律和利润率》，答桑巴特和康·施米特的疑问。随后就是Ⅱ．从1865年马克思著文论述交易所以后交易所作用的巨大变化。**
> ——恩格斯1895年5月21日给卡·考茨基的信

恩格斯在编辑《资本论》第二卷和第三卷的过程中，曾对这两卷的手稿作过很多必要的修改和补充。此外，在编辑整理《资本论》第三卷期间和该卷出版之后，恩格斯围绕价值规律和利润率问题以及交易所问题为该卷撰写了两篇增补论文。第一篇是《价值规律和利润率》，恩格斯逝世后不久发表在德国社会民主党理论刊物《新时代》上。在这篇论文中，恩格斯批驳了资产阶级经济学家对价值理论的攻击，澄清了对价值和价值规律的误解。第二篇是《交易所》，恩格斯只留下了一个提纲，列出了论文的七个重点，概述了19世纪60年代中期至90年代初资本主义经济发生的重大变化，尤其是交易所作用的巨大变化，揭示了交易所作用扩大的原因。这两篇增补文章阐述了马克思主义政治经济学的基本理论问题，分析了资本主义经济发展的最新情况，对于理解和研究《资本论》的科学内涵具有十分重要的价值。（16-17）

---

16. 恩格斯《价值规律和利润率》准备材料第1页
17. 恩格斯《价值规律和利润率》手稿的第1页

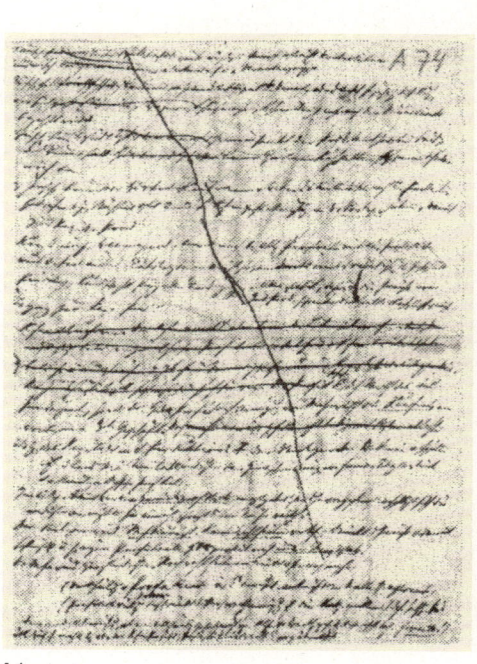

> 这一部分包括政治经济学核心问题即剩余价值理论的详细的批判史，同时以同前人进行论战的形式，阐述了大多数后来在第二册和第三册手稿中专门地、在逻辑的联系上进行研究的问题。这个手稿的批判部分，除了许多在第二册和第三册已经包括的部分之外，我打算保留下来，作为《资本论》第四册出版。
> ——恩格斯为《资本论》第二卷写的序言

在马克思的《资本论》创作计划中，除了理论部分即前三册以外，还有一个理论史部分，即第四册。马克思写的1861—1863年经济学手稿中就已包含了理论史部分，即《剩余价值理论》部分，这个部分构成了《资本论》第四卷的核心稿本。恩格斯深知这部分手稿的重要价值，希望在出版《资本论》第二卷和第三卷之后，能够继续整理出版作为理论史部分的第四卷，但他还没来得及完成便与世长辞了。1905—1910年，考茨基编辑出版了马克思的这部分手稿，书名为《剩余价值理论》。（18–20）

---

18. 恩格斯整理的《资本论》第四册目录
19. 恩格斯撰写的关于《资本论》第四册的简讯，刊于《新时代》1894—1895 年第 13 年卷第 1 册第 9 期。
20. 1905—1910 年卡尔·考茨基编辑出版的马克思的《剩余价值理论》

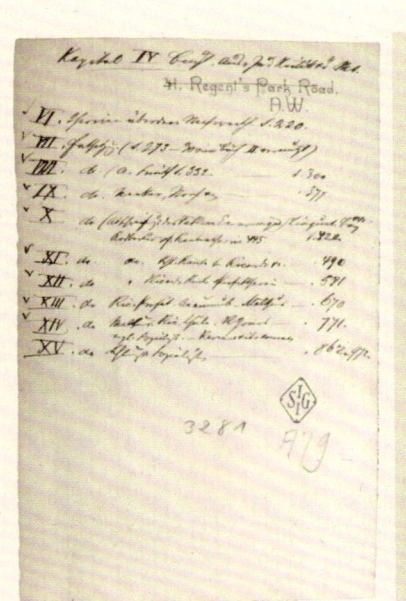

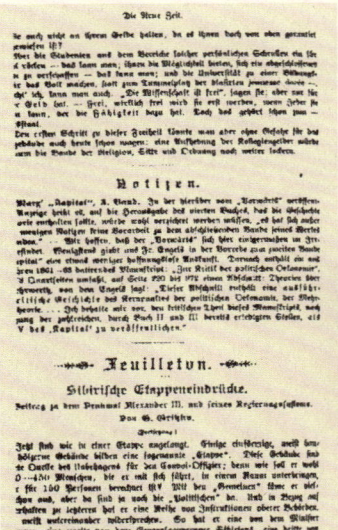

> 在论述社会的原始状况方面,现在有一本像达尔文的著作对于生物学那样具有决定意义的书,这本书当然也是马克思发现的,这就是摩尔根的《古代社会》(1877年版)。马克思谈到过这本书,但是,当时我脑子里正装着别的事情,而以后他也没有再回头研究;看来,他是很想回头再研究的,因为从他所作的十分详细的摘录中可以看出,他自己曾打算把该书介绍给德国读者。摩尔根在他自己的研究领域内独立地重新发现了马克思的唯物主义历史观,并且最后还对现代社会提出了直接的共产主义的要求。
>
> ——恩格斯1884年2月16日给卡·考茨基的信

在创立和不断丰富历史唯物主义的进程中,马克思和恩格斯不仅深入研究资本主义社会,而且广泛考察包括原始社会在内的前资本主义社会。为此,他们密切关注19世纪60年代以后陆续问世的有关人类史前社会的研究成果。在这些成果中,马克思特别重视并高度评价美国学者摩尔根所作的贡献,因为摩尔根在《古代社会》一书中揭示了原始共产主义社会内部组织的典型形式,从而为探讨原始社会的真相提供了钥匙。马克思潜心研读这部著作,作了详细摘录,写了大量批注,对书中的原始材料进行了全新的分析,并打算联系他和恩格斯共同从事"唯物主义的历史研究所得出的结论",深入"阐述摩尔根的研究成果",以便更加周密地论证历史唯物主义的科学性。然而马克思没有来得及实施这个意义重大的计划就逝世了,实现这一遗愿的使命落到了恩格斯的肩上。

1884年初,恩格斯在整理马克思的手稿时,发现了马克思对摩尔根《古代社会》一书所作的摘要。恩格斯详尽而又透彻地研究了马克思的摘录、批注和补充材料,同时深入研究了摩尔根的原著,决定充分利用并深入阐发马克思在摘要中表述的精辟思想,撰写一部专门的著作,以实现马克思的遗愿。从1884年4月初至5月底,恩格斯集中精力完成了这部专著,即《家庭、私有制和国家的起源》(以下简称《起源》)。(21-23)

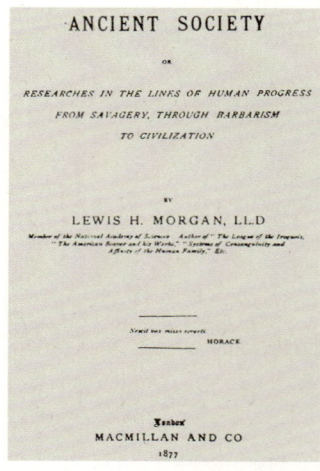

21. 马克思对《古代社会》一书的摘录
22. 《古代社会》1877年伦敦版扉页
23. 路易斯·亨利·摩尔根(1818—1881),美国法学家、民族学家、考古学家和原始社会史学家。

> 以下各章，在某种程度上是实现遗愿。不是别人，正是卡尔·马克思曾打算联系他的——在某种限度内我可以说是我们两人的——唯物主义的历史研究所得出的结论来阐述摩尔根的研究成果，并且只是这样来阐明这些成果的全部意义。原来，摩尔根在美国，以他自己的方式，重新发现了40年前马克思所发现的唯物主义历史观，并且以此为指导，在把野蛮时代和文明时代加以对比的时候，在主要点上得出了与马克思相同的结果。
>
> ——恩格斯《家庭、私有制和国家的起源》1884年第一版序言

在《起源》这部著作中，恩格斯第一次用唯物史观科学地阐明了人类社会早期发展阶段的历史。他运用人类史研究的新成果，具体深入地阐明了"两种生产"理论，指出："根据唯物主义观点，历史中的决定性因素，归根结底是直接生活的生产和再生产。但是，生产本身又有两种。一方面是生活资料即食物、衣服、住房以及为此所必需的工具的生产；另一方面是人自身的生产，即种的繁衍。一定历史时代和一定地区内的人们生活于其下的社会制度，受着两种生产的制约：一方面受劳动的发展阶段的制约，另一方面受家庭的发展阶段的制约。""两种生产"理论科学地说明了人类社会存在和发展的基础。正是从这一基本观点出发，恩格斯全面地论述了氏族组织的结构、特点和作用以及家庭的起源和发展，解释了原始社会制度解体和以私有制为基础的阶级社会形成过程，分析了国家从阶级对立中产生的历史条件和本质特征，指出了国家必将随着阶级的消灭和共产主义的胜利而消亡的客观规律。这一系列深刻系统的论述，从各种角度充实和完善了历史唯物主义的内涵，显著地增强和凸现了这一理论的科学性和说服力。（24）

24. 撰写《家庭、私有制和国家的起源》（木刻）　张怀江

> 我希望你们在研究国家问题的时候看看恩格斯的著作《家庭、私有制和国家的起源》。这是现代社会主义的基本著作之一,其中每一句话都是可以相信的,每一句话都不是凭空说的,而是根据大量的史料和政治材料写成的。
>
> ——列宁《论国家》

《起源》出版后,受到了广大工人群众的热烈欢迎,被译成多种文字广泛传播。这部著作对于批驳资产阶级谬论、教育工人阶级及其政党、推动国际工人运动深入发展,起到了巨大作用。巴黎公社革命失败后,欧洲各国资产阶级一方面加紧压制工人阶级的反抗和斗争,一方面竭力制造各种混淆是非的所谓"理论",借以否定共产党人的政治主张,瓦解工人群众的革命斗志。他们否认资本主义基本矛盾造成的恶果,宣扬资本主义私有制"天然合理",鼓吹资产阶级国家代表"全体公民利益",因而必将"永世长存"。在这些谬论的蛊惑下,工人阶级政党内部的机会主义思潮开始滋长起来,严重地影响了工人运动的凝聚力和战斗力。恩格斯的《起源》就是在这种形势下诞生的。这部著作以确凿的史实、严谨的论证和科学的态度阐明了家庭、私有制和国家起源的问题,揭示了资本主义私有制和资产阶级国家的本质特征,论证了资本主义必然灭亡、共产主义必然胜利的客观规律,从而击退了资产阶级的进攻,澄清了机会主义的谬误,使工人阶级和劳苦大众紧密地团结起来,为实现自己的理想和目标而奋斗。

一百多年来的实践证明,《起源》在工人阶级及其政党认识世界和改造世界的实践中产生了深远的影响。列宁指出:"我所以提到这部著作,是因为它在这方面提供了正确观察问题的方法。"确实,《起源》在世界观和方法论方面为坚持和发展马克思主义作出了卓越的贡献。(25)

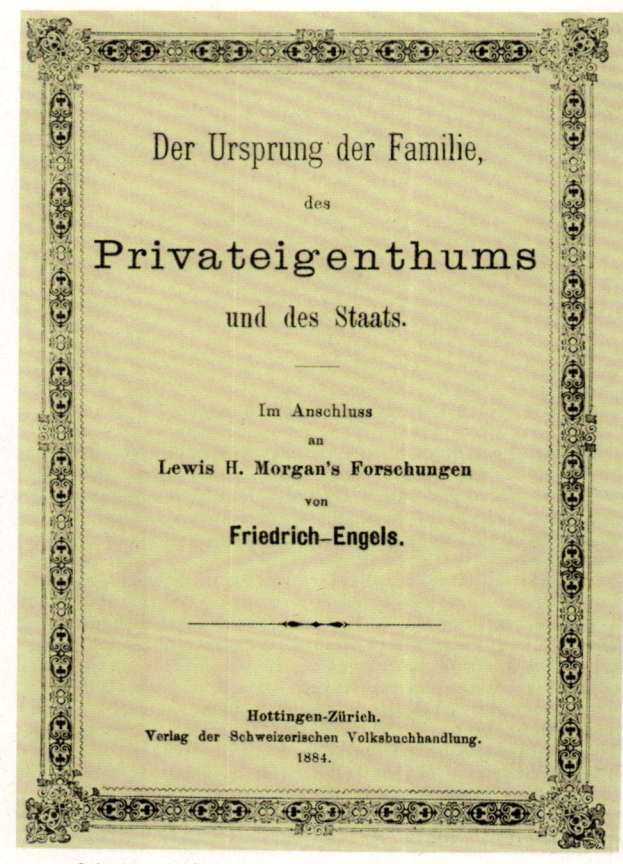

25. 《家庭、私有制和国家的起源》第 1 版封面

第九章
世界无产阶级的导师和顾问

马克思逝世以后,恩格斯作为各国无产阶级的导师和顾问,独自承担了领导国际工人运动的重任。

恩格斯密切关注和深入分析资本主义的发展趋势和阶级斗争的主要特点,根据新的历史条件制定无产阶级的斗争策略,帮助和指导欧美各国工人政党巩固和发展自己的组织,开展反对机会主义和各种错误思潮的斗争,进一步团结和壮大国际无产阶级的革命力量,并及时总结工人运动的新经验,不断丰富马克思主义理论宝库。恩格斯在伦敦的家成为各国工人运动活动家向往的中心。

在恩格斯的指导下,欧洲各国和美国的工人运动进一步发展壮大,科学社会主义思想在工人群众中得到广泛传播。在德国和法国,以马克思主义为指导思想的无产阶级政党影响力日益增强,欧美其他国家的社会主义组织也纷纷建立或者得到巩固。19世纪80年代后期,加强无产阶级国际团结的呼声越来越高,为了阻止机会主义分子夺取工人运动领导权,恩格斯积极协助各国马克思主义者建立新的国际组织。1889年7月14—20日,国际社会主义工人代表大会在巴黎召开,标志着第二国际成立。在恩格斯的引导下,第二国际在前期活动中坚持了正确的方向。

恩格斯在领导国际工人运动的过程中,撰写了许多具有重大理论价值的著作,还为再版马克思和他本人的一些著作写了序言或导言。在《路德维希·费尔巴哈和德国古典哲学的终结》中,恩格斯系统阐述了马克思主义哲学的基本原理。1891年1月,恩格斯为了反击德国社会民主党内的机会主义思潮，捍卫科学社会主义的理论原则，毅然决定公开发表马克思的《哥达纲领批判》，并在序言中阐明了这部著作的重大意义。在《1891年社会民主党纲领草案批判》中，恩格斯批判了当时在德国社会民主党内出现的宣扬德国可以和平"长入"社会主义的机会主义观点，论述了工人阶级政党的斗争方向和策略原则。在《法德农民问题》中，恩格斯阐述了农民问题对于无产阶级革命的重要意义，指出了无产阶级取得政权后对农业进行社会主义改造的途径和区别对待各类农民的方针政策。在《卡·马克思〈1848年至1850年的法兰西阶级斗争〉一书导言》中，恩格斯全面总结了工人阶级的斗争历程，强调无产阶级政党应当根据变化了的条件制定新的斗争策略，但决不能放弃革命权，因为革命权是唯一真正的"历史权利"。

恩格斯晚年在一系列重要书信中批判了把唯物史观片面化、庸俗化的错误观点，进一步深入阐述了生产力和生产关系、经济基础和上层建筑的辩证关系，丰富了历史唯物主义理论。恩格斯在书信中还论述了对待马克思主义的正确态度，强调马克思主义是发展着的理论，是行动的指南，而不是必须照抄照搬的教条；不能把"唯物主义"当做标签贴到各种事物上去，必须研究全部历史和各种社会形态的存在条件，从中得出科学的结论。

1894年底《资本论》第三卷出版以后，恩格斯感到自己的身体状况明显不如以前，但他仍然保持着一个革命战士的旺盛斗志和乐观情怀，在勤勉工作和顽强奋斗中走完了他一生的最后一段征程。病魔使他无法实现"看看新的世纪"的愿望，但他从容自若，对工人阶级在新世纪的前途充满信心。

1895年8月5日，恩格斯在伦敦逝世。9月27日，在英国伊斯特本海岸，恩格斯的战友们遵照他的遗愿，将他的骨灰投入浩瀚无垠、波涛澎湃的大海。

> 在他的朋友卡尔·马克思（1883年逝世）之后，恩格斯是整个文明世界中最卓越的学者和现代无产阶级的导师。
> ——列宁《弗里德里希·恩格斯》

马克思逝世后，恩格斯一方面为编辑出版《资本论》第二、三卷而殚精竭虑地工作，一方面为指导国际工人运动而倾注大量的心血。他引导欧美各国无产阶级政党坚持正确的方向，维护和加强工人运动内部的团结；他注重工人阶级队伍的思想建设和理论建设，亲自为工人政党的报刊撰稿；他着手再版马克思和他自己的重要著作，并结合革命运动实践阐发这些著作的理论要义；他及时分析资本主义发展的新情况，总结国际共产主义运动的新经验，不断丰富马克思主义的理论宝库。（01）

01. 恩格斯（1891年摄于伦敦）

> 无论是受政府迫害但力量仍然不断迅速增长的德国社会党人，或者是落后国家内那些还需仔细考虑斟酌其初步行动的社会党人，如西班牙、罗马尼亚和俄国的社会党人，都同样向恩格斯征求意见，请求指示。他们都从年老恩格斯的知识和经验的丰富宝库中得到教益。
> ——列宁《弗里德里希·恩格斯》

恩格斯同各国工人政党领导人和工人阶级代表保持着密切的联系，并在频繁的通信中为他们分析国际政治经济形势和各国国内局势，介绍各国工人政党和组织的经验，提醒他们警惕和防止错误倾向，帮助他们制定正确的政策和策略。恩格斯在工人运动中享有崇高的威望，但他从来都把自己视为革命队伍中的一名普通战士。他真诚待人，热情好客，乐于帮助每一个同志排忧解难，正如拉法格所说："他自己省吃俭用，决不乱花一文钱，但是他对党和求助于他的党内同志，则无限慷慨。"恩格斯的巨大凝聚力与亲和力使他在伦敦的家成了各国工人运动活动家经常聚首的场所。在这里，恩格斯同他们坦诚地交流情况、讨论问题。崇高的理想和深厚的情谊把同志们凝聚在一起，为共同的目标而团结奋斗。（02）

02. 星期日聚会（素描） 袁广

> 我们无论如何必须保住三个阵地：（1）苏黎世的印刷所和出版社；（2）《社会民主党人报》编辑部；（3）《新时代》编辑部。
>
> ——恩格斯1885年6月22—24日给奥·倍倍尔的信

恩格斯密切关注、热情支持德国工人运动，引导德国工人阶级把"理论方面"、"政治方面"和"实践经济方面"的斗争有机地结合起来，同时明确要求工人运动的领袖们必须"透彻地理解种种理论问题"，"彻底地摆脱那些属于旧世界观的传统言辞的影响"。恩格斯是伟大的国际主义者，同时也是坚定的爱国主义者。他说："我记住我是一个德国人"，"我为我们德国工人比所有其他工人先争得的那个地位而感到自豪"。在恩格斯关怀和帮助下，德国社会民主党逐步发展成为"在欧洲居于领导地位的工人政党"。恩格斯认为，要保证德国工人始终"处于无产阶级斗争的前列"，就必须以高度的热情把科学的理论"传播到工人群众中去"，而在这方面，党的报刊无疑是最重要的思想理论阵地。为此，恩格斯以身作则，亲自为党的中央机关报《社会民主党人报》撰稿，总结党在革命斗争中积累的经验，分析党在新形势下面临的挑战。恩格斯还在党的理论杂志《新时代》上发表一系列重要著作，鼓励杂志编辑部坚持正确的方向，发挥引导群众、团结群众的作用。（03-04）

03. 德国社会民主党中央机关报《社会民主党人报》
04. 德国社会民主党理论杂志《新时代》

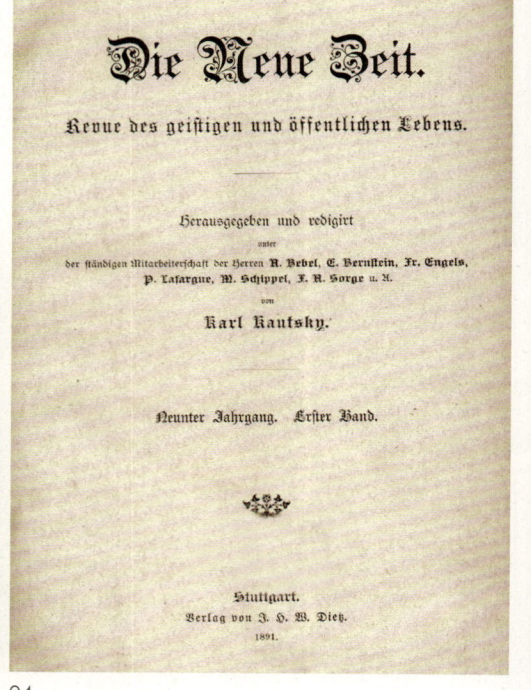

> 威廉也好，俾斯麦也好，都不得不在十几万罢工工人的大军面前低下头来。单单这一点就已经是一个了不起的成绩了。
> ——恩格斯《1889年鲁尔矿工的罢工》

在俾斯麦政府加紧镇压工人运动的形势下，恩格斯引导德国社会民主党坚持正确的斗争方向和灵活的斗争策略。他谆谆告诫党的领导人和工人运动活动家：一方面要坚决反对妥协退让的机会主义倾向，发扬坚韧顽强的斗争精神和克敌制胜的英雄气概；一方面要努力防止盲目行动的冒险主义倾向，从实际出发，运用审慎稳妥的斗争方法，切实保护和不断壮大革命的力量。在恩格斯的指导下，德国社会民主党采取各种形式推动工人运动不断高涨。在1890年2月举行的国会选举中，社会民主党取得了空前的胜利，迫使政府废除了反社会党人非常法。（05–07）

05. 1881年李卜克内西和倍倍尔在莱比锡参加社会民主党人秘密会议
06. 倍倍尔、李卜克内西、辛格尔等人在1890年5月德国国会会议上
07. 1889年德国鲁尔区罢工工人集会

> 既然哈雷党代表大会已把关于哥达纲领的讨论提到了党的议事日程，所以我认为，如果我还不发表这个与这次讨论有关的重要的——也许是最重要的——文件，那我就要犯隐匿罪了。
>
> ——恩格斯为马克思《哥达纲领批判》1891年版写的序言

反社会党人法被废除后，德国社会民主党重新获得合法地位，进入了一个新的发展时期。1890年10月，德国社会民主党在哈雷召开代表大会，决定制定一个新的纲领来代替哥达纲领。然而就在这个关键时刻，党内的机会主义思潮日渐抬头。拉萨尔派所宣扬的否定科学社会主义基本原理、否定工人阶级政党奋斗宗旨、否定无产阶级革命策略原则的一系列错误观点，在新的形势下又重新蔓延开来，严重地侵蚀党的机体，破坏党的团结和统一。为了反击这股机会主义的思潮，肃清拉萨尔主义的影响，帮助德国社会民主党制定正确的纲领，恩格斯不顾党内某些领导人的反对，毅然决定公开发表马克思在16年前写的《哥达纲领批判》，并亲自撰写了序言，指出此时发表这篇文献的重要意义。（08—09）

08. 1890年10月12—18日，德国社会民主党在反社会党人非常法废除后召开哈雷代表大会，决定制定一个新的纲领。
09. 德国《新时代》1890—1891年第9年卷第1册第18期上刊载的马克思的《哥达纲领批判》

> 这个手稿还有另外的和更广泛的意义。其中第一次明确而有力地表明了马克思对拉萨尔开始从事鼓动工作以来所采取的方针的态度，而且既涉及拉萨尔的经济学原则，也涉及他的策略。
> ——恩格斯为马克思《哥达纲领批判》1891年版写的序言

马克思的《哥达纲领批判》公开发表后，受到了工人群众的热烈欢迎，在德国社会民主党内引起了强烈反响，对这个党制定一个马克思主义的新党纲产生了决定性影响。为了使这部著作发挥理论指南的作用，恩格斯做了大量工作。他强调指出，公开发表马克思的这部著作，不仅可以"使未来的纲领免除任何不彻底性和空洞的言词"，而且可以使公众看到："我们是怎样自己批评自己的，我们是唯一能够这样做的政党"。事实证明，公开发表马克思的这部重要著作，还有更加广泛的意义：它使广大工人群众认清了拉萨尔主义的本质，增强了坚持科学社会主义原则、争取革命斗争胜利的信心和决心。（10）

10. 德国《新时代》1890—1891年第9年卷第1册第18期上刊载的恩格斯在发表《哥达纲领批判》时写的序言

1891年6月，德国社会民主党执行委员会经过讨论，拟定了新的纲领草案，准备提交爱尔福特代表大会通过，并将这个草案寄给恩格斯审阅。恩格斯收到后立即进行了深入的分析，撰写了《1891年社会民主党纲领草案批判》。在这篇文章中，恩格斯肯定新纲领草案优于哥达纲领，同时批判了当时在德国社会民主党内出现的认为德国可以和平"长入"社会主义的机会主义观点，揭露了机会主义的实质："为了眼前暂时的利益而忘记根本大计，只图一时的成就而不顾后果，为了运动的现在而牺牲运动的未来"。他对这个纲领草案没有把争取建立民主共和国作为党的根本任务和奋斗目标提出批评，强调德国的党和工人阶级只有在民主共和国这种政治形式下才能取得政权，指出"民主共和国甚至是无产阶级专政的特殊形式"。他还分析了资本主义经济和社会发展变化的新情况，强调工人阶级政党必须根据这些新情况来制定斗争策略。这篇文章对于德国社会民主党根据科学社会主义理论制定党纲起了重要的指导作用。（11-12）

---

11. 《1891年社会民主党纲领草案批判》的手稿
12. 《新时代》1901—1902年第20年卷第1册第1期发表的《1891年社会民主党纲领草案批判》

> 所有这些先生们都在搞马克思主义,然而是10年前你在法国就很熟悉的那一种马克思主义,关于这种马克思主义,马克思曾经说过:"我只知道我自己不是马克思主义者。"马克思大概会把海涅对自己的模仿者说的话转送给这些先生们:"我播下的是龙种,而收获的却是跳蚤。"
>
> ——恩格斯1890年8月27日给保·拉法格的信

恩格斯非常关心法国工人阶级政党的建设,同时密切关注法国社会主义运动中的思想斗争。19世纪80年代,法国工人党内出现了以布鲁斯和马隆为代表的机会主义派别。他们反对无产阶级通过革命夺取政权,鼓吹在不触动资本主义制度的前提下进行"可能的改良",实施"可能的政策",因而被称为"可能派"。在法国工人党反对这个小资产阶级改良主义派别分裂活动的斗争中,恩格斯坚决支持以茹·盖得和保·拉法格为代表的革命力量,在理论上和策略上给予指导,使法国工人党在思想上保持统一、在行动上步调一致、在组织上发展壮大,成为法国和整个欧洲工人运动中的中流砥柱。(13—15)

13. 恩格斯1889年5月27日给拉法格的信的第1页,信中充分肯定了法国工人党的斗争策略。
14. 恩格斯1889年11月20日给盖得的信的第2页,信中论述了法国工人运动与英国工人运动相互支持的必要性。
15. 1886年1月法国德卡兹维尔矿工罢工

> 革命的工人社会主义比任何时候都富有生命力,它现在已经是一支使所有掌权者——无论是法国激进派、俾斯麦、美国的交易所巨头,或者是全俄罗斯的沙皇——胆战心惊的力量。
>
> ——恩格斯《纪念巴黎公社十五周年》

1886年3月15日,恩格斯应法国社会主义者的请求撰写了《纪念巴黎公社十五周年》一文,高度评价了工人阶级自从有自己的历史以来第一次掌握政权的伟大历史意义,总结了巴黎公社失败后国际工人运动的新成就,指出:"无产者的国际团结,各国革命工人的友谊,已经比公社以前巩固千倍,广泛千倍。"

恩格斯的文章使欧美各国工人阶级深受教育,法国工人阶级则更是备受鼓舞。在恩格斯的亲切关怀和谆谆教导下,法国工人运动不断向纵深发展,涌现出一批有志向、有恒心、有才干的活动家,其中就有马克思的二女儿、保·拉法格的妻子劳拉·拉法格。她一方面勇敢投身于革命实践,一方面热情从事理论宣传。她把马克思和恩格斯的一些重要著作译成法文,为传播科学社会主义作出了贡献。(16-17)

16. 劳拉·拉法格(1845—1911),马克思的二女儿,法国工人运动活动家。

17. 1888年8月巴黎工人同警察搏斗

恩格斯与意大利社会主义者一直保持着密切联系，应意大利劳动社会党领导人的请求，恩格斯为该党理论刊物《社会评论》撰写了《未来的意大利革命和社会党》和《国际社会主义和意大利社会主义》等文章。恩格斯在这些文章中分析了意大利的革命形势，论述了工人阶级政党的斗争策略；重申了马克思主义关于阶级斗争是历史发展的伟大动力的观点。

1894年1月，意大利社会党人朱泽培·卡内帕请求恩格斯为《新纪元》周刊找一段题词，用简洁的语句表述未来社会主义纪元的基本思想，以区别于但丁曾说的"一些人统治，另一些人受苦难"的旧纪元。恩格斯在复信草稿中指出："我打算从马克思的著作中给您找出一则您所期望的题词。我认为，马克思是当代唯一能够和那位伟大的佛罗伦萨人相提并论的社会主义者。但是，除了《共产主义宣言》中的下面这句话，我再也找不出合适的了：'代替那存在着阶级和阶级对立的资产阶级旧社会的，将是这样一个联合体，在那里，每个人的自由发展是一切人的自由发展的条件。'"恩格斯的这些论述精辟地指明了《共产党宣言》的理论要义、共产主义的核心价值和共产党人的崇高追求，具有极为重要的理论价值。（18-19）

---

18. 1894年2月1日《社会评论》杂志第3期，上面载有恩格斯的《未来的意大利革命和社会党》一文。
19. 恩格斯1894年1月9日给朱泽培·卡内帕的回信（左面是恩格斯的回信草稿，右面是卡内帕的来信。）

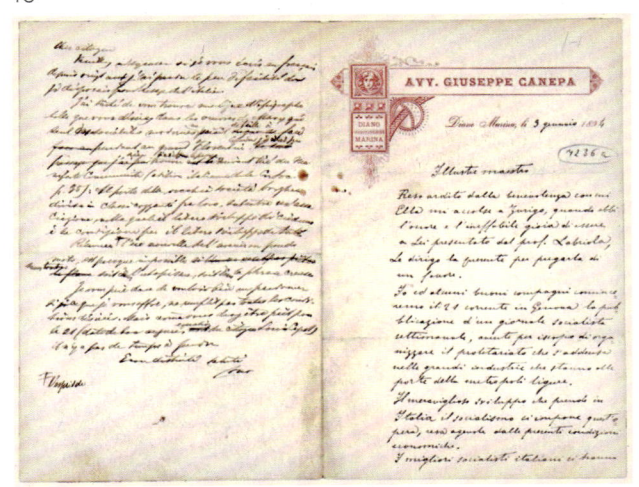

恩格斯十分关注英国工人运动,他同英国工人运动活动家保持密切联系,并指导他们把科学的革命理论同无产阶级的群众运动结合起来。得到恩格斯帮助最多的是马克思的小女儿爱琳娜,她在恩格斯的直接指导下刻苦钻研无产阶级革命理论,认真学习英国工人阶级光荣传统和战斗精神,积极参加工人群众的斗争和各种活动,在脚踏实地的工作中锻炼成为坚定的革命战士。(20–23)

20. 爱琳娜(杜西)·马克思(1855—1898),马克思的小女儿,英国工人运动活动家。
21. 恩格斯对英国北方社会主义联盟纲领所作的修改
22. 1889年伦敦码头工人罢工,工人的妻子也积极参与这场斗争。
23. 1889年8月31日恩格斯发表在《工人选民》上的《关于伦敦码头工人的罢工》一文

> 我羨慕你们，羨慕你们参加码头工人的罢工。这是我们近年来最有希望的一次运动，我还能看到这次运动，感到很自豪，很高兴。
>
> ——恩格斯《关于伦敦码头工人的罢工》

22

THE Labour Elector

(With which is incorporated THE LABOUR LEADER.)

NEW SERIES—VOL. II. No. 35.] SATURDAY, AUGUST 31st, 1889. [PRICE ONE PENNY.

I envy you your work in the Dock Strike. It is the movement of the greatest promise we have had for years, and I am proud and glad to have lived to see it. If Marx had lived to witness this! If these poor down-trodden men, the dregs of the proletariate, these odds and ends of all trades, fighting every morning at the dock gates for an engagement, if *they* can combine, and terrify by their resolution the mighty Dock Companies, truly then we need not despair of any section of the working class. This is the beginning of real life in the East End, and if successful will transform the whole character of the East End. There—for want of self-confidence, and of organisation among the poor devils grovelling in stagnant misery—*lasciate ogni speranza*. . . . If the dockers get organised, all other sections will follow. . . It is a glorious movement and again I envy those that can share in the work.

23

较低的经济发展阶段解决只有高得多的发展阶段才产生了的和才能产生的问题和冲突，这在历史上是不可能的。在商品生产和单个交换以前出现的一切形式的氏族公社同未来的社会主义社会只有一个共同点，就是一定的东西即生产资料由一定的集团共同所有和共同使用。但是单单这一个共同特性并不会使较低的社会形式能够从自己本身产生出未来的社会主义社会，后者是资本主义社会的最独特的最后的产物。每一种特定的经济形态都应当解决它自己的、从它本身产生的问题；如果要去解决另一种完全不同的经济形态的问题，那是十分荒谬的。

——恩格斯《〈论俄国的社会问题〉跋》

　　19世纪80—90年代，恩格斯继续关注并深入研究俄国问题，对俄国的社会变革和发展作了深刻的分析和阐述。1894年，恩格斯将1875年撰写的《论俄国的社会问题》一文收入《〈人民国家报〉国际问题论文集（1871—1875）》予以发表，并为这篇文章写了一篇跋。这篇跋文是论述俄国农村公社命运和俄国革命前景的重要著作。恩格斯在这篇跋中分析了俄国的社会经济的新发展，批判了那种不顾客观社会历史条件，把农村公社当做直接过渡到社会主义社会的手段的看法，强调在考察复杂社会问题时必须坚持辩证唯物主义和历史唯物主义的方法论原则。（24-25）

---

24. 1894年由俄国劳动解放社出版的《弗里德里希·恩格斯论俄国》一书的扉页。译者是维拉·伊万诺夫娜·查苏利奇。
25. 恩格斯1894年为《论俄国的社会问题》写的跋

恩格斯同俄国革命家和社会主义者经常接触并保持通信联系，一方面支持他们的革命斗争，一方面引导他们把科学社会主义理论同俄国的实际结合起来，深入探讨俄国革命的道路。19世纪80—90年代，恩格斯同翻译《资本论》第二卷的丹尼尔逊通信频繁。从1885年3月起，为了加快翻译，恩格斯一收到印刷厂送来的校样，立即寄给丹尼尔逊。这就保证了《资本论》第二卷俄文版在较短的时间内问世，为这部理论巨著在俄国传播打下了坚实的基础。（26）

维拉·伊万诺夫娜·查苏利奇（1849—1919），俄国民粹运动、社会民主主义运动活动家，劳动解放社创始人之一。

彼得·拉甫罗维奇·拉甫罗夫（1823—1900），俄国社会学家和政论家，民粹派思想家，国际工人协会会员，巴黎公社参加者。

格奥尔吉·瓦连廷诺维奇·普列汉诺夫（1856—1918），俄国革命家和政论家，俄国早期马克思主义理论家，劳动解放社创始人之一。

谢尔盖·米哈伊洛维奇·克拉夫钦斯基（1851—1895），俄国作家和政论家，民粹派活动家。

格尔曼·亚历山大罗维奇·洛帕廷（1845—1918），俄国民粹派革命家，国际总委员会委员，马克思《资本论》第1卷俄文版译者之一，马克思和恩格斯的朋友。

尼古拉·弗兰策维奇·丹尼尔逊（1844—1918），俄国经济学家、政论家和民粹派思想家，马克思《资本论》第1、2、3卷俄文版译者。

26. 与恩格斯经常保持联系的部分俄国革命活动家

> 造成工人阶级和资本家阶级之间的鸿沟的原因，在美国和在欧洲都是一样的；填平这种鸿沟的手段也到处都相同。因此，美国无产阶级的纲领在最终目的上，归根到底一定会完全符合那个经过60年的分歧和争论才成为战斗的欧洲无产阶级广大群众公认的纲领。这个纲领将宣布，最终目标是工人阶级夺取政权，使整个社会直接占有一切生产资料——土地、铁路、矿山、机器等等，让它们供全体成员共同使用，并为了全体成员的利益而共同使用。
>
> ——恩格斯《美国工人运动》

恩格斯晚年十分关注美国的社会状况和阶级斗争趋势，并通过旅居美国的弗·阿·左尔格等人了解美国工人运动的情况。恩格斯在许多书信和文章中精辟地阐述了美国工人运动的特点、任务和奋斗目标。

恩格斯为《英国工人阶级状况》一书的美国版写了序言，并以《美国工人运动》为题单独发表，文中批驳了所谓在美国工人和资本家之间不可能产生阶级斗争、社会主义不可能在美国的土壤中生根的错误观点，论述了在资本主义制度下无产阶级和资产阶级发生冲突和斗争的必然性，阐明了无产阶级作为一个新的独特的阶级所负的特殊历史使命，指出科学社会主义确立的奋斗目标是实现整个社会生产体系的全面变革。恩格斯强调，美国工人阶级为了实现共同的利益，应当把分散的工人组织联合为一支全国性的工人大军，应当创建全国性的工人政党，它的纲领应以科学社会主义的理论为基础。恩格斯还重申了《共产党宣言》对无产阶级政党宗旨和策略的规定，指出"共产党人"是"我们当时采用的、而且在现在也决不想放弃的名称"。（27—29）

27. 《社会民主党人报》1887年6月10日刊载的《美国工人运动》
28. 1886年5月4日一份呼吁芝加哥工人参加抗议警察暴行的群众集会的传单
29. 1886年5月美国芝加哥工人示威游行

> *在横渡大西洋的邮船"柏林号"和"纽约号"的船舱上，不管天气多么不好，他总喜欢在甲板上散步，喝啤酒。原来，他有一条不可动摇的原则：在前进的道路上无论遇到什么障碍，决不回避，要跳过去或者爬过去。*
>
> ——爱琳娜·马克思《弗里德里希·恩格斯》

恩格斯早就想去美国看看，一方面为了实地考察那里的工人运动和社会状况，一方面也为了看望老战友，结识新朋友，可是他一直未能如愿。1888年8月8日，在爱琳娜、艾威林和肖莱马的陪同下，恩格斯横渡大西洋去美国和加拿大旅行，实现了自己的夙愿。在旅行期间，他拜访了美国工人运动活动家弗·阿·左尔格，看望了美国社会主义者、《英国工人阶级状况》的英译者凯利－威士涅威茨基夫人。在同战友的交谈中，恩格斯了解了许多关于美国工人阶级及其政党的具体情况。他还抓紧时间考察了美国的社会状况和风俗民情，游览了北美的壮丽山川。1888年9月29日，恩格斯经过七个星期的越洋旅行，带着许多收获精力充沛地回到了伦敦。他在回顾这段经历时写道："我们的旅行是非常愉快、有趣和有益的。""旅行对我好处极大。我感到自己至少年轻了五岁。我的一切小毛病都消失了，眼睛也好转。我建议每一个感到自己体弱或者疲惫的人，都作横渡大洋的旅行"。（30-32）

---

30. 1888年9月4日恩格斯从尼亚加拉写给左尔格的信
31. 19世纪的纽约

我对美国很感兴趣；这个国家的历史并不比商品生产的历史更悠久，它是资本主义生产的乐土，应该亲眼去实际看一看。我们通常对它的概念是不真实的，就像任何一个德国小学生对法国的概念一样。我们还到了美国的尼亚加拉瀑布、圣劳伦斯河、阿德朗达克山脉和那里的一些小湖，观赏了许多美丽的风景。

——恩格斯1888年10月8日给康·施米特的信

32. 恩格斯观赏尼亚加拉瀑布（中国画）　　杨力舟　王迎春

19世纪80年代后期，欧美各国工人运动进一步发展壮大，科学社会主义思想在工人群众中得到广泛传播，加强无产阶级国际团结的呼声越来越高，这就为成立新的国际社会主义组织提供了有利条件。为防止机会主义分子夺取国际工人运动的领导权，恩格斯积极参与筹备国际社会主义工人代表大会。他语重心长地告诫同志们一定要牢牢掌握会议的方向，时刻铭记工人运动在艰苦斗争中积累的经验和教训，决不能为了眼前的利益而牺牲长远的目标。为了开好这次重要会议，恩格斯暂时放下编辑整理《资本论》第三卷的工作，"东奔西走，写许多信"；他亲自修改代表大会的通知书，并在报刊上对机会主义分子作了有力的揭露。国际社会主义工人代表大会于1889年7月14—20日在巴黎举行，出席代表大会的有欧洲和美洲22个国家的393位代表。正如恩格斯所指出的，这次代表大会的意义就在于："欧洲的各社会主义政党将在全世界面前显示出他们的同心同德"。这次会议的召开标志着第二国际的成立。由于恩格斯在理论上和策略上给予坚强指导，第二国际在成立时期明确表示要以马克思和恩格斯的学说为指针，并在它活动的前期坚持了马克思主义的正确方向。（33）

33. 1889年国际社会主义工人代表大会（油画）　　高虹

国际社会主义工人代表大会听取了各国社会主义政党的代表关于各自国家工人运动的报告；制定了国际劳工保护法的原则，通过了在法律上规定八小时工作日的要求；指出了实现工人要求的方法。代表大会着重指出了建立无产阶级政治组织的必要性和争取实现工人的政治要求的必要性；主张废除常备军，代之以普遍的人民武装。（34–35）

34. 1889年的巴黎
35. 1889年巴黎出版的《国际社会主义工人代表大会文件汇编》

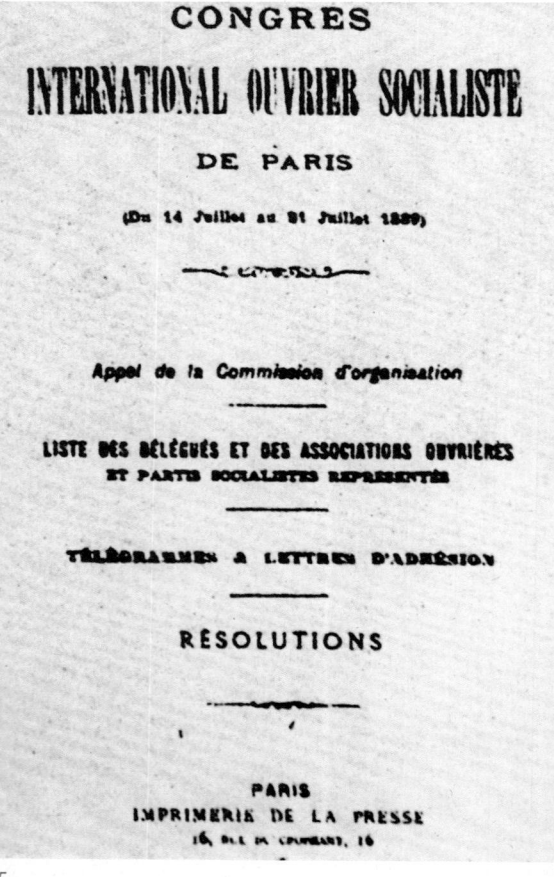

1889年国际社会主义工人代表大会决定,每年5月1日以"大规模的国际性游行示威"的方式,争取实行八小时工作制和劳动保护法,并反对剥削阶级的战争计划和战争煽动。从此,5月1日就成为国际无产阶级的节日。恩格斯积极支持并亲自参加庆祝五一节的活动。(36–41)

36. 检阅无产阶级的战斗力量——1890年5月4日恩格斯参加伦敦第一次举行的五一节示威活动(水粉画)　　杨克山

这里5月4日的示威真是规模宏大，甚至所有资产阶级报纸也不得不承认这一点。我是在第四号讲坛（一辆大货车）上面，环顾四周只能看到整个人群的五分之一或八分之一，但是在目力所及范围内，只见万头攒动，人山人海。有25万至30万人，其中四分之三以上是参加示威的工人。……不容置疑的是：工人们、资产者、老朽的工联首领们、许多政治的或社会的派别和小宗派的首领们，以及那些想利用运动从中渔利的沽名钓誉者、钻营家和文学家，现在都确实地知道：真正的群众性的社会主义运动已在5月4日开始了。……如果马克思能够活到这种觉醒的日子，那该有多好，他恰恰在英国这里曾经如此敏锐地注视过这种觉醒的最细致的征兆！最近两个星期以来我所感受到的喜悦是你们无法想象的。真是胜利辉煌。起初是德国的二月，然后是欧洲和美国的五一，最后是这一个四十年以来第一次再度响起了英国无产阶级的声音的星期天。我昂首走下了那辆旧货车。

——恩格斯1890年5月9日给奥·倍倍尔的信

> 今天的情景将会使全世界的资本家和地主看到：全世界的无产者现在真正联合起来了。
>
> ——恩格斯为《共产党宣言》1890年德文版写的序言

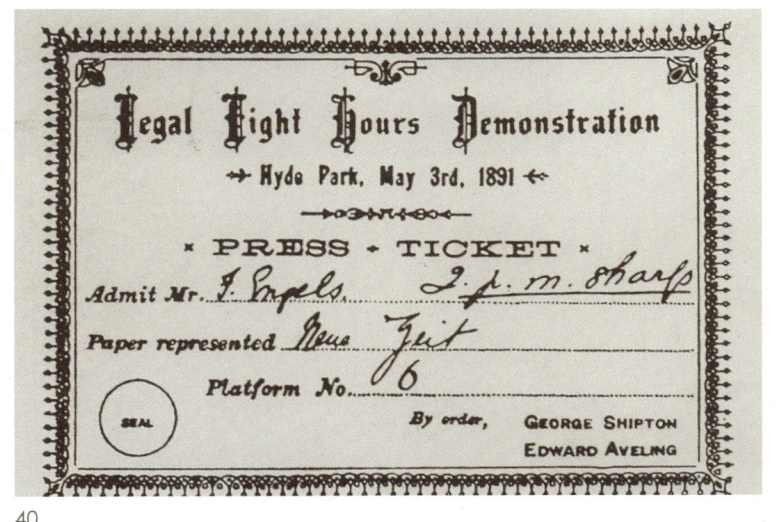

37. 1890年维也纳五一节游行
38. 1891年法国军队在富尔米市向五一节游行示威活动的群众开枪射击
39. 1893年德国汉堡举行五一节集会
40. 1891年5月3日伦敦海德公园示威游行集会时恩格斯上讲台的记者证
41. 1892年伦敦海德公园举行五一节游行活动，恩格斯和爱琳娜参加了此次活动。

没有谁比我更清楚地知道,这些荣誉大部分不应该归功于我,不应该算做我的功劳。我只是有幸来收获一位比我伟大的人——卡尔·马克思播种的光荣和荣誉。因此,我只能发誓,要以自己的余生积极地为无产阶级服务,以求今后尽可能不辜负给予我的那些荣誉。

——恩格斯《致〈柏林人民报〉编辑部》

恩格斯深受各国工人的敬重和爱戴,正如倍倍尔所说,他是"全世界有阶级觉悟的无产者所信任的国际伟人"。1890年11月28日是恩格斯七十寿辰,各国工人阶级政党纷纷表示祝贺,电报、信件如雪片般飞来,党的报刊上还专门发表了向恩格斯致敬的文章。恩格斯衷心感谢朋友和同志们的真挚关怀,并谦逊地把这一切荣誉都归于马克思。(42-43)

42. 德国索林根工人送给恩格斯的礼物。小刀上刻的字是:"献给尊敬的无产阶级战士弗·恩格斯。1890年。"
43. 祝寿(中国画) 陈光健

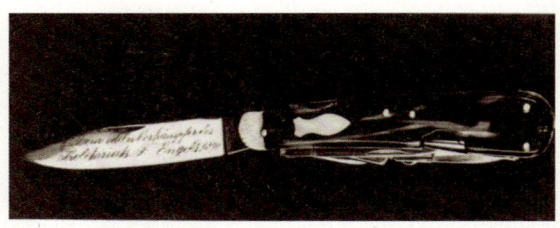

| 世界无产阶级的导师和顾问　257

19世纪90年代，欧洲各国工人党相继邀请恩格斯参加他们的代表大会，希望得到他的指导。恩格斯也打算前往大陆考察风起云涌的工人运动，亲身体验无产阶级力量的空前增强。（44–46）

---

44. 1891年奥地利艺术家亨利希·肖伊作的恩格斯版画肖像，肖像下方摘引了恩格斯的话："德国社会主义者以我们不仅继承了圣西门、傅立叶和欧文，而且继承了康德、费希特和黑格尔而感到骄傲。德国的工人运动是德国古典哲学的继承者。"这段话前一句引自恩格斯《社会主义从空想到科学的发展》序言，后一句引自恩格斯《路德维希·费尔巴哈和德国古典哲学的终结》。
45. 1890年匈牙利社会民主党邀请恩格斯参加该党代表大会的请柬
46. 1892年奥地利社会民主党邀请恩格斯参加该党代表大会的请柬

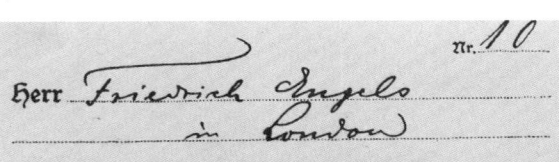

> 你们对我的热烈欢迎出乎我的意料,使我深受感动,我认为这不是为了我个人,我是作为那个肖像就挂在那上面的伟人(指马克思)的战友来接受它的。
>
> ——恩格斯1893年8月12日在苏黎世国际社会主义工人代表大会上的闭幕词

应奥古斯特·倍倍尔和维克多·阿德勒等人一再邀请,1893年8月1日至9月29日,恩格斯前往瑞士、奥地利和德国等地旅行,受到当地工人政党和工人群众的热烈欢迎。8月12日,恩格斯来到苏黎世,参加了第三次国际社会主义工人代表大会的最后一次会议并致闭幕词。恩格斯简略回忆了自马克思和他从事革命活动以来国际无产阶级力量发展壮大的历史,指出"从那时起,社会主义就从当时的小宗派发展成了一个使整个官方世界发抖的强大政党",阐明了同无政府主义进行坚决斗争的重大意义,谴责了机会主义分子,强调"为了不致蜕化成为宗派,我们应当容许讨论,但是必须始终不渝地遵守共同的立场"。(47-48)

47. 在苏黎世第三次国际社会主义工人代表大会上(油画)　何多苓

48. 恩格斯在苏黎世同克拉拉·蔡特金（左三）、奥古斯特·倍倍尔（右四）、爱德华·伯恩施坦（右一）等人聚会。

1893年9月4日,恩格斯由倍倍尔陪同前往维也纳。他在这里出席了欢迎他的集会,数千名工人群众聆听了恩格斯的演讲。面对奥地利、德国和其他国家的社会主义运动的巨大成就,恩格斯充满必胜的信念和豪情,他指出:"没有一个国家,没有一个大的国家,在那里社会民主党没有成为一支不容忽视的力量。现在全世界无论做什么事,都得顾及到我们。我们是一支令人畏惧的强大的力量,比其他强大的力量更能起决定作用。这使我感到骄傲!我们没有白活,我们能够自豪地、满意地回顾自己的事业。"(49-50)

---

49. 1893年9月22日奥地利社会民主党机关报《工人报》刊载的关于恩格斯演说的报道
50. 维也纳的环形大街

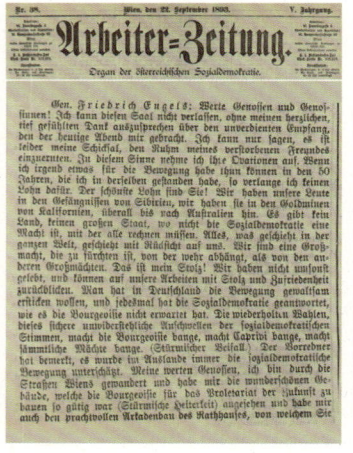

> 恩格斯从不计较他的荣誉,可是当他看到他播下的种子得到辉煌的成果时,他感到莫大的欢乐。在他的幸福酒杯里还有一滴苦酒,那就是马克思已经不在他身边和他一起共享这种美景了。
> ——弗兰茨·梅林《弗里德里希·恩格斯》

1893年9月16日,恩格斯到达柏林,在火车站受到威廉·李卜克内西、卡尔·李卜克内西父子和理查·费舍等人的热情欢迎。(51)

51. 在柏林火车站(油画)　马常利

> *谁为无产阶级事业这么全心全意地尽了责任，作出了这么大的贡献，我们就应该钦佩谁，感谢谁。……我们感谢我们的恩格斯。*
> ——威廉·李卜克内西1893年9月22日在柏林社会民主党人大会上的演说

1893年9月22日，德国社会民主党举行大会欢迎恩格斯，出席者约有4000人。恩格斯在发表演说时再次强调，他只把对他的欢迎看做是对一个伟人的同事和战友，对卡尔·马克思的斗争中的同志的接待。他回顾了德国工人运动和德国社会民主党力量发展壮大的历程，指出德国工人阶级政党由于具有"冷静的头脑、严格的纪律和蓬勃的朝气"，必将"从胜利走向胜利"。（52-57）

---

52. 1893年9月17日《前进报》发表的欢迎恩格斯来到柏林的文章
53. 德国社会民主党欢迎恩格斯的大会的请柬
54. 德国社会民主党欢迎恩格斯的大会的节目单
55. 德国社会民主党欢迎恩格斯的大会的入场券

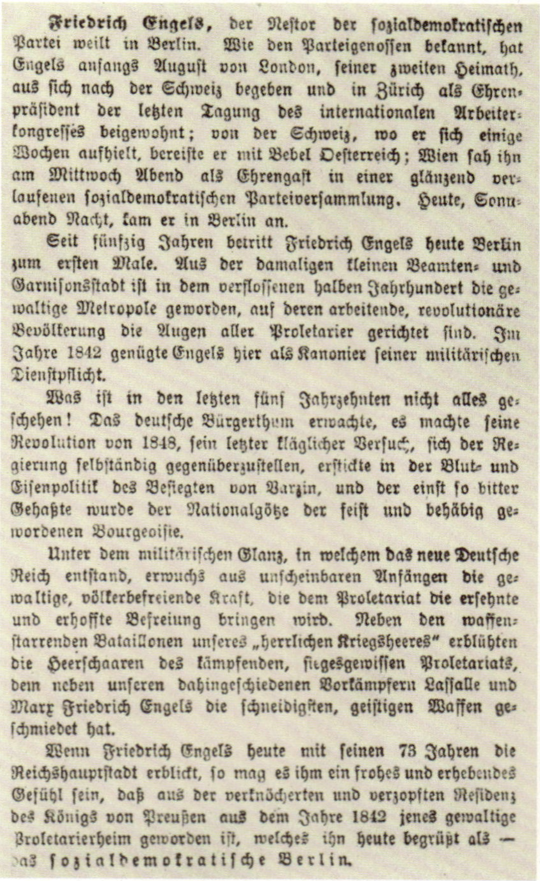

在我这次的旅行中，我已经看到，德国的经济状况有了多大的转变。在上一代，德国是个农业国，三分之二的居民是农村居民；现在它已是个头等的工业国，整个莱茵河两岸，从荷兰边境到瑞士边境，在任何一个角落都可以看到突突冒烟的工厂烟囱。初看起来，仿佛这只是和资本家有关系的事。但是资本家在发展工业时不仅造出剩余价值，他们还造出无产者，他们使中等阶层——小资产阶级和小农破产，他们使资产阶级同无产阶级之间的阶级对抗达到极点；而谁造出无产者，他也就造出社会民主党人。资产阶级对社会民主党在每一次新的帝国国会选举中获得的票数不可遏止地增长感到震惊，他们问道：这是怎么回事？要是他们稍微聪明一点，他们本来应该知道，这是他们亲手造成的！

——恩格斯1893年9月22日在柏林社会民主党人大会上的演说

56. 1893年10月1日《柏林画报》上刊载的恩格斯在德国社会民主党人大会上发表演说的图片
57. 1893年9月26日警察当局关于社会民主党议员欢迎恩格斯的宴会的报告

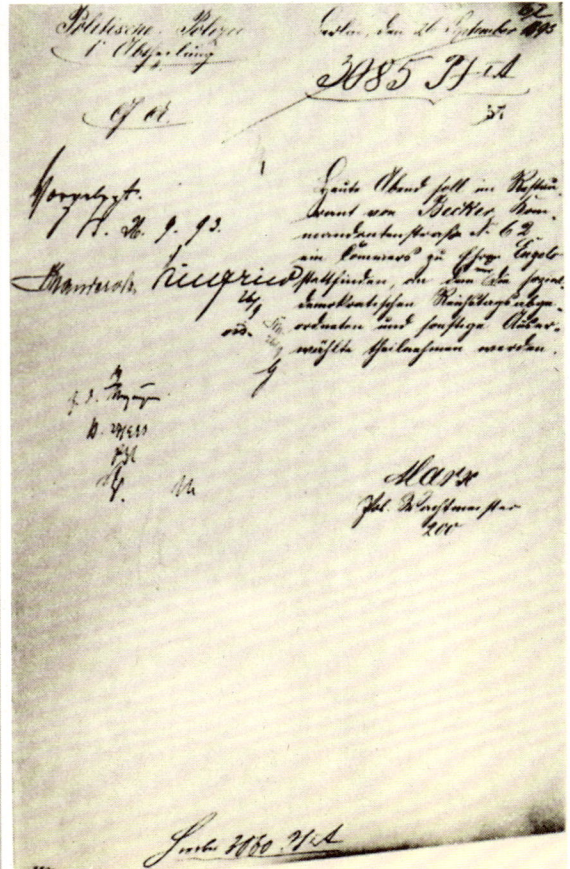

恩格斯不仅为指导各国工人政党和国际工人运动殚精竭虑，而且为捍卫和发展马克思主义呕心沥血。他在晚年写的许多著作和书信中阐发了一系列新思想和新观点，丰富了马克思主义理论宝库。（58）

58. 在新形势下捍卫和发展马克思主义（木刻）　李焕民

1886 年初，恩格斯为了回击资产阶级学者对马克思主义哲学的攻击，批驳他们对马克思主义哲学与德国古典哲学之间关系的歪曲，写了《路德维希·费尔巴哈和德国古典哲学的终结》，发表在《新时代》1886 年第 4 年卷第 4、5 期。恩格斯回顾了马克思主义哲学形成和发展的历史过程，阐述了马克思主义哲学同德国古典哲学，主要同黑格尔辩证法和费尔巴哈唯物主义的批判继承关系和本质区别，全面论述了辩证唯物主义和历史唯物主义的基本原理，阐明马克思主义哲学的诞生在哲学领域引起的革命变革。恩格斯第一次指出，全部哲学的基本问题是思维和存在的关系问题，哲学家们依照对思维和存在、精神和物质何者为本原的问题的不同回答而分成唯心主义和唯物主义两大阵营。他还论述了哲学基本问题的另一方面即思维能否认识客观世界的问题，用实践观点批判了不可知论。恩格斯系统地论述了历史发展的动力、经济基础的决定作用和上层建筑的反作用、人民群众是历史的创造者等历史唯物主义的基本原理，正如他自己所说，他在《反杜林论》和《路德维希·费尔巴哈和德国古典哲学的终结》"这两部书里对历史唯物主义作了就我所知是目前最为详尽的阐述"。（59）

---

59. 《新时代》1886 年第 4 年卷第 4、5 期上连载的《路德维希·费尔巴哈和德国古典哲学的终结》

马克思和恩格斯最坚决地捍卫了哲学唯物主义,并且多次说明,一切离开这个基础的倾向都是极端错误的。在恩格斯的著作《路德维希·费尔巴哈》和《反杜林论》里最明确最详尽地阐述了他们的观点,这两部著作同《共产党宣言》一样,都是每个觉悟工人必读的书籍。

——列宁《马克思主义的三个来源和三个组成部分》

1888年《路德维希·费尔巴哈和德国古典哲学的终结》在斯图加特出版单行本,恩格斯写了序言,强调撰写本书的目的是实现他和马克思多年的愿望,"把我们同黑格尔哲学的关系,我们怎样从这一哲学出发又怎样同它脱离,作一个简要而又系统的阐述"。在该书附录中,恩格斯第一次发表了马克思在1845年写的《关于费尔巴哈的提纲》,称它是"包含着新世界观的天才萌芽的第一个文献"。(60–61)

---

60. 1888年出版的《路德维希·费尔巴哈和德国古典哲学的终结》单行本的扉页
61. 马克思《关于费尔巴哈的提纲》的手稿片断

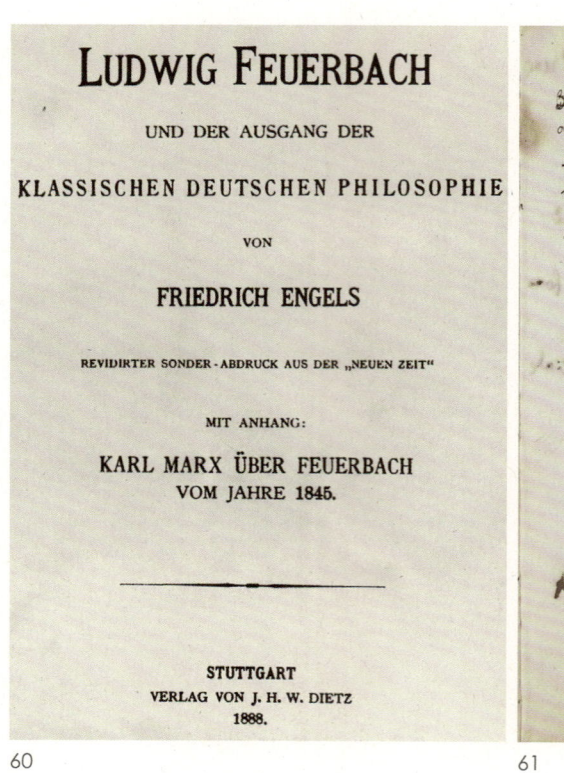

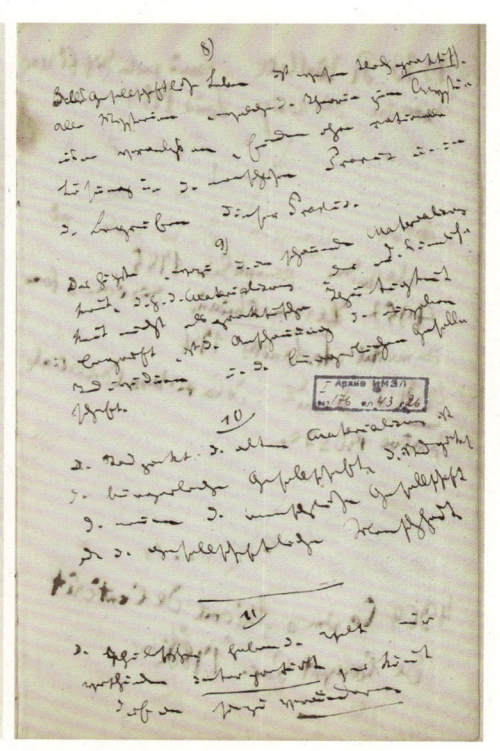

> 在这个时候，在西方强大的社会主义工人政党已经成长起来了。二月革命时代模糊的预感和憧憬已经明朗化，扩展、深化成为能满足一切科学要求并包含有明确具体要求的纲领；……为了夺取政权，这个政党应当首先从城市走向农村，应当成为农村中的一股力量。
>
> ——恩格斯《法德农民问题》

马克思和恩格斯一贯重视农民问题，把农民视为工人阶级在推翻资本主义制度斗争中的可靠同盟军。1894年11月，恩格斯针对法、德工人阶级政党内部在农民问题上的争论，写了《法德农民问题》，批判了法、德两党内部在农民问题上的错误观点，强调农民作为工人的同盟军对无产阶级革命事业的重要作用，为无产阶级政党制定了在夺取政权的斗争中争取农民支持和在革命胜利后引导农民走社会主义道路的方针。恩格斯强调指出，无产阶级政党在取得政权后决不能用暴力去剥夺小农，而应当通过示范和提供社会帮助把他们的私人生产和私人占有变为合作社的生产和占有；对有雇工剥削行为的大农和中农也不能实行剥夺，而要把他们联合为合作社，以便在合作社内部消除对雇佣劳动的剥削；对于大土地所有者则实行剥夺。在这篇文章中，恩格斯还着重阐述了科学社会主义的基本原则，指出社会主义的任务就在于把生产资料转交给生产者公共占有，因此共产党人必须以无产阶级所拥有的一切手段来为生产资料转为公共占有而斗争。（62）

62.《新时代》1894—1895年第13年卷第1册第10期发表的《法德农民问题》

> 对德国的许多青年著作家来说，"唯物主义"这个词大体上只是一个套语，他们把这个套语当做标签贴到各种事物上去，再不作进一步的研究，就是说，他们一把这个标签贴上去，就以为问题已经解决了。但是我们的历史观首先是进行研究工作的指南，并不是按照黑格尔学派的方式构造体系的杠杆。必须重新研究全部历史，必须详细研究各种社会形态的存在条件，然后设法从这些条件中找出相应的政治、私法、美学、哲学、宗教等等的观点。
>
> ——恩格斯1890年8月5日给康·施米特的信

19世纪90年代前后，德国出现了一股把马克思主义庸俗化、教条化的思潮，资产阶级学者和德国社会民主党内的"青年派"从不同角度对历史唯物主义进行攻击和歪曲。为了回击这股思潮，恩格斯写了一系列书信，在批判错误观点的过程中着重论述了唯物史观的方法论原则；在坚持唯物史观的基本前提下强调历史辩证法的意义；在论述经济基础与上层建筑的辩证关系时既明确指出了经济基础的决定性作用，又深刻阐述了上层建筑各种因素的相对独立性以及它们对经济基础的反作用，还提出了推动历史发展的社会生活诸因素的"合力"论。他阐明了对马克思主义的科学态度，指出马克思主义不是教条，而是行动的指南，不应当把历史唯物主义当做"标签"和"套语"，而应当结合实际科学地研究和运用这个理论。

与此同时，恩格斯运用历史唯物主义的发展观，提出了研究未来社会主义社会的方法论原则。在1890年8月21日给奥·冯·伯尼克的信中，恩格斯精辟地指出："我认为，所谓'社会主义社会'不是一种一成不变的东西，而应当和任何其他社会制度一样，把它看成是经常变化和改革的社会。"在恩格斯看来，未来的社会主义社会是一个充满辩证运动的有机体，改革始终是社会主义事业前进的动力。这一观点丰富了历史唯物主义和科学社会主义理论宝库，具有重要的指导意义。（63-64）

63. 恩格斯给弗里德里希·阿道夫·左尔格、弗洛伦斯·凯利－威士涅威茨基、保尔·恩斯特、康拉德·施米特、约瑟夫·布洛赫、弗兰茨·梅林和瓦尔特·博尔吉乌斯的信

64. 恩格斯在工作（素描）　茹科夫

> 现在重新呈献给德国读者的这本书,最初是在1845年夏天出版的。这本书无论在优点方面或缺点方面都带有作者青年时代的痕迹。那时我是24岁。现在我的年纪相当于那时的三倍,但是当我重读这本青年时期的著作时,发现它毫无使我羞愧的地方。
>
> ——恩格斯《英国工人阶级状况》1892年德文第二版序言

为了适应马克思主义理论传播和工人阶级政党建设的需要,恩格斯在晚年重新出版了马克思和他本人的一些重要著作。在为这些再版的著作撰写的序言、导言和跋中,他总结了马克思主义理论在斗争实践中形成和发展的历史经验,论述了相关著作的理论价值和现实意义,批驳了资产阶级的种种诬蔑和攻击,进一步阐发了无产阶级革命和无产阶级专政的基本理论;他还根据资本主义发展的新情况和工人运动的新经验,及时提出新的理论判断和新的策略原则,不断丰富科学社会主义思想宝库。(65—68)

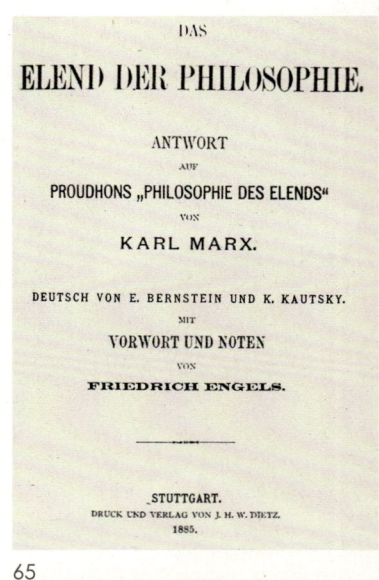

65. 《哲学的贫困》1885年德文版,恩格斯校订译文并写了序言。

66. 《资本论》第1卷1887年英文版,恩格斯校订译文并写了序言。

67. 《雇佣劳动与资本》1891年德文版,恩格斯写了导言。

68. 《英国工人阶级状况》1892年德文第2版,恩格斯写了序言。

> 一切社会变迁和政治变革的终极原因,不应当到人们的头脑中,到人们对永恒的真理和正义的日益增进的认识中去寻找,而应当到生产方式和交换方式的变更中去寻找;不应当到有关时代的哲学中去寻找,而应当到有关时代的经济中去寻找。
>
> ——恩格斯《社会主义从空想到科学的发展》

恩格斯在《社会主义从空想到科学的发展》1892年英文版导言中论述了唯物主义和宗教、唯物史观和唯心史观之间斗争的社会背景和阶级实质,揭露了不可知论妄图调和唯物主义和唯心主义的本质,用自然科学的成就论证了世界的可知性,阐明了认识来源于实践并受实践检验这一马克思主义认识论的基本原理。恩格斯用"历史唯物主义"一词表述唯物史观,指出:"这种观点认为,一切重要历史事件的终极原因和伟大动力是社会的经济发展,是生产方式和交换方式的改变,是由此产生的社会之划分为不同的阶级,是这些阶级彼此之间的斗争。"(69—70)

---

69. 《社会主义从空想到科学的发展》1892年英文版简名页,上面有恩格斯赠书给左尔格的题词。
70. 《社会主义从空想到科学的发展》1892年英文版扉页和恩格斯写的导言

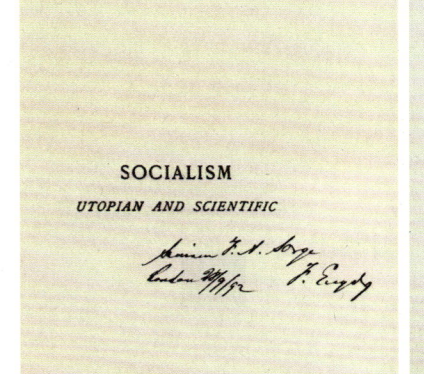

> 革命权是唯一的真正"历史权利"——是所有现代国家无一例外都以它为基础建立起来的唯一权利。
> ——恩格斯《卡·马克思〈1848年至1850年的法兰西阶级斗争〉一书导言》

《卡·马克思〈1848年至1850年的法兰西阶级斗争〉一书导言》是恩格斯根据资本主义新变化和工人运动新经验撰写的论述无产阶级政党革命斗争策略思想的重要著作。在导言中，恩格斯详细具体地分析了1848年以来欧洲的经济社会发展状况，强调无产阶级政党应当根据变化了的条件制定符合新的形势要求的新的斗争策略。他充分肯定德国社会民主党利用普选权取得的成就，指出：在德国工人那里，普选权从历来的欺骗手段变成了解放手段，普选权成为无产阶级的一种崭新的斗争方式，应当利用普选权这一合法斗争形式为未来的决战积蓄和准备力量。他同时告诫无产阶级决不能放弃革命暴力，决不能放弃革命权。恩格斯的这一鲜明观点，对于工人阶级政党把握斗争方向、坚持革命原则、防止错误倾向起了极为重要的作用。（71-72）

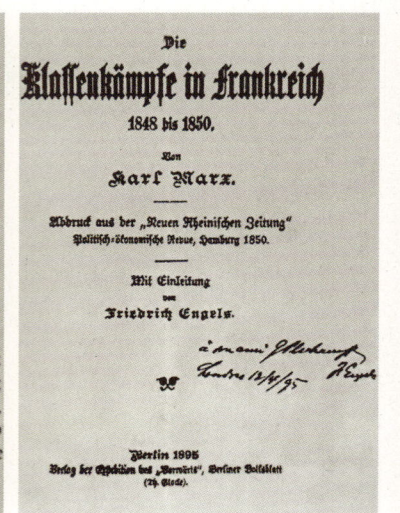

71. 《新时代》1894—1895年第13年卷第2册发表的恩格斯为马克思《1848年至1850年的法兰西阶级斗争》写的导言
72. 《1848年至1850年的法兰西阶级斗争》1895年德文版扉页，上面有恩格斯赠书给格·瓦·普列汉诺夫的题词。

> 我倒是有一个计划：把马克思和我的小文章以全集形式重新献给读者，并且不是陆续分册出版，而是一下子出齐若干卷。……像《神圣家族》、《福格特先生》等这样的书，分成两个印张左右的分册出版，是绝对不行的。这样读书不能使读者有任何收获，这种支离破碎的阅读只会使人莫名其妙。
>
> ——恩格斯1895年4月15日给理·费舍的信

马克思逝世后，恩格斯一直怀有一个心愿，那就是撰写一部完整的马克思传记，同时将马克思和他自己的著作结集出版。然而由于肩负的任务过于繁重，恩格斯未能实现这个愿望。尽管如此，他还是进行了大量的工作。他收集了丰富的文献资料，撰写了介绍马克思生平事业的文章，例如《卡尔·马克思》、《马克思与〈新莱茵报〉》、《关于共产主义者同盟的历史》等，整理并开列了马克思和他本人的著作清单。恩格斯所做的这些工作为后人研究马克思主义发展史和国际共产主义运动史提供了最重要的依据。（73-74）

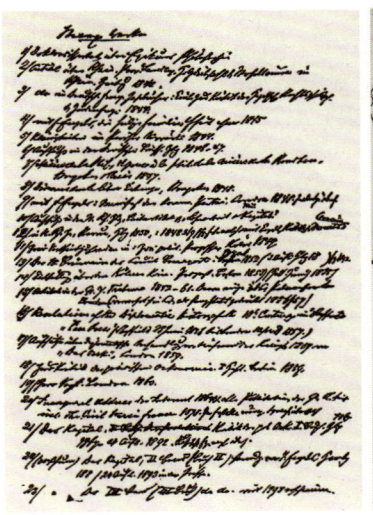

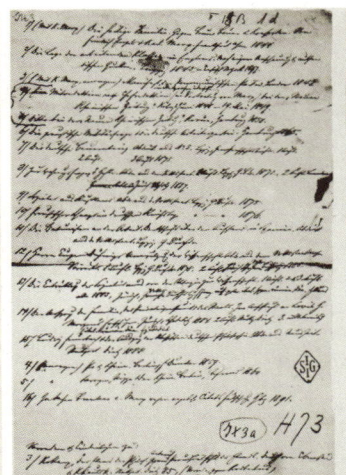

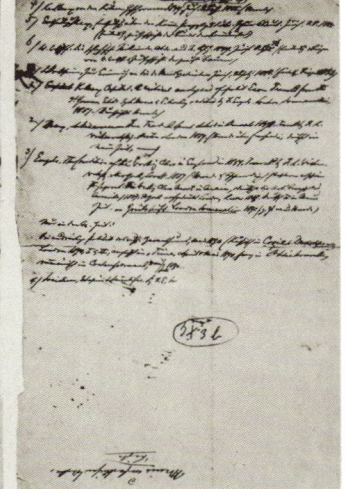

---

73. 恩格斯1892年开列的马克思著作的清单
74. 恩格斯1889—1892年开列的他写的著作、序言和导言的清单

我要观察欧洲五个大国和许多小国运动的情况，还有美国运动的情况。为此我收到的日报有：德国的三份、英国的两份、意大利的一份，从1月1日起还有一份维也纳的报纸，总共七份日报。我收到的周报有：德国的两份，奥地利的七份，法国的一份，美国的三份（两份是英文的，一份是德文的），意大利的两份，以及波兰、保加利亚、西班牙和捷克的各一份，这几种文字中有三种我现在还在逐步掌握。除此之外还有各种各样的来访者……还有越来越多的通讯员（比国际时期还要多！），其中许多人都希望得到详细的说明，这都要占去时间。

——恩格斯1894年12月17日给劳拉·拉法格的信

75. 恩格斯（1891年）

我的状况是：74岁了，我开始感觉到这一点，而工作之多需要两个40岁的人来做。真的，如果我能够把自己分成一个40岁的弗·恩格斯和一个34岁的弗·恩格斯，两人合在一起恰好74岁，那么一切都会很快就绪。但是在现有的条件下我所能做的，就是继续我现在的工作，并尽可能做得多些好些。

——恩格斯1894年12月17日给劳拉·拉法格的信

恩格斯作为伟大的战士和学者真正做到了生命不息、战斗不止。他顽强地克服疾病带来的痛苦，抓紧一切时间工作，努力为无产阶级解放事业多作贡献。（75–78）

76. 恩格斯的起居室
77. 恩格斯1894年10月至逝世前在伦敦居住的房子（瑞琴特公园路41号）
78. 路易莎·考茨基（1860—1950），奥地利社会主义者，卡尔·考茨基的第一个妻子，1890年后担任恩格斯的秘书并协助料理家务。

1895年春，恩格斯罹患食道癌，备受病痛的折磨，但他在工作和生活中依然充满活力和乐观精神。6月，他去伊斯特本海滨疗养，希望身体状况能够得到好转，没有想到病情却进一步恶化。即使在这种情况下，恩格斯仍然坚持工作，密切关注国际政治形势的发展，满腔热情地和战友们共同推进工人运动。1895年1—7月，恩格斯至少写了80余封信。在这些信中，他不仅论述了欧美各国工人阶级斗争的方向和策略，而且阐明了一系列重要的理论问题。（79）

79. 1895年6月恩格斯到伊斯特本海滨疗养（油画）　　汤小铭

尽管病情日益严重，恩格斯仍然有条不紊、从容不迫地处理日常工作，同时冷静地为身后事做好准备。1893年7月29日，恩格斯曾写下遗嘱；1895年7月26日，他又对遗嘱作了补充。他嘱咐将马克思的著作手稿和信件交给爱琳娜·马克思；将他本人的藏书、手稿和信件遗赠给德国社会民主党，并将他的大部分财产留给马克思的后人。1894年11月14日，恩格斯在给他的遗嘱执行人的信中写道："我至望将我的遗体火化，而我的骨灰，一有可能就把它沉于海中。"（80-82）

---

80. 恩格斯1893年7月29日写的遗嘱
81. 恩格斯1894年11月14日给劳拉和爱琳娜的信，信中对他的遗嘱作了说明。
82. 恩格斯1895年7月23日给劳拉的信，这是恩格斯的最后一封亲笔信。

我们失去了一位思想界的伟人,失去了和马克思一起奠定科学社会主义基础并以社会主义策略教导无产阶级的人,失去了在24岁时就为我们写出《英国工人阶级状况》这一经典著作的人,失去了《共产党宣言》的合著者、帮助马克思组织国际工人协会的马克思的第二个"我",失去了《反杜林论》这部深刻透彻的、每个有思想的人都能理解的科学百科全书的作者,失去了《家庭的起源》和许多其他著作、文集、论文的作者,我们永远失去了我们的朋友、忠告者、领袖和战士。

……

凡是在有觉悟的工人阶级生活和斗争的地方,他的精神是永垂不朽的。

——威廉·李卜克内西《忆恩格斯》

1895年8月5日晚10时30分,国际无产阶级的伟大导师恩格斯与世长辞。(83-84)

83. 恩格斯生前最后的照片(1893年)
84. 恩格斯的死亡证

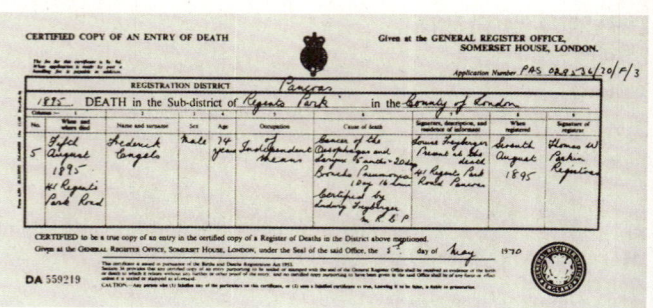

| 世界无产阶级的导师和顾问　279

你给我们指出了战斗的场所，你给了我们武器和口号。我们将斗争下去，我们一定会胜利！
　　　　　　　——保尔·拉法格在恩格斯追悼会上的讲话

他既是指路人，又是带路人，既是领袖，又是战士。在他身上体现出了理论与实践的结合。
　　　　　　　——威廉·李卜克内西在恩格斯追悼会上的讲话

1895年8月10日，恩格斯的追悼会在伦敦威斯敏斯特的滑铁卢车站大厅举行。威·李卜克内西、奥·倍倍尔和保·拉法格等在追悼会上讲话。（85）

85. 悼念一代伟人（油画）　　闻立鹏

> 1895年新历8月5日（7月24日），弗里德里希·恩格斯在伦敦与世长辞了。在他的朋友卡尔·马克思（1883年逝世）之后，恩格斯是整个文明世界中最卓越的学者和现代无产阶级的导师。自从命运使卡尔·马克思和弗里德里希·恩格斯相遇之后，这两位朋友的毕生工作，就成了他们的共同事业。
> ——列宁《弗里德里希·恩格斯》

恩格斯逝世后，欧美各国无产阶级为失去伟大导师而感到万分悲恸，决心继承恩格斯的遗志，把马克思和恩格斯开创的事业继续推向前进。列宁在恩格斯逝世后不久撰写的悼念文章中回顾了恩格斯的光辉一生，阐述了他的理论贡献，高度评价了他为无产阶级解放事业而斗争的不朽功绩。（86–87）

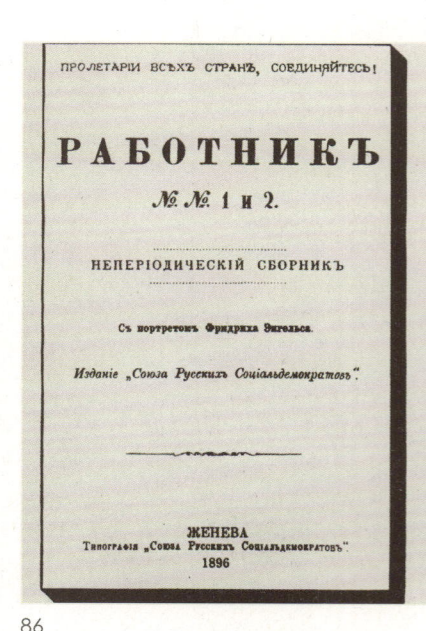

86. 列宁于1895年9月写的悼念恩格斯的文章《弗里德里希·恩格斯》，载于俄国《工作者》文集1896年第1—2期合刊。
87. 各国社会主义报刊刊登的悼念恩格斯的文章

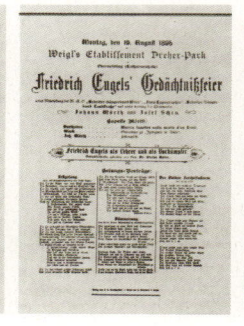

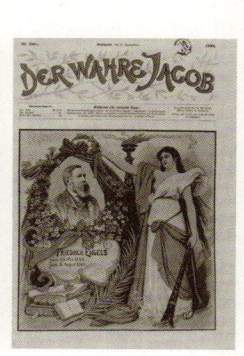

1895年9月27日，爱琳娜·马克思、弗·列斯纳、爱·伯恩施坦和爱·艾威林遵照恩格斯的遗愿，在伊斯特本海岸把恩格斯的骨灰罐投入大海。（88-89）

88. 伊斯特本海滨

马克思和恩格斯对工人阶级的功绩，可以这样简单地来表达：他们教会了工人阶级自我认识和自我意识，用科学代替了幻想。

正因为如此，恩格斯的名字和生平，是每个工人都应该知道的。

——列宁《弗里德里希·恩格斯》

89. 英名长存（中国画） 郭全忠

第十章
马克思恩格斯著作在中国的传播

　　马克思主义诞生于 19 世纪 40 年代。这一时期，中国刚刚经历了鸦片战争，深受封建王朝和西方列强双重压迫的中国人民开始为探寻民族复兴之路而进行艰辛的求索。直到 19 世纪末、20 世纪初，中国人民才零星地了解马克思恩格斯的著作。1917 年俄国十月革命胜利后，马克思恩格斯的学说开始在中国广泛传播，正如毛泽东同志所说："十月革命一声炮响，给我们送来了马克思列宁主义。""这时，也只是在这时，中国人从思想到生活，才出现了一个崭新的时期。"中国共产党从成立时起就把马克思列宁主义作为指导思想，在革命、建设和改革的伟大历程中，始终坚持把马克思主义基本原理同中国实际相结合，创造性地运用和发展马克思主义，逐步形成了马克思主义中国化的科学理论成果——毛泽东思想、邓小平理论、"三个代表"重要思想、科学发展观、习近平新时代中国特色社会主义思想，为党和人民事业发展提供了既一脉相承，又与时俱进的理论指导。习近平新时代中国特色社会主义思想是马克思主义中国化的最新成果，是当代中国马克思主义、21 世纪马克思主义。在马克思主义科学真理指导下，我们这个东方文明古国发生了翻天覆地的巨变。习近平总书记指出："马克思主义不仅深刻改变了世界，也深刻改变了中国。"

　　中国共产党历来十分重视马列主义经典著作的编译出版。党成立后，立即组织力量推进这项意义重大而又十分艰巨的工作。在反动政府统治下，我们党的马克思主义理论工作者和一批进步知识分子克服重重困难，甚至冒着生命危险，编译出版了各种重要的经典著作，为传播真理之火作出了极其宝贵的贡献。1938 年，党中央在延安组建了第一个经典著作编译机构，有力地推动了马克思列宁主义的传播。新中国成立前，公开出版的马列主义经典著作中文译本已达 530 余种，马克思恩格斯的最重要的著作大多译成了中文，这为我们党领导人民革命事业走向胜利提供了强大的思想武器。

　　新中国成立后，党中央于 1953 年 1 月决定成立中共中央马克思恩格斯列宁斯大林著作编译局，以便有系统有计划地翻译马克思、恩格斯、列宁、斯大林的全部著作。这一决定标志着马克思主义经典著作在中国的传播进入了一个全新的历史阶段，表明我们党旗帜鲜明地把马克思主义作为立国之本。中央编译局成立后，根据党中央的决定，立即启动并有序推进《马克思恩格斯全集》、《列宁全集》和《斯大林全集》编译工程。从 20 世纪 50 年代到 70 年代，完成了《马克思恩格斯全集》第一版第 1—39 卷的编译工作。此外还编译了《马克思恩格斯选集》第一版以及各种单行本和专题读本。这些著作由人民出版社出版并大量发行，其中的重要著作还被翻译成少数民族文字出版。这些重要举措为广大人民群众学习和研究马克思主义基本理论提供了基础文本，对推进党的思想理论建设发挥了重要作用。

　　党的十一届三中全会开启了中国改革开放和社会主义现代化建设的历史新时期。马克思主义经典著作编译出版事业也出现了崭新局面。中央编译局在完成《马克思恩格斯全集》第一版补卷第40—50卷编译出版任务之后，根据党中央的决定于1986年7月开始编译《马克思恩格斯全集》第二版；在此期间还编译了《马克思恩格斯选集》第二版以及《马克思列宁主义文库》。2004年，党中央为进一步加强思想理论建设，巩固马克思主义在意识形态领域的指导地位，决定实施马克思主义理论研究和建设工程，并把编译十卷本《马克思恩格斯文集》和五卷本《列宁专题文集》列为理论工程的重点项目。2009年底，由中央编译局编译的两部文集正式出版。这两部文集选文精当、译文准确、资料翔实，是马克思主义理论研究和建设工程的标志性成果，是广大干部群众学习马克思主义经典著作的权威性教材，对于推进马克思主义中国化、时代化、大众化具有重要意义。

"实践发展永无止境，我们认识真理、进行理论创新就永无止境。"党的十八大以来，以习近平同志为核心的党中央高举马克思主义伟大旗帜，开辟了马克思主义中国化和中国特色社会主义的新境界。在实现中华民族伟大复兴的新征程中，马克思主义真理日益彰显出强大的生命力。马克思主义经典著作的编译工作也与时俱进，不断取得新成果。《马克思恩格斯全集》第二版编译工作扎实推进，迄今已出版31卷；《马克思恩格斯选集》第三版顺利出版；《马列主义经典作家文库》以崭新的面貌陆续问世。

党的十九大为马克思主义理论研究和建设指出了更加明确的方向。习近平总书记强调，马克思主义始终是我们党和国家的指导思想，是我们认识世界、把握规律、追求真理、改造世界的强大思想武器。他指出："要加大经典著作编译力度，坚持既出成果又出人才，培养一支新时代马克思主义经典著作编译骨干队伍。要深化经典著作研究阐释，推进经典著作宣传普及，不断推出群众喜闻乐见、贴近大众生活的形式多样的理论宣传作品，让理论为亿万人民所了解所接受，画出最大的思想同心圆。"习近平总书记的重要论述，是做好新时代经典著作编译和理论宣传普及工作的根本遵循。2018年3月，遵照党中央指示和统一部署，中央党史研究室、中央文献研究室和中央编译局职责整合，组建中央党史和文献研究院。机构的改革进一步凝聚了资源力量，彰显了综合优势，使马克思主义经典著作编译事业增添了新的动力、呈现出新的风貌。面对新形势新要求，经典著作编译工作者深入学习贯彻习近平新时代中国特色社会主义思想，发扬优良传统，积极开拓创新，扎实推进经典著作各种版本的编译或修订工作，不断完善版本体系，促进版本升级，回应实践需求，努力为中国特色社会主义建设事业作出新贡献。

01. 为人类工作（雕塑） 潘鹤

> 十月革命一声炮响,给我们送来了马克思列宁主义。
> ——毛泽东《论人民民主专政》

20世纪初,半殖民地半封建的中国灾难日益深重。一批爱国的先进分子努力向西方学习,以寻找救国救民之道。他们当中的一些人在介绍欧洲各种社会主义学说时,也零星介绍了马克思和恩格斯的思想。1917年俄国十月革命的伟大胜利,在中国的先进分子中迅速激起对马克思主义的热烈向往。在十月革命的鼓舞下,随着工人运动的兴起和五四运动的爆发,马克思主义开始在中国广泛传播,成为中国人民彻底改变中华民族命运、实现民族复兴的强大思想武器。(02)

02. 在全俄苏维埃第二次代表大会上(油画) 谢罗夫

五四运动前后，以陈独秀、李大钊、毛泽东等为代表的先进分子相继组织马克思主义研究团体和共产主义小组，创办报纸杂志，介绍俄国十月社会主义革命的伟大成就，积极传播马克思列宁主义理论。（03-09）

03. 马克思列宁主义在中国的早期传播者、中国共产党创始人之一陈独秀（1879—1942）
04. 陈独秀创办并主编的《青年杂志》（一年后改名为《新青年》）封面
05. 马克思列宁主义在中国的早期传播者、中国共产党创始人之一李大钊（1889—1927）
06. 李大钊主持的马克思学说研究会的办公室和图书室（当时被称为"亢慕义斋"。"亢慕义"为英文Communism的音译，意为"共产主义"。）
07. 载有李大钊《我的马克思主义观》的《新青年》杂志

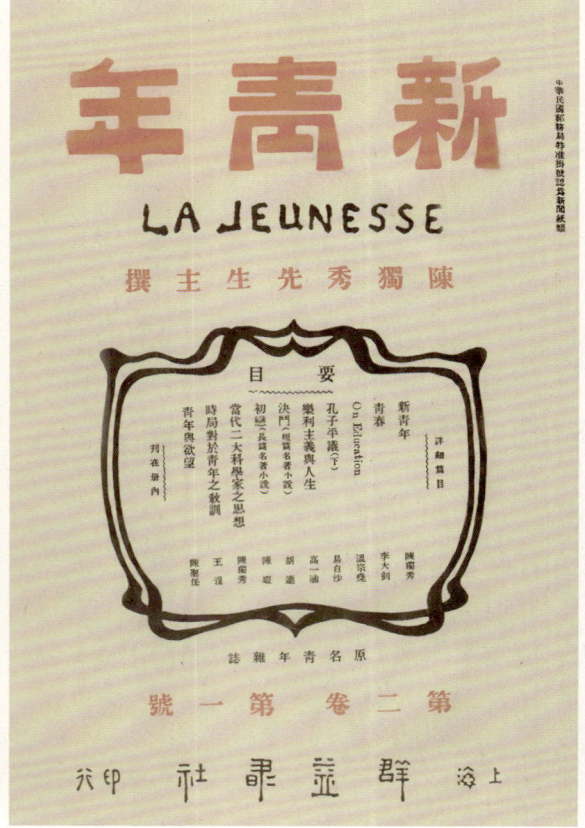

| 马克思恩格斯著作在中国的传播　289

试看将来的环球，必是赤旗的世界！
——李大钊《BOLSHEVISM 的胜利》

05

06

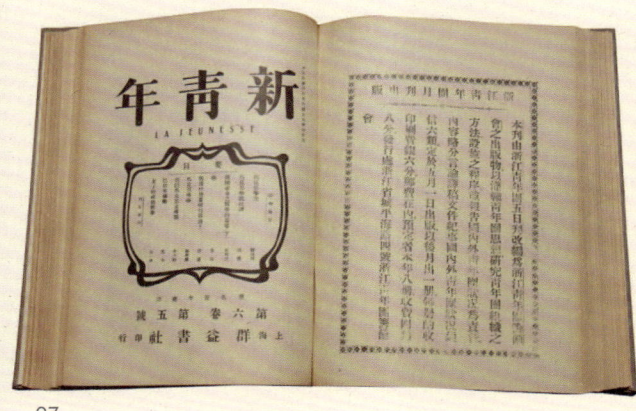

07

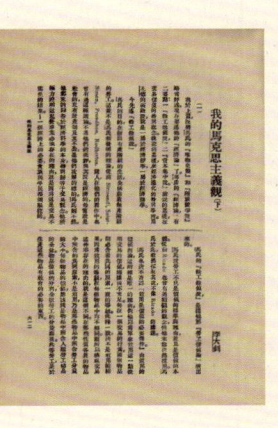

自从中国人学会了马克思列宁主义以后，中国人在精神上就由被动转入主动。从这时起，近代世界历史上那种看不起中国人，看不起中国文化的时代应当完结了。

——毛泽东《唯心历史观的破产》

08. 马克思列宁主义在中国的早期传播者、中国共产党创始人之一毛泽东（1893—1976）

09. 毛泽东主编的《湘江评论》

1920年8月，上海共产主义小组成员陈望道翻译的《共产党宣言》正式出版发行，这是《共产党宣言》在中国的第一个全译本，也是马克思恩格斯著作在中国出版的第一个单行本。(10-11)

10. 1920年8月出版的《共产党宣言》中译本（书名错印为《共党产宣言》）
11. 陈望道（1891—1977）

12. 中国共产党第一次全国代表大会会址

　　1921年7月，中国共产党成立。自成立之日起，中国共产党就把马克思列宁主义作为指导思想。1921年9月，党在上海创建了第一个出版机构——人民出版社，由党中央宣传主任李达负责。该社成立后首先确定出版《马克思全书》和《列宁全书》。1923年11月又成立了上海书店，并以此为中心在全国建立了传播马列著作和革命书籍的发行网。（12—17）

13. 党的第一个出版机构——人民出版社旧址（原上海南成都路辅德里625号）
14. 李达（1890—1966）
15. 《马克思全书》第二种：《工钱劳动与资本》，今译《雇佣劳动与资本》。
16. 党的第二个出版发行机构——上海书店旧址（原上海南市小北门民国路振业里11号）
17. 《马克思全书》目录

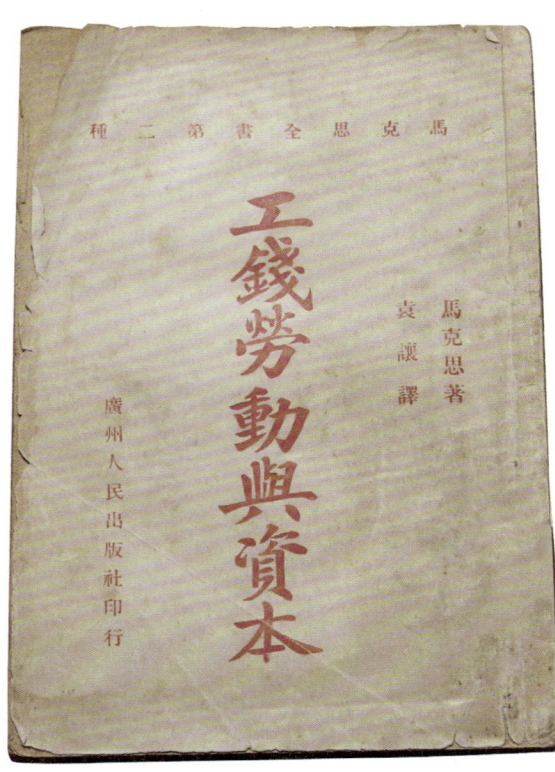

20世纪20—30年代，在国民党反动统治的白色恐怖时期，进步书刊遭到疯狂查禁。我们党克服重重困难，组织力量编译出版了马克思恩格斯的数十种重要著作。不少进步知识分子出于对真理的向往，自觉地投身于马克思主义著作的编译事业，为传播马克思主义作出了重要贡献。（18-19）

18. 20世纪20—30年代编译出版的马克思恩格斯著作部分中译本

反映了全世界无产阶级实践斗争的马克思列宁主义的普遍真理,在它同中国无产阶级和广大人民群众的革命斗争的具体实践相结合的时候,就成为中国人民百战百胜的武器。

——毛泽东《论联合政府》

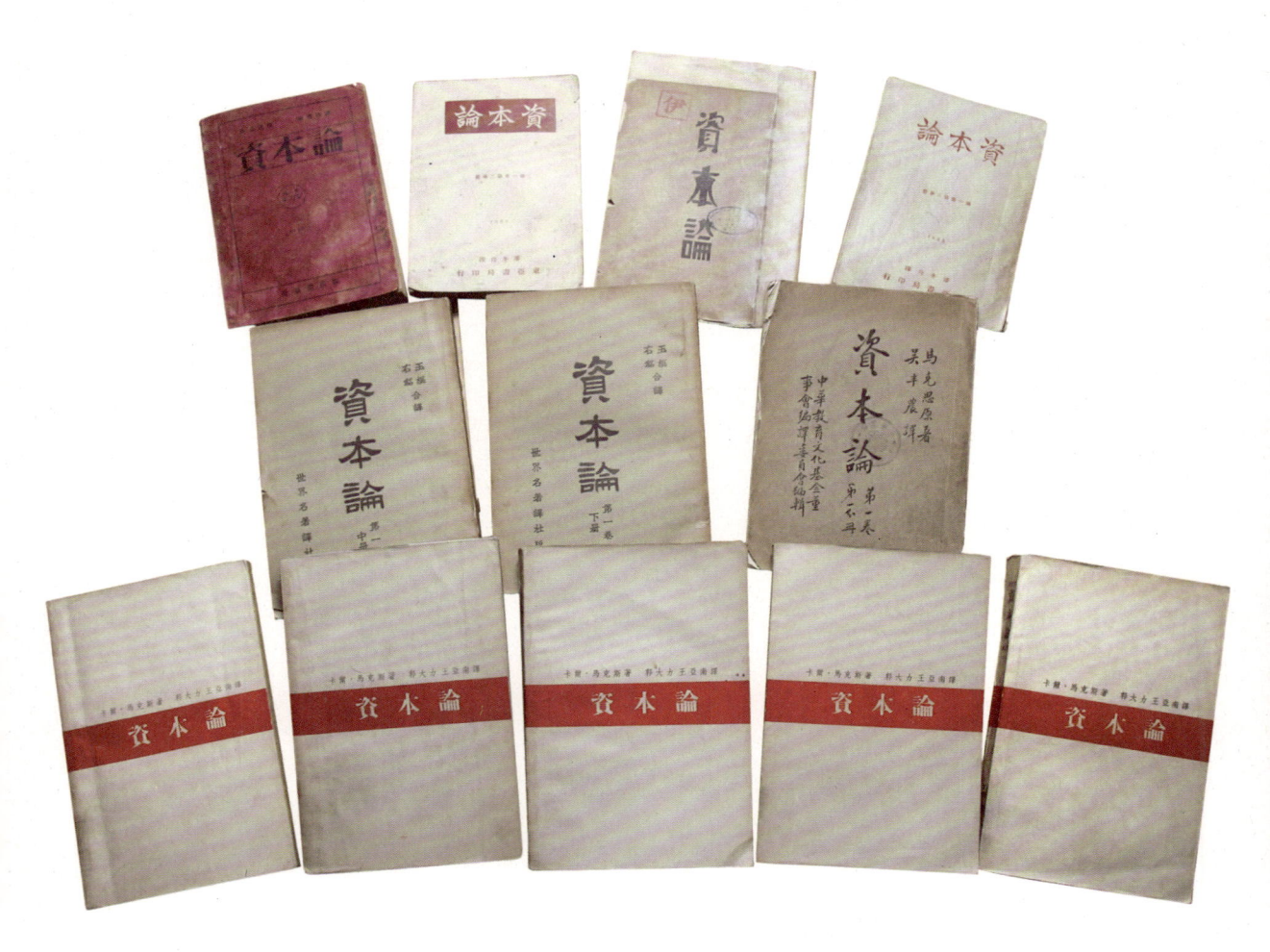

19. 20世纪30年代出版的《资本论》中译本

在中国的马克思主义传播史上，大批"伪装书"的出现是一个不同寻常的现象，它证明了反动派的凶残，也体现了革命者的智慧。在国民党统治区，为了避开反动势力的耳目，我们党的出版工作者不得不将革命书刊"伪装"起来。这些书刊题为《世界全史》、《海上花列传》、《东周列国志》、《秉烛后谈》等等，而翻开封面、目录和前言之后，读者看到的却是马克思主义的革命文献，真理之火就以这种方式得到了广泛的传播。（20）

20．20世纪20—40年代伪装出版的革命书刊

> 如果我们党有一百个至二百个系统地而不是零碎地、实际地而不是空洞地学会了马克思列宁主义的同志,就会大大地提高我们党的战斗力量,并加速我们战胜日本帝国主义的工作。
>
> ——毛泽东《中国共产党在民族战争中的地位》

党中央和毛泽东同志高度重视马列著作编译工作。1938年5月5日,延安马列学院成立,学院下设马列主义经典著作编译部。根据党中央的决定,由张闻天同志任学院院长并兼任编译部主任。马列学院编译部是由党中央正式组建的第一个经典著作编译机构。这个机构的诞生,是中国马克思主义传播史上的创举。(21-23)

21. 延安马列学院旧址(兰家坪)
22. 革命根据地的印刷厂
23. 张闻天(1900—1976)

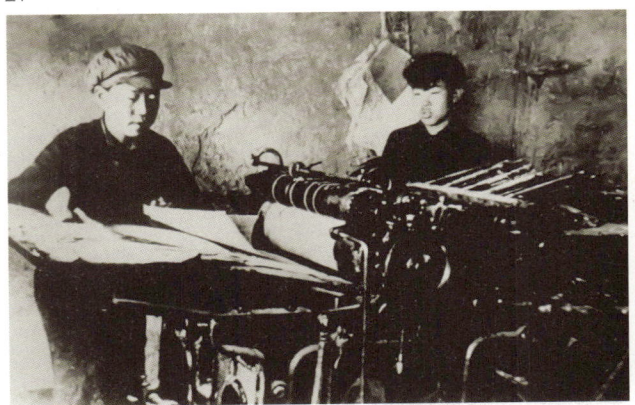

> 作翻译工作的同志很重要，不要认为翻译工作不好。我们现在需要大翻译家。我是一个土包子，要懂一点国外的事还是要靠翻译。我们党内能直接看外国书的人很少，凡能直接看外国书的人，首先要翻译马、恩、列、斯的著作，翻译苏联先进的东西和各国马克思主义者的东西。
> ——毛泽东《在中国共产党第七次全国代表大会上的口头政治报告》

1943年5月，在毛泽东同志提议下，党中央作出关于加强马列主义经典著作翻译工作的决定，毛泽东同志亲自审定了决定的内容。决定要求重新校阅已经出版的马列经典著作，并强调了这一工作的极端重要性。在延安期间，毛泽东同志还经常与翻译工作者研讨经典著作的理论要旨和译文表述问题。（24）

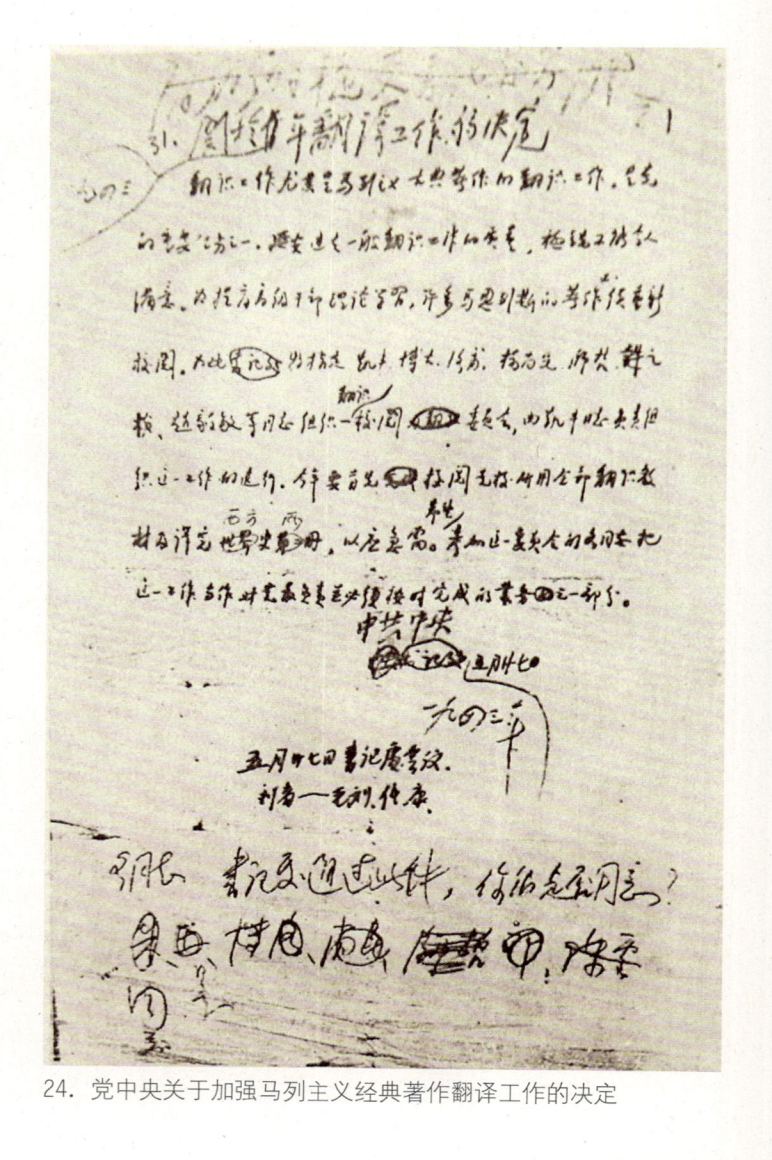

24. 党中央关于加强马列主义经典著作翻译工作的决定

马列学院编译部成立后，在党中央的正确领导和关心支持下，马列著作的编译出版工作呈现出前所未有的气象和规模。编译工作者不畏艰难，不辱使命，在极其艰苦的条件下翻译了大量经典著作，推动了中国共产党领导的争取民族独立和人民解放的伟大事业。从1938年到1942年，延安解放社陆续出版了《马克思恩格斯丛书》10种、《列宁选集》16卷。新中国成立前，我国公开出版的马列著作达530余种，马克思恩格斯的最重要的著作大多译成了中文。（25-26）

25. 八路军战士认真阅读马列著作
26. 《马克思恩格斯丛书》

在中国革命的艰苦历程中，以毛泽东同志为主要代表的中国共产党人十分重视学习和运用马克思列宁主义理论。在斗争的关键时刻，党的领导人总是率先垂范，带领全党同志认真学习马列著作。（27-30）

27. 毛泽东在抗大成立三周年纪念大会上讲话
28. 毛泽东批示印发的干部必读书目
29. 解放社出版的《干部必读》丛书

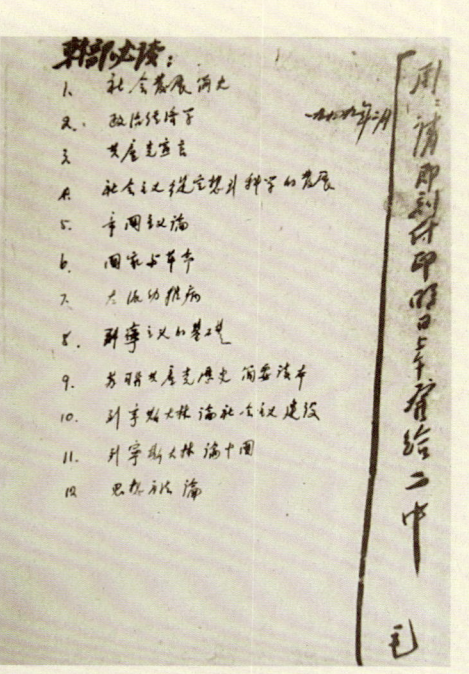

> 我们的同志必须明白，我们学马克思列宁主义不是为着好看，也不是因为它有什么神秘，只是因为它是领导无产阶级革命事业走向胜利的科学。
>
> ——毛泽东《整顿党的作风》

30. 毛泽东、周恩来、刘少奇、朱德读过的马克思恩格斯著作

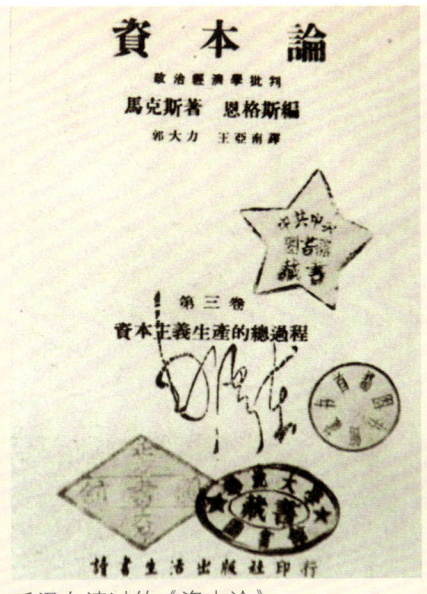

毛泽东读过的《资本论》

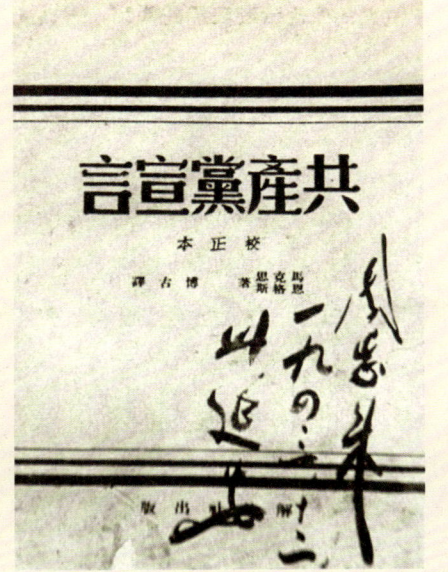

周恩来读过的《共产党宣言》

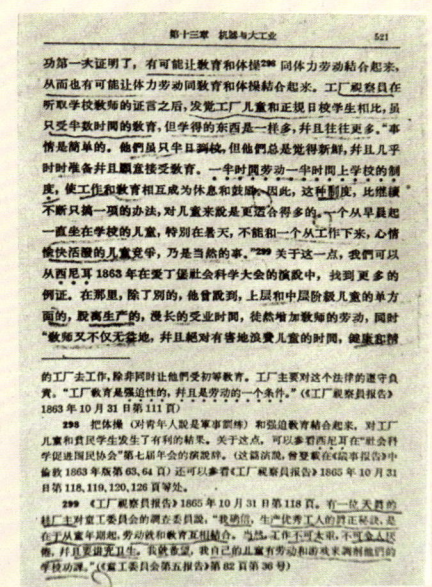

刘少奇读过的《资本论》

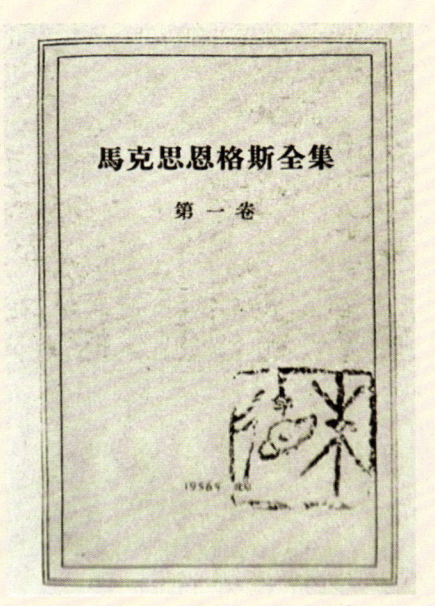

朱德读过的《马克思恩格斯全集》

领导我们事业的核心力量是中国共产党。指导我们思想的理论基础是马克思列宁主义。

——毛泽东《为建设一个伟大的社会主义国家而奋斗》

1949年10月1日中华人民共和国成立。我们党把马克思列宁主义作为立国之本,高度重视科学理论的学习和运用。中国人民革命和建设事业的发展,为马克思主义经典著作编译事业的整体推进提供了前所未有的条件,同时也提出了更高的要求。(31)

31. 开国大典(油画) 董希文

| 马克思恩格斯著作在中国的传播　303

1953年1月29日，经毛泽东同志亲自批示，中央决定成立中共中央马克思恩格斯列宁斯大林著作编译局，以便有系统有计划地编译马克思、恩格斯、列宁、斯大林的全部著作，从此马克思主义经典著作在中国的传播进入一个全新的历史阶段。（32-34）

32. 毛泽东在开国大典上讲话
33. 党中央关于成立马恩列斯著作编译局的决定
34. 毛泽东为中央编译局题写的《学习译丛》刊名

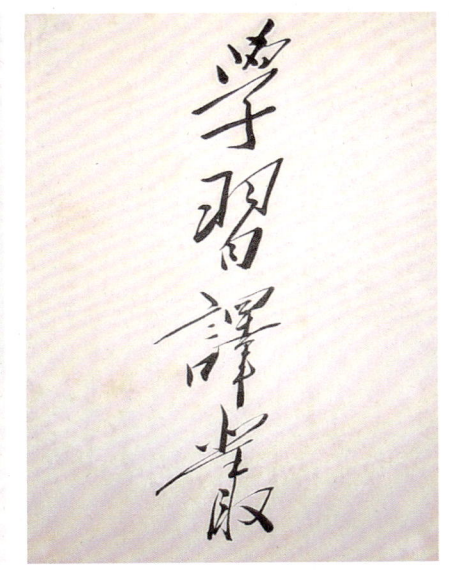

中央编译局成立后，按照党中央要求，有系统有计划地编译出版马克思主义经典作家的著作，为学习、宣传和研究马克思主义提供了扎实可靠的文本基础，有力地推动了马克思主义中国化的进程。（35-36）

35. 20 世纪 50 年代的中央编译局
36. 21 世纪初的中央编译局

在党中央的正确领导和周密部署下，马克思主义经典著作的传播事业不断推进。我国思想界、理论界和新闻出版界通过各种形式广泛宣传马克思主义经典作家的生平事业和科学理论。（37-42）

37. 新中国成立后在北京举办的纪念马克思的展览
38. 1954年中央编译局首次举办的"马克思列宁主义经典著作在中国的传播"展览

37

38

39. 1953 年 5 月 5 日是马克思诞辰 135 周年，《光明日报》专题介绍马克思著作在中国的传播情况。

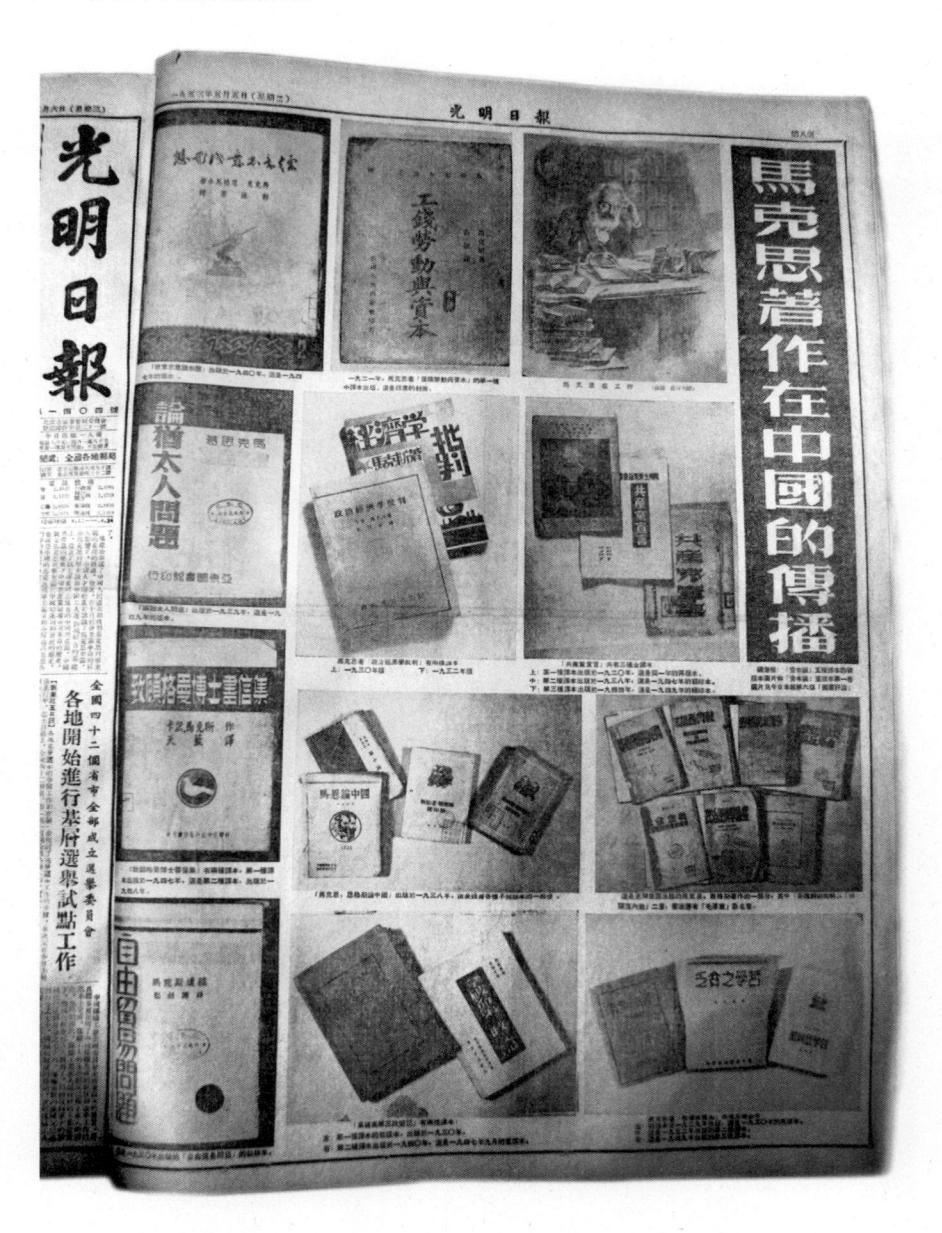

40. 20世纪50年代群众在书店踊跃购买马克思的各种著作
41. 20世纪50年代各大报纸纪念马克思的部分文章

42. 中国收藏的部分马克思和恩格斯书信

马克思致玛蒂尔达·贝瑟姆－爱德华兹的信（中央档案馆收藏）

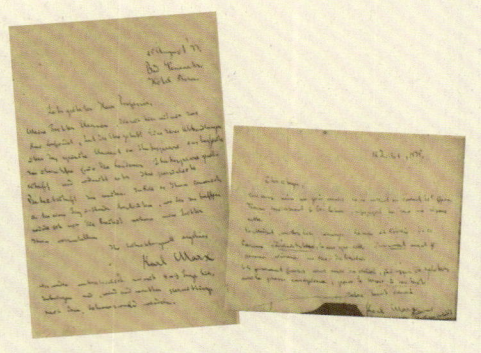

马克思致尼古劳斯·德利乌斯和致茹斯特·韦努伊埃的信（国家图书馆收藏）

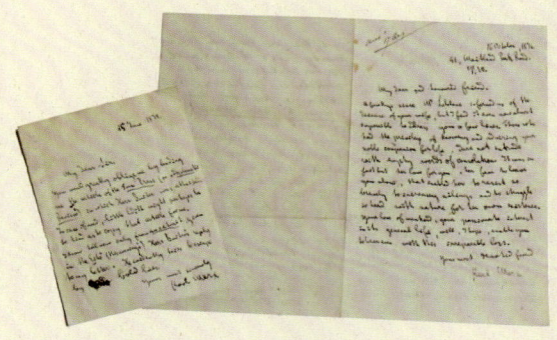

马克思致科勒特·多布森·科勒特和致托马斯·奥尔索普的信（中央党史和文献研究院收藏）

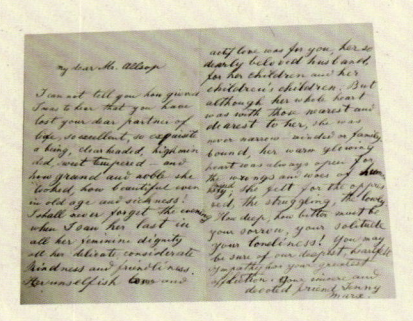

马克思致托马斯·奥尔索普的信背面所附的燕妮·马克思的信

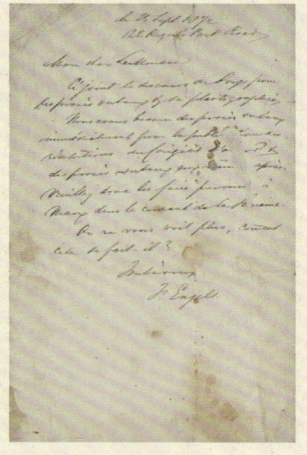

恩格斯致本杰明·勒穆修的信（中央党史和文献研究院收藏）

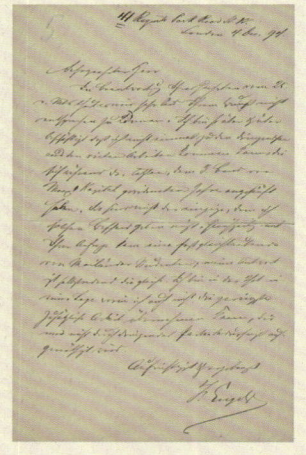

恩格斯致萨森巴赫的信（中央党史和文献研究院收藏）

| 马克思恩格斯著作在中国的传播

20世纪50—70年代，中央编译局根据苏共中央马列主义研究院编辑的《马克思恩格斯全集》俄文第二版，并参考其他外文版本，编译了《马克思恩格斯全集》中文第一版第1—39卷，由人民出版社出版，并大量发行。为适应不同读者、不同部门的需求，中央编译局和国内有关单位还大量编辑出版了选集、文集、专题读本和单行本，推动了马克思主义的宣传和普及事业。（43-47）

43. 《马克思恩格斯全集》中文第1版第1卷
44. 20世纪50年代的人民出版社
45. 《马克思恩格斯全集》中文第1版第1—39卷

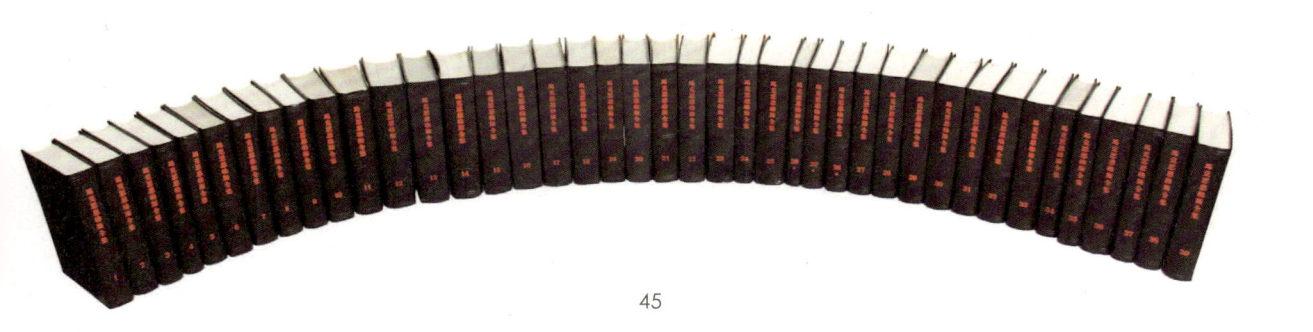

43

44

45

46. 《马克思恩格斯选集》1972年第1版（四卷本）
47. 20世纪50—70年代编译出版的马克思恩格斯著作各种文集本、专题读本和单行本

> 我们搞改革开放，把工作重心放在经济建设上，没有丢马克思，没有丢列宁，也没有丢毛泽东。老祖宗不能丢啊！问题是要把什么叫社会主义搞清楚，把怎么样建设和发展社会主义搞清楚。
>
> ——邓小平《总结经验，使用人才》

1978年12月召开的具有重大历史意义的党的十一届三中全会，开启了中国改革开放和社会主义现代化建设的历史新时期。在建设中国特色社会主义的伟大进程中，以邓小平同志为主要代表的中国共产党人坚持把马克思列宁主义的基本原理同当代中国实践和时代特征结合起来，开辟了理论创新和实践探索的新境界。与此同时，马克思主义经典著作编译出版事业也呈现出前所未有的新局面。（48-49）

48. 邓小平在党的十一届三中全会上
49. 中国共产党十一届三中全会会场

改革开放以后,中央编译局继续做好《马克思恩格斯全集》中文第一版补卷(第40—50卷)的编译工作。经典著作编译工作者继承前辈的光荣传统,殚精竭虑,甘于奉献,不辜负党和人民的重托。至1985年,中文第一版出齐,共50卷,总计3200余万字。这是马克思主义诞生后首次在中国出版的比较完整的马克思恩格斯著作中文全集本,是马克思主义传播史上的一个重要里程碑。(50-51)

50.《马克思恩格斯全集》中文第1版第40—50卷
51.《马克思恩格斯全集》中文第1版第1—50卷

> 加强党的思想建设，要在全党系统地深入地进行马列主义、毛泽东思想基本理论的教育，特别是马克思主义哲学的教育……我们要组织党员特别是党员领导干部，联系国际国内的形势和矛盾斗争，有的放矢地选读马克思主义经典著作。
> ——江泽民《为把党建设成更加坚强的工人阶级先锋队而斗争》

党的十三届四中全会以后，以江泽民同志为主要代表的中国共产党人面对新时期的伟大任务，明确强调要加强党的思想理论建设，坚持和巩固马克思主义在我国意识形态领域的指导地位，坚持马克思主义的科学原理和科学精神、创新精神，紧密结合中国特色社会主义的伟大实践，不断丰富和发展马克思主义，不断增强马克思主义理论的说服力和战斗力。在党中央高度重视和亲切关怀下，马克思主义经典著作编译出版事业取得了新发展和新成果。（52-53）

52. 江泽民在中国共产党第十六次全国代表大会上作报告
53. 江泽民为中央编译局成立四十周年题词

1986年7月，经中共中央书记处批准，中央编译局启动了《马克思恩格斯全集》中文第二版的编译工作。该版全集以《马克思恩格斯全集》历史考证版（MEGA^2）为蓝本，同时参考德文版、英文版、俄文版等版本进行编译，力求做到收文更齐全、编辑更合理、译文更准确、资料更翔实。该版计划出版70卷，从1995年开始陆续问世。（54-56）

54. 《马克思恩格斯全集》中文第2版第1卷
55. 1995年10月27日《人民日报》关于新版马列著作出版的报道
56. 《马克思恩格斯全集》中文第2版1995—1998年出版的卷次

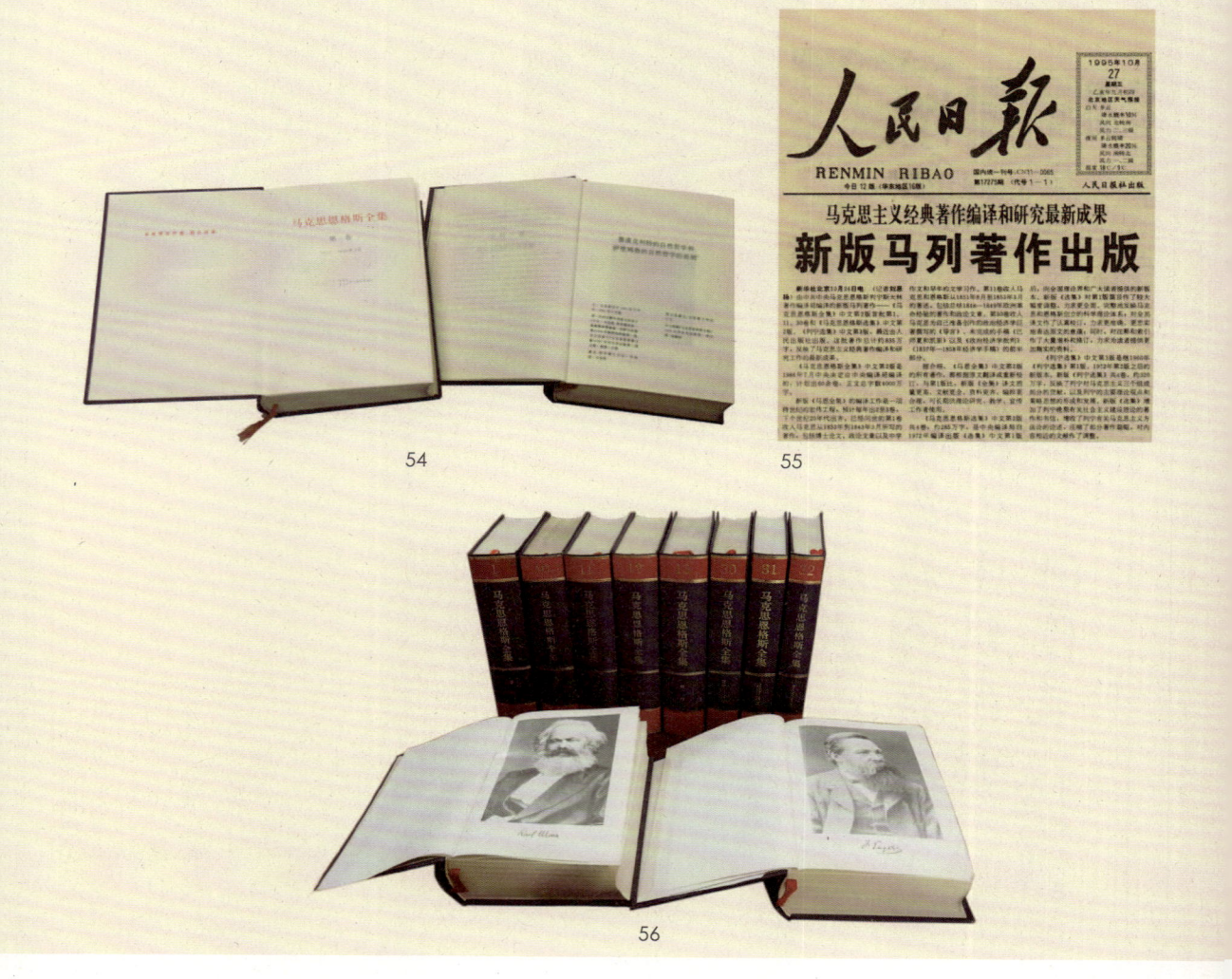

为了在新时期进一步推进马克思主义中国化、时代化、大众化，中央编译局于1995年编译出版《马克思恩格斯选集》第二版。中央编译局和国内有关单位还编辑出版了各种专题读本、单行本以及少数民族语言的译本。（57-60）

57.《马克思恩格斯选集》1995年第2版（四卷本）
58. 用少数民族语言出版的《马克思恩格斯选集》
59. 用少数民族语言出版的《资本论》

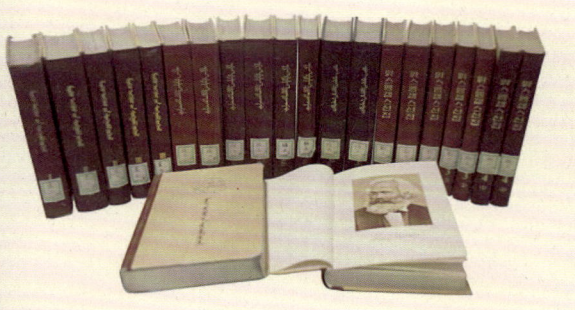

60. 改革开放以后编译出版的马克思恩格斯著作各种文集本、专题读本和单行本

> 要坚持把党的思想理论建设放在首位,继续认真学习马克思列宁主义、毛泽东思想、邓小平理论、"三个代表"重要思想以及科学发展观,在实践中不断丰富和发展中国特色社会主义理论体系,努力开拓马克思主义新境界,切实提高全党运用科学理论改造主观世界和客观世界的能力。
>
> ——胡锦涛《在全党深入学习实践科学发展观活动总结大会上的讲话》

党的十六大以后,以胡锦涛同志为主要代表的中国共产党人在建设中国特色社会主义的实践中,高度重视党的思想理论建设,进一步巩固马克思主义在意识形态领域中的指导地位。2004年,党中央作出实施马克思主义理论研究和建设工程的重大战略决策。2004年4月27日,党中央召开实施马克思主义理论研究和建设工程工作会议。胡锦涛同志在会见会议代表时指出,中央决定实施马克思主义理论研究和建设工程,这是关系党和国家事业发展的战略任务,是中央加强党的理论建设的重大举措。(61-62)

---

61. 胡锦涛在党的十六届一中全会上讲话
62. 2004年4月29日《人民日报》关于胡锦涛会见中央实施马克思主义理论研究和建设工程工作会议代表的报道

党中央组织实施的马克思主义理论研究和建设工程，把编译《马克思恩格斯文集》和《列宁专题文集》列为重点项目。经典著作编译工作者勇挑重担，不辱使命，连续奋战了六个春秋，以一丝不苟、精益求精的科学态度出色完成了任务。2009年12月两部文集正式出版发行。党中央对两部文集的编译工作给予高度评价，指出两部文集是马克思主义理论研究和建设工程的标志性成果，是学习马克思主义经典著作的权威性教材。在两部文集出版发行之际，党中央要求全党和全国各族人民进一步学习好、运用好马克思主义经典著作，推动用发展着的马克思主义指导新的实践。

《马克思恩格斯文集》精选了马克思和恩格斯在各个时期写的有代表性的著作，按编年和重要专著单独设卷相结合的方式编为十卷：第一、二、三卷分别收入马克思和恩格斯在1843年至1848年、1848年至1859年、1864年至1883年期间的著作；第四卷收入恩格斯1884年至1895年期间的著作；第五、六、七卷分别为马克思的《资本论》第一、二、三卷；第八卷为《资本论》手稿选编；第九卷收入恩格斯的两部专著《反杜林论》和《自然辩证法》；第十卷为马克思和恩格斯的书信选编。《列宁专题文集》采用文献选编和重要论述摘编相结合的方式，分五个专题编为五卷：《论马克思主义》、《论辩证唯物主义和历史唯物主义》、《论资本主义》、《论社会主义》、《论无产阶级政党》。（63）

63.《马克思恩格斯文集》（十卷本）和《列宁专题文集》（五卷本）

马克思主义具有与时俱进的理论品质。新形势下，坚持马克思主义，最重要的是坚持马克思主义基本原理和贯穿其中的立场、观点、方法。这是马克思主义的精髓和活的灵魂。马克思主义是随着时代、实践、科学发展而不断发展的开放的理论体系，它并没有结束真理，而是开辟了通向真理的道路。
——习近平《在哲学社会科学工作座谈会上的讲话》

"马克思主义是我们立党立国的根本指导思想。"党的十八大以来，以习近平同志为核心的党中央矢志不渝地坚持马克思主义的指导地位。为了进一步把握时代主题，回应时代挑战，把马克思主义同当代中国发展的实践结合起来，习近平总书记对马克思主义基本理论的科学内涵、思想精髓和指导意义作了深刻的阐述，并对全党同志联系实际学习经典著作提出了明确的要求。为此，党中央作出了周密的部署，中央政治局率先垂范，多次组织专题学习，有力地推动了全党的理论武装和思想建设。（64-65）

64. 习近平总书记在哲学社会科学工作座谈会上讲话

65. 《人民日报》关于党的十八届中央政治局就历史唯物主义、辩证唯物主义、马克思主义政治经济学和当代世界马克思主义思潮及其影响进行集体学习的报道

时代是思想之母，实践是理论之源。只要我们善于聆听时代声音，勇于坚持真理、修正错误，二十一世纪中国的马克思主义一定能够展现出更强大、更有说服力的真理力量！

——习近平《决胜全面建成小康社会，夺取新时代中国特色社会主义伟大胜利》

党的十九大深刻阐述了新时代中国共产党的历史使命，确立了习近平新时代中国特色社会主义思想的历史地位，提出了新时代坚持和发展中国特色社会主义的基本方略。习近平总书记在会上代表党的十八届中央委员会所作的报告，是我们党团结带领全国各族人民在新时代坚持和发展中国特色社会主义的政治宣言和行动纲领，是马克思主义的纲领性文献。在十九大精神指引下，我国马克思主义理论研究和建设事业蓬勃发展，呈现出前所未有的新局面和新气象。（66-67）

66．习近平总书记在中国共产党第十九次全国代表大会上作报告

67．中国共产党第十九次全国代表大会会场

> 马克思给我们留下的最有价值、最具影响力的精神财富，就是以他名字命名的科学理论——马克思主义。这一理论犹如壮丽的日出，照亮了人类探索历史规律和寻求自身解放的道路。
> ——习近平《在纪念马克思诞辰200周年大会上的讲话》

2018年，是马克思主义的主要创始人、全世界无产阶级和劳动人民的革命导师卡尔·马克思诞辰200周年，也是马克思主义的纲领性文献《共产党宣言》发表170周年。4月23日，中共中央政治局就《共产党宣言》及其时代意义举行集体学习。习近平总书记在主持学习时强调，学习马克思主义基本理论是共产党人的必修课。我们重温《共产党宣言》，就是要深刻感悟和把握马克思主义真理力量，坚定马克思主义信仰，追溯马克思主义政党保持先进性和纯洁性的理论源头，提高全党运用马克思主义基本原理解决当代中国实际问题的能力和水平，把《共产党宣言》蕴含的科学原理和科学精神运用到统揽伟大斗争、伟大工程、伟大事业、伟大梦想的实践中去，不断谱写新时代坚持和发展中国特色社会主义新篇章。

5月4日，纪念马克思诞辰200周年大会在人民大会堂举行，习近平总书记发表重要讲话，深切缅怀了马克思的伟大人格和历史功绩，深情重温了马克思的崇高理想和光辉思想，深刻阐明了马克思主义的强大真理力量，庄严宣示了中国共产党人对马克思主义的坚定信念，为我们在新时代坚持和发展马克思主义指出了明确方向，提供了根本遵循。（68—69）

68. 纪念马克思诞辰200周年大会会场

69. 2018年4月25日《人民日报》关于中共中央政治局就《共产党宣言》及其时代意义举行集体学习的报道和习近平总书记在集体学习时发表的重要讲话《学习马克思主义基本理论是共产党人的必修课》（全文载于《求是》杂志2019年第22期）

在习近平新时代中国特色社会主义思想指引下，在党中央高度重视和正确领导下，我国马克思主义经典著作编译事业持续推进。按照党中央关于准确反映马克思主义经典作家原意、确保准确性和权威性的要求，经典著作编译工作者在已有成果的基础上，继续进行各种重要版本的编译或修订工作，及时回应实践需要，主动贴近读者需求，不断为新时代马克思主义理论学习、研究、教学和宣传提供更加可靠和适用的基础文本。（70-74）

70.《马克思恩格斯选集》2012年第3版（四卷本）

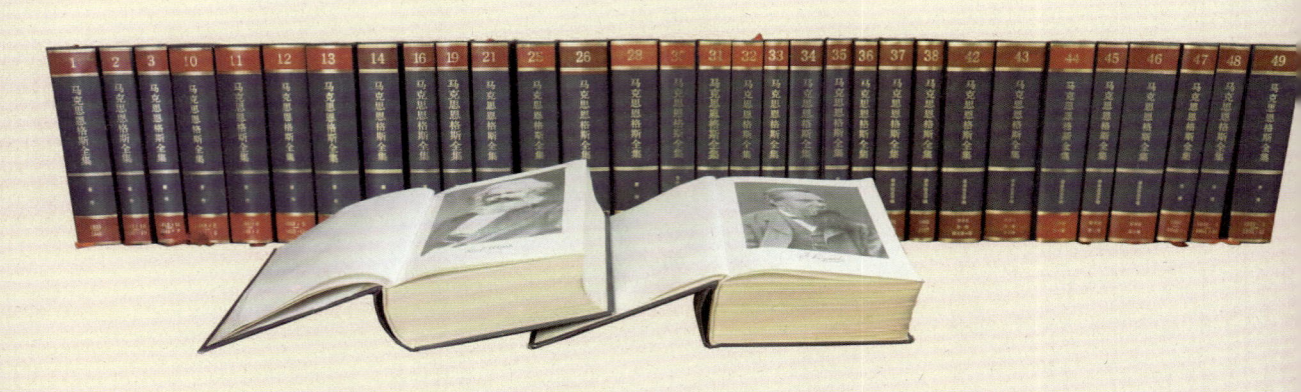

71.《马克思恩格斯全集》中文第2版已出版的卷次

  指导思想是一个政党的精神旗帜。95 年来，中国共产党之所以能够完成近代以来各种政治力量不可能完成的艰巨任务，就在于始终把马克思主义这一科学理论作为自己的行动指南，并坚持在实践中不断丰富和发展马克思主义。这使我们党得以摆脱以往一切政治力量追求自身特殊利益的局限，以唯物辩证的科学精神、无私无畏的博大胸怀领导和推动中国革命、建设、改革，不断坚持真理、修正错误。无论是处于顺境还是逆境，我们党从未动摇对马克思主义的信仰。

——习近平《在庆祝中国共产党成立 95 周年大会上的讲话》

72.《马列主义经典作家文库》著作单行本、专题选编本

理论的生命力在于不断创新，推动马克思主义不断发展是中国共产党人的神圣职责。我们要坚持用马克思主义观察时代、解读时代、引领时代，用鲜活丰富的当代中国实践来推动马克思主义发展，用宽广视野吸收人类创造的一切优秀文明成果，坚持在改革中守正出新、不断超越自己，在开放中博采众长、不断完善自己，不断深化对共产党执政规律、社会主义建设规律、人类社会发展规律的认识，不断开辟当代中国马克思主义、二十一世纪马克思主义新境界！

——习近平《在纪念马克思诞辰 200 周年大会上的讲话》

73. 为纪念马克思诞辰 200 周年编辑出版的《马克思恩格斯著作特辑》

74. 为纪念马克思诞辰 200 周年编辑出版的《共产党宣言》和《资本论》纪念版

回顾一百多年来特别是新中国成立七十多年来马克思主义在我国传播和运用、丰富和发展的伟大历程，总结经典著作编译工作在中国革命、建设和改革过程中取得的丰硕成果、积累的宝贵经验、发挥的重要作用，必须高举真理之旗，大力弘扬一丝不苟、精益求精的科学态度和深入实践、面向群众的马克思主义学风，加大经典著作编译力度，不断完善版本体系，促进版本升级，为推进党的思想武装和理论建设提供内容丰富、种类齐全、选材精当、适应需求的经典读本。要坚持既出成果又出人才，培养一支新时代马克思主义经典著作编译骨干队伍。要深化经典著作研究阐释，推进经典著作宣传普及，在马克思主义大众化的园地上勤于耕耘，善于创新，不断推出群众喜闻乐见、贴近大众生活的形式多样的理论宣传作品。要紧密团结在以习近平同志为核心的党中央周围，发扬先辈的优良传统，恪守正确的政治方向，不忘初心，牢记使命，扎实工作，奋力开拓，为实现中华民族的伟大复兴不断作出新的贡献。（75）

75. 庆祝中华人民共和国成立 70 周年大会

卡·马克思
(1818-1883)

恩·格

恩格斯生平大事年表

1820 年
· 11 月 28 日　弗里德里希·恩格斯出生于德国巴门市。

1829 年
· 恩格斯进入巴门市立学校学习。

1834 年
· 10 月　恩格斯进入埃尔伯费尔德文科中学学习。

1837 年
· 9 月　恩格斯辍学，到他父亲在巴门的公司当办事员。

1838 年
· 1838 年 8 月—1841 年 3 月下半月　恩格斯在不来梅一家贸易公司见习。

1839 年
· 约 1 月—3 月初　恩格斯撰写《伍珀河谷来信》。

1841 年
· 1841 年 9 月底—1842 年 10 月 8 日　恩格斯作为志愿兵在柏林服役；利用公余时间在柏林大学旁听哲学课程并参加青年黑格尔派的活动；撰写一系列著作对谢林作了尖锐的批判。

1842 年
· 11 月下半月　恩格斯动身前往英国，到曼彻斯特欧门—恩格斯公司实习经商。赴英途中，恩格斯访问了科隆的《莱茵报》编辑部，在那里和马克思初次见面。

1843 年
· 恩格斯结识爱尔兰女工玛丽·白恩士，后来同她结为夫妇。
· 约 5—6 月　恩格斯在伦敦和正义者同盟建立联系，结识了同盟领导人卡·沙佩尔、约·莫尔和亨·鲍威尔。
· 1843 年 9 月底或 10 月初—1844 年 3 月中　恩格斯为马克思和阿·卢格创办的《德法年鉴》撰稿，写了《国民经济学批判大纲》、《英国状况。评托马斯·卡莱尔的〈过去和现在〉》等文章。

1844 年
· 8 月底—9 月初　恩格斯从英国回德国时，绕道巴黎会见马克思。这次会见为他们终生不渝的伟大合作奠定了基础。马克思和恩格斯着手合著《神圣家族》，该著 1845 年 2 月在美因河畔法兰克福出版。
· 1844 年 9 月—1845 年 3 月　恩格斯在巴门撰写《英

国工人阶级状况》；在莱茵省积极参加民主主义运动的宣传和组织工作。

1845 年
· 4 月　恩格斯迁往布鲁塞尔，与马克思共同从事革命活动。
· 7—8 月　马克思和恩格斯到伦敦和曼彻斯特作为期六周的考察旅行。
· 1845 年秋—1847 年 4 或 5 月　马克思和恩格斯撰写《德意志意识形态》。

1846 年
· 年初　马克思和恩格斯在布鲁塞尔创立共产主义通讯委员会。
· 8 月 15 日　恩格斯来到巴黎，向正义者同盟巴黎各支部宣传科学社会主义思想，组织共产主义通讯委员会分会，并同魏特林主义、蒲鲁东主义和"真正的社会主义"进行斗争。

1847 年
· 1 月底　马克思和恩格斯在确信正义者同盟领导人愿意改组同盟并接受科学社会主义理论之后，同意加入同盟。
· 6 月初　恩格斯出席在伦敦召开的共产主义者同盟第一次代表大会，为同盟起草了纲领草案《共产主义信条草案》。
· 9 月 27 日以前和 10 月 3 日　恩格斯撰写《共产主义者和卡尔·海因岑》。
· 10 月底—11 月　恩格斯为共产主义者同盟起草纲领草案《共产主义原理》。
· 11 月 29 日　马克思和恩格斯在伦敦出席民主派兄弟协会为纪念 1830 年波兰起义而举行的国际大会。马克思和恩格斯在大会上发表了关于波兰问题的演说。

· 11 月 29 日—12 月 8 日　马克思和恩格斯出席共产主义者同盟第二次代表大会。大会委托马克思和恩格斯为共产主义者同盟起草一个准备公布的理论和实践的纲领。
· 1847 年 12 月 9 日—1848 年 1 月底　马克思和恩格斯撰写《共产党宣言》。

1848 年
· 1 月底　恩格斯被法国当局驱逐，迁居布鲁塞尔。
· 2 月底　《共产党宣言》在伦敦出版。
· 3 月 11 日　共产主义者同盟新的中央委员会在巴黎成立。马克思当选中央委员会主席。在布鲁塞尔的恩格斯缺席当选中央委员会委员。
· 3 月 21 日前后　恩格斯来到巴黎，参加共产主义者同盟中央委员会的工作。
· 3 月下半月—4 月初　鉴于德国爆发三月革命，以马克思为首的共产主义者同盟中央委员会组织了三四百名德国工人（大多数是同盟盟员）分散回国参加革命。
· 3 月下旬　马克思和恩格斯拟定了共产主义者同盟在这次革命中的行动纲领《共产党在德国的要求》。
· 4 月 6 日前后　马克思和恩格斯离开巴黎，回德国参加革命。
· 4 月 11 日　马克思和恩格斯到达科隆，筹办《新莱茵报》。
· 6 月 1 日　马克思主编的《新莱茵报》创刊号在科隆出版。
· 6 月 25 日—7 月 1 日　马克思和恩格斯撰写有关巴黎六月起义的一系列文章。
· 8 月 13—14 日　马克思和恩格斯参加莱茵省第一届民主主义者代表大会。
· 9 月 13 日　《新莱茵报》编辑部、科隆工人联合会和民主协会在科隆弗兰肯广场召开民众大会。马克思和恩格斯被选入由 30 人组成的安全委员会。

· 9月17日　恩格斯参加由科隆各民主团体发起的在科隆附近沃林根召开的民众大会。恩格斯被选为大会书记。

· 9月26日以后　恩格斯面临被捕的危险，不得不离开科隆，先后前往比利时、法国和瑞士。

1849 年

· 1月中　恩格斯回到科隆，重新全力投入《新莱茵报》的编辑工作。

· 2月7日　科隆陪审法庭开庭审理《新莱茵报》因发表《逮捕》一文被控侮辱检察官和诽谤宪兵一案，马克思和恩格斯在法庭上当众揭露普鲁士反动当局的诬陷和迫害。陪审法庭宣告马克思、恩格斯无罪。

· 5月中　恩格斯参加埃尔伯费尔德的起义。

· 5月19日　《新莱茵报》被迫停刊，用红色油墨印出终刊号第301号。

· 6月6日　普鲁士政府下令通缉恩格斯。

· 6月13日—7月12日　恩格斯作为奥·维利希的副官参加巴登—普法尔茨起义军的多次战斗。起义失败后，恩格斯于7月12日随同最后一批起义军越过边界退入瑞士境内。

· 11月10日前后　恩格斯到达伦敦，立即投入共产主义者同盟中央委员会的工作，与马克思一起改组同盟和筹办《新莱茵报。政治经济评论》，后来又参加德意志工人教育协会的工作。

1850 年

· 3—11月　马克思和恩格斯创办的《新莱茵报。政治经济评论》出版了六期（其中第5—6期是合刊）。该杂志发表了马克思的《1848年至1849年》（即《1848年至1850年的法兰西阶级斗争》）和恩格斯的《德国维护帝国宪法的运动》、《德国农民战争》等著作。

· 3月和6月　马克思和恩格斯共同起草了两篇《共产主义者同盟中央委员会告同盟书》。

· 9月15日　马克思和恩格斯在共产主义者同盟中央委员会非常会议上尖锐地批判了维利希和沙佩尔的宗派冒险主义策略。会议决定把中央委员会迁往科隆，委托科隆区部组建新的中央委员会。

· 11月中　恩格斯迁居曼彻斯特，重新回到欧门—恩格斯公司工作。

· 11月底　恩格斯在曼彻斯特开始系统地研究军事问题。

1851 年

· 8月8日　马克思写信告诉恩格斯，《纽约每日论坛报》编辑查·德纳约他为该报撰稿，他已接受建议。为了让马克思专心从事政治经济学研究，恩格斯大力协助马克思为该报撰稿。马克思和恩格斯为该报撰稿持续十年以上。

· 1851年8月17日—1852年9月23日　恩格斯撰写《德国的革命和反革命》一组文章，发表时署名马克思。

1852 年

· 10—11月　马克思和恩格斯密切关注科隆共产党人案件的审讯进程，想方设法把揭露普鲁士警察当局阴谋的文件和材料寄往科隆，帮助被告辩护人在法庭上证明起诉的虚假性。

1853 年

· 9月28—29日　恩格斯鉴于克里木战争即将爆发，为《纽约每日论坛报》撰写分析俄土两军兵力对比的文章。此后直到1856年战争结束，恩格斯就克里木战争写了一系列军事评论。

1855 年

· 6月15日　马克思致信恩格斯，约请恩格斯为纽约《普特南氏月刊》撰写论述欧洲军队的文章。

1856 年

· 5 月　恩格斯和玛丽·白恩士到爱尔兰旅行，了解爱尔兰人民的生活和受英国殖民压迫的情况。

1857 年

· 5 月 20 日前后　恩格斯撰写《波斯和中国》。

· 6 月 30 日　马克思撰写关于印度军队起义的文章。此后，马克思和恩格斯写了一系列论述印度 1857—1859 年民族解放起义的文章。

· 1857 年 7 月—1860 年 11 月　马克思和恩格斯为《美国新百科全书》撰写条目，许多条目是两人合作的成果。

1858 年

· 7 月 14 日　恩格斯写信告诉马克思自己研究生理学、比较解剖学、物理学以及其他自然科学的情况。

1859 年

· 2 月底—3 月 9 日　恩格斯撰写《波河与莱茵河》。

· 8 月 3—15 日　恩格斯为马克思的《政治经济学批判。第一分册》撰写书评。

1860 年

· 1 月 11—26 日　马克思和恩格斯密切关注美国争取废除奴隶制的运动和俄国争取废除农奴制的运动。

· 2 月 4—20 日　恩格斯撰写《萨瓦、尼斯与莱茵》。

· 3 月 23 日—4 月 6 日　恩格斯因父亲逝世，暂住巴门。

1861 年

· 1861 年 6 月—1862 年 11 月　马克思和恩格斯鉴于美国爆发内战，特别注意研究美国内战发生的原因和战争进程。

1863 年

· 1 月 6 日　恩格斯夫人玛丽·白恩士在曼彻斯特逝世。后来，恩格斯与玛丽·白恩士的妹妹莉迪娅（莉希）·白恩士结为夫妇。

· 2 月中—5 月初　马克思和恩格斯充分肯定用革命方法解决波兰问题的意义，决定以伦敦德意志工人教育协会的名义就波兰起义发表呼吁书，并撰写论述波兰人民斗争的小册子。

1864 年

· 6 月 30 日　恩格斯和欧门兄弟签订为期五年的协议，成为曼彻斯特欧门—恩格斯公司的股东。

· 7 月 7 日　恩格斯被选为曼彻斯特德国政治流亡者席勒协会理事会理事，同月又被选为协会主席。

· 9 月 10 日前后—10 月中　恩格斯到石勒苏益格—荷尔斯泰因旅行。

· 11 月 4 日　马克思写信给恩格斯，详尽地叙述了成立国际工人协会、起草成立宣言和临时章程的经过。

1865 年

· 1 月 27 日—2 月 11 日　恩格斯撰写《普鲁士军事问题和德国工人政党》。

1866 年

· 1 月底—2 月中　马克思由于紧张写作《资本论》而患病。恩格斯建议马克思将第一卷先送去付印。马克思按照恩格斯的意见，决定首先发表《资本论》第一卷。

1867 年

· 6 月 3—16 日　马克思把《资本论》第一卷前五个印张的清样寄给恩格斯校阅。恩格斯读完《资本论》第一卷第一批校样后，在给马克思的信中谈了自己的意见。
· 8月16日　马克思看完《资本论》第一卷最后一个印张的校样。他在深夜两点写信给恩格斯，衷心感谢恩格斯在他写作这部著作期间所给予的无私帮助。
· 1867年10月—1868年6月　恩格斯为了宣传《资本论》的理论观点，打破资产阶级报刊和学术界对《资本论》第一卷的出版蓄意保持的沉默，发表了一系列书评。

1868 年
· 3月　马克思和恩格斯研究德国历史学家格·毛勒的著作，并给予很高的评价。
· 3月2—13日　恩格斯为德国工人报纸《民主周报》撰写《资本论》第一卷书评。

1869 年
· 6月30日　恩格斯结束了他在曼彻斯特欧门—恩格斯公司的工作。此后，为了处理未尽事宜，他还在曼彻斯特羁留了一年多时间。
· 9月6—23日　恩格斯和他的夫人莉希·白恩士以及马克思女儿爱琳娜到爱尔兰旅行。
· 10—12月　恩格斯着手撰写《爱尔兰史》。

1870 年
· 1870年7月27日前后—1871年2月中　恩格斯撰写了59篇关于普法战争的文章。
· 9月20日　恩格斯和莉希·白恩士迁居伦敦，从此全力以赴地投身于无产阶级解放事业。恩格斯夫妇住在马克思家附近。此后，恩格斯一直居住在伦敦。
· 10月4日　经马克思提名，恩格斯当选为国际工人协会总委员会委员，并先后担任总委员会比利时、意大利、西班牙、葡萄牙和丹麦的通讯书记。

1871 年
· 3月19日—5月　马克思和恩格斯仔细研究3月18日巴黎爆发革命后的局势和3月28日宣布成立的巴黎公社的材料，同公社社员建立联系，并在有关内外政策的各种问题上向公社提供建议。马克思和恩格斯组织各国工人举行群众集会声援巴黎公社，致信国际工人协会各支部，呼吁对公社给予支持。
· 6—12月　马克思和恩格斯组织对巴黎公社流亡者的救济和援助，领导了国际工人协会总委员会成立的流亡者委员会的工作，设法为流亡的公社社员寻找工作。
· 6月中—约7月26日　恩格斯把马克思的著作《法兰西内战》译成德文。
· 9月17—23日　马克思和恩格斯领导国际工人协会伦敦代表会议的工作。马克思和恩格斯在会上作了关于工人阶级的政治行动的发言。

1872 年
· 1月中—3月初　马克思和恩格斯撰写国际工人协会总委员会内部通告《所谓国际内部的分裂》。
· 1872年5月—1873年1月　恩格斯撰写《论住宅问题》。
· 6月24日　马克思和恩格斯为《共产党宣言》1872年德文版撰写序言。
· 9月2—7日　马克思和恩格斯领导国际工人协会海牙代表大会的工作，挫败了巴枯宁派的分裂阴谋。
· 10月　恩格斯撰写《论权威》。

1873 年
· 约2月　恩格斯撰写批判德国庸俗唯物主义的代表人物路·毕希纳的提纲。恩格斯对毕希纳的批判性研究超出了计划的范围，由此转入自然辩证法的研究和写作。
· 4—7月　马克思和恩格斯撰写《社会主义民主同

盟和国际工人协会》。

· 5 月 30 日　恩格斯写信给马克思，介绍《自然辩证法》一书的构思和自然辩证法的要点。他在 1873—1882 年间写了大量论文、札记和片断，后因忙于整理马克思遗稿和领导国际工人运动，这部著作最终没有完成。

· 约 1873 年 10 月—1874 年 2 月　恩格斯研究德国史相关资料和著作并作详细摘要，撰写关于德国史著作的草稿。

· 约 10 月 28 日—11 月 20 日　恩格斯因母亲生病和逝世，暂住恩格斯基兴。

1874 年

· 约 1874 年 5 月中—1875 年 4 月中　恩格斯撰写以《流亡者文献》为题的一组文章。

1875 年

· 3 月 18—28 日　恩格斯写信给德国社会民主工党领导人奥·倍倍尔，批判社会民主工党（爱森纳赫派）同全德工人联合会（拉萨尔派）为准备合并而起草的纲领草案。

· 1875 年底或 1876 年上半年　恩格斯撰写《自然辩证法》中第一篇较完整的长篇论文《导言》。

1876 年

· 5—6 月　恩格斯撰写《自然辩证法》中的《劳动在从猿到人的转变中的作用》。

· 5 月 24—26 日　马克思和恩格斯鉴于德国小资产阶级社会主义者欧·杜林的思想对德国社会主义工党的危害日益严重，商讨开展对杜林思想的批判。

· 1876 年 9 月—1878 年 4 月　恩格斯撰写《欧根·杜林先生在科学中实行的变革》（即《反杜林论》）。

1877 年

· 6 月中旬　恩格斯应威·白拉克的请求为《人民历书》撰写马克思传略，题为《卡尔·马克思》。

1878 年

· 约 1—4 月之间　恩格斯撰写《自然辩证法》中的《神灵世界中的自然研究》。

· 1878 年中—1882 年 8 月之间　恩格斯研究德国史，收集资料并撰写《论德意志人的古代历史》和《法兰克时代》。

· 8 月或 9 月初　恩格斯写完《反杜林论》以后，打算着手系统地整理《自然辩证法》的材料，为此他拟定了这一著作的总计划草案。

· 9 月 12 日　恩格斯的夫人莉希·恩格斯（父姓白恩士）在伦敦逝世。

1879 年

· 不早于 9 月　恩格斯撰写《自然辩证法》中的《辩证法》。

· 9 月 17—18 日　马克思和恩格斯共同起草给奥·倍倍尔、威·李卜克内西、威·白拉克等人的通告信，批评在反社会党人法实施以后德国社会主义工人党内出现的机会主义倾向。

1880 年

· 1 月—3 月上半月　恩格斯应保·拉法格的请求，把《反杜林论》的三章内容（《引论》的第一章、第三编的第一章和第二章）改编为一篇独立的通俗著作，由拉法格译成法文，书名为《空想社会主义和科学社会主义》，1883 年出版德文单行本时书名改为《社会主义从空想到科学的发展》。

· 5 月 10 日前后　马克思、恩格斯应保·拉法格和茹·盖得的请求，帮助制定法国工人党纲领。马克思口授了法国工人党纲领导言，即纲领的理论部分。

1881 年
· 8 月 17—18 日　恩格斯研究马克思的数学手稿，并在信中对马克思的观点给予高度评价。
· 12 月 2 日　马克思的夫人燕妮·马克思在伦敦逝世。恩格斯于 12 月 5 日在燕妮的葬礼上发表讲话。

1882 年
· 1 月 21 日　马克思和恩格斯为格·瓦·普列汉诺夫翻译的《共产党宣言》俄译本撰写序言。
· 4 月下半月　恩格斯撰写《布鲁诺·鲍威尔和原始基督教》。
· 9 月中—12 月　恩格斯为出版《社会主义从空想到科学的发展》德文第一版进行工作。

1883 年
· 3 月 14 日　卡尔·马克思在伦敦逝世。
· 3 月 17 日　马克思的葬仪在伦敦海格特公墓举行。恩格斯发表墓前讲话。
· 3 月下半月　恩格斯放下自己的科学研究工作，着手整理马克思的遗稿。
· 6 月 28 日　恩格斯为《共产党宣言》1883 年德文版撰写序言。
· 1883 年 12 月—1884 年 10 月　恩格斯审定马克思的著作《哲学的贫困》的德译本，为这个版本撰写序言和注释。
· 1883 年 12 月　恩格斯完成了马克思的《资本论》第一卷的修订工作后，出版了该书德文第三版。

1884 年
· 2 月中—3 月初　恩格斯撰写《马克思和〈新莱茵报〉（1848—1849 年）》。
· 4 月初—5 月 26 日　恩格斯撰写《家庭、私有制和国家的起源》。
· 1884 年 6 月—1885 年 2 月　恩格斯正式进行《资本论》第二卷的编辑工作。

1885 年
· 2 月 23 日　恩格斯完成《资本论》第二卷最后一部分手稿的整理工作，并把它寄给出版社。
· 2 月底　恩格斯开始整理《资本论》第三卷手稿。这一工作持续了近十年时间。
· 7 月　恩格斯编辑的马克思《资本论》第二卷在汉堡出版。
· 10 月 8 日　恩格斯写完《关于共产主义者同盟的历史》，作为马克思的著作《揭露科隆共产党人案件》德文第三版的引言。

1886 年
· 年初　恩格斯撰写《路德维希·费尔巴哈和德国古典哲学的终结》。
· 3 月 15 日　恩格斯撰写《纪念巴黎公社十五周年》一文，使法国工人阶级备受鼓舞。

1887 年
· 1 月初　经恩格斯审定的《资本论》第一卷英文版出版。
· 1 月 26 日　恩格斯写完《英国工人阶级状况》一书美国版的序言。这篇序言后经恩格斯译成德文以《美国工人运动》为题单独发表。
· 1887 年 3 月—1888 年 1 月　恩格斯审定《共产党宣言》的英译本，为这个版本作注和撰写序言。
· 1887 年 12 月下半月—1888 年 4 月　恩格斯撰写《暴力在历史中的作用》。

1888 年
· 4 月—5 月 9 日　恩格斯审定马克思《关于自由贸

易问题的演说》的英译文，并撰写序言。序言以《保护关税制度和自由贸易》为题先期单独发表。

· 5月上半月　《路德维希·费尔巴哈和德国古典哲学的终结》一书的单行本出版。

· 8月8日—9月29日　恩格斯和爱琳娜·马克思、爱·艾威林、卡·肖莱马到美国和加拿大旅行。

1889 年

· 1—7月　恩格斯积极参加定于7月14日在巴黎召开的国际社会主义工人代表大会的筹备工作。这次代表大会标志着第二国际的成立。

· 1889 年 12 月—1890 年 2 月　恩格斯鉴于法德之间矛盾激化，法俄之间出现相互接近的迹象，以及爆发全欧战争的危险日益增长，研究欧洲局势，撰写《俄国沙皇政府的对外政策》。

1890 年

· 2月21日—4月12日　恩格斯在文章和书信中高度评价德国社会民主党在德意志帝国国会选举中获得胜利的意义。

· 4月—5月初　恩格斯密切关注根据1889年国际社会主义工人代表大会决议在伦敦举行五一节示威游行和群众大会的准备工作。

· 5月1日　恩格斯为《共产党宣言》1890年德文版撰写序言。

· 5月4日　恩格斯参加在伦敦举行的五一节示威游行和群众大会。

· 7月1—26日　恩格斯和卡·肖莱马到挪威旅行。

· 10月底11月初　经恩格斯审定的《资本论》第一卷德文第四版出版。

· 11月28日　恩格斯70岁生日。各国社会主义政党和工人组织及其活动家向恩格斯表示祝贺。

· 1890 年 12 月—1891 年 1 月 6 日　恩格斯整理发表马克思于1875年写的《哥达纲领批判》的手稿，并撰写序言。

1891 年

· 3月14日　恩格斯写完为纪念巴黎公社二十周年而准备出版的马克思的著作《法兰西内战》德文第三版的导言。

· 4月30日　恩格斯为马克思《雇佣劳动与资本》新版单行本撰写导言。

· 5月3日　恩格斯参加伦敦庆祝五一节的示威游行和群众大会。

· 6月16日　恩格斯写完《家庭、私有制和国家的起源》第四版序言，序言以《关于原始家庭的历史（巴霍芬、麦克伦南、摩尔根）》为题先期发表。

· 6月19—27日之间　恩格斯撰写《1891年社会民主党纲领草案批判》。

· 9月8—23日左右　恩格斯和路易莎·考茨基、玛丽·埃伦·罗舍到爱尔兰和苏格兰旅行。

· 10月13—22日之间　恩格斯撰写《德国的社会主义》。

1892 年

· 2月10日　恩格斯为《共产党宣言》波兰文版撰写序言。

· 4月20日　恩格斯写完《〈社会主义从空想到科学的发展〉英文版导言》。

· 5月1日　恩格斯参加在伦敦举行的五一节示威游行和群众大会。

· 11月9—25日之间　恩格斯为《政治科学手册》撰写马克思传略。

· 1892 年 11 月—1893 年 7 月　恩格斯准备出版《资本论》第二卷德文第二版。

1893 年

· 1月底—4月　恩格斯写信给奥地利、德国、捷克、西班牙和法国工人庆祝五一节，指出庆祝这一节日对无产阶级国际团结的意义。

·2月1日　恩格斯撰写《共产党宣言》意大利文版序言。

·2月13—23日之间　恩格斯撰写题为《欧洲能否裁军？》的一组文章。

·3月31日　根据恩格斯的倡议，德国、法国和英国的社会主义者议员奥·倍倍尔、保·拉法格和约·白恩士在恩格斯家里会晤。恩格斯认为这次会晤本身证明国际工人运动取得了巨大成就。

·5月7日　恩格斯参加伦敦的五一节示威游行。

·5月11日　恩格斯对法国《费加罗报》记者发表谈话。

·7月15日　恩格斯为《资本论》第二卷德文第二版撰写序言。

·8月1日—9月29日　恩格斯在路易莎·考茨基和路·弗赖贝格尔的陪同下到德国、瑞士和奥匈帝国旅行。8月12日，参加在苏黎世举行的第三次国际社会主义工人代表大会的最后一次会议，并致闭幕词；出席社会民主党人在维也纳和柏林举行的欢迎会和庆祝会并发表演说。

·12月19日　恩格斯写信祝贺在日内瓦举行的国际社会主义者大学生代表大会。

1894 年

·1月3日　恩格斯为《〈人民国家报〉国际问题论文集（1871—1875）》撰写序言，论文集收录了1871—1875年他在《人民国家报》上发表的文章。恩格斯专门为这本论文集中《论俄国的社会问题》一文写了跋。

·1月26日　恩格斯撰写《未来的意大利革命和社会党》。

·6月19日—7月16日之间　恩格斯撰写《论原始基督教的历史》。

·10月4日　恩格斯写完《资本论》第三卷序言，在文中还表达了继续整理《资本论》第四册即《剩余价值理论》的愿望。

·11月12—29日之间　恩格斯撰写《法德农民问题》。

·12月初　恩格斯编辑的《资本论》第三卷在汉堡出版。

1895 年

·上半年　恩格斯就出版马克思和他自己的著作的全集和文集同路·库格曼、理·费舍、弗·梅林等人通信。

·2月14日—3月6日之间　恩格斯为马克思的著作《1848年至1850年的法兰西阶级斗争》单行本撰写导言。

·4月初—6月初　恩格斯撰写《资本论》第三册增补。

·5月　恩格斯开始出现食道癌的症状。

·6月中—7月24日　恩格斯最后一次在伊斯特本休养。

·8月5日　弗里德里希·恩格斯在伦敦逝世。

·8月10日　恩格斯的追悼会在伦敦威斯敏斯特的滑铁卢车站大厅举行。

·9月27日　恩格斯的骨灰罐被投入伊斯特本海岸附近的海中。

编后记

为纪念恩格斯（1820—1895）诞辰 200 周年，我们编纂了这部《恩格斯画传》纪念版。

中共中央编译局先后编辑出版过两部恩格斯的画传。1985 年，为纪念恩格斯逝世 90 周年，中央编译局编纂了《弗·恩格斯画传》，由人民美术出版社出版，当时参加编辑工作的有吴惕安、杨启潾、陈慧生、孙魁、王宏道、王栋华、罗铁鸽、沈渊。2012 年，在党中央大力推进马克思主义中国化时代化大众化的形势下，为适应广大干部群众学习和研究马克思主义的需要，中央编译局编纂了《马克思画传》、《恩格斯画传》、《列宁画传》，由重庆出版集团和中央编译出版社出版。2012 年版《恩格斯画传》由韦建桦、顾锦屏同志主持编纂，参加编辑和资料工作的同志有：魏海生、王学东、柴方国、徐洋、张远航、张凤凤、闫月梅。蒋仁祥、李跃群、寿自强、戴淑英、张小明、张炳辉等同志参加了图片收集和编务工作。

在 2012 年版《恩格斯画传》的编纂过程中，我们除了以 1985 年版《画传》为主要基础，还参阅了国外出版的有关著作，其中主要有《卡尔·马克思和弗里德里希·恩格斯。他们的生平和他们的时代》（KARL MARX UND FRIEDRICH ENGELS. IHR LEBEN UND IHRE ZEIT）1978 年柏林狄茨出版社版、《弗里德里希·恩格斯的生平事业。文献和照片》（FREDERICK ENGELS，HIS LIFE AND WORK．DOCUMENTS AND PHOTOGRAPHS）1987 年莫斯科进步出版社版。此外，马克思恩格斯著作编辑学家、德国柏林 MEGA（《马克思恩格斯全集》历史考证版）编辑促进协会主席罗尔夫·黑克尔教授（Prof. Dr. Rolf Hecker）为本书的编纂提出许多建议并提供大量图片。

这部《恩格斯画传》纪念版就是在 2012 年版《画传》的基础上，

从广大读者在中国特色社会主义新时代学习和研究马克思主义的需要出发，经仔细斟酌、反复讨论、全面修订和大量增补而最终定稿的。本书对恩格斯生平事业、重要著作和理论观点的叙述，主要依据十卷本《马克思恩格斯文集》（2009年版）、《马克思恩格斯选集》第三版（2012年版）和已经出版的《马克思恩格斯全集》第二版相关卷次的编译成果。本书使用的美术作品，大多是中央编译局为纪念马克思逝世100周年和恩格斯逝世90周年编辑出版《卡尔·马克思画传》和《弗·恩格斯画传》时向美术界征集的；少数几幅则是相关美术家2018年为纪念马克思诞辰200周年专门创作的。本书卷首刊出了蒋兆和先生为中央编译局1954年首次举办"马克思列宁主义经典著作在中国的传播"展览而创作的恩格斯肖像。此外，我们在书中还刊出了矗立在中央党史和文献研究院、德国伍珀塔尔市恩格斯故居纪念馆广场和上海复兴公园的马克思恩格斯塑像照片，这些作品的作者分别是吴为山先生、曾成钢先生和章永浩先生。在本书出版之际，编委会向无私奉献自己的智慧和才华的艺术家们表示崇高的敬意。

  本书的编纂工作得到重庆出版集团的热情支持和大力协助。出版集团的领导、专家以及从事装帧设计和图文排印的人员为把这部画传编成学术和艺术精品，提出了许多宝贵的建议。编委会向他们表示诚挚的谢意。

  本书由韦建桦、顾锦屏、柴方国同志主持编纂和修订，参加编辑和资料工作的同志有：沈红文、徐洋、李楠、闫月梅、张凤凤、李园园、姜颖、孙晓迪。沈传宝、李宏梅参加了审读工作。

图书在版编目（CIP）数据

恩格斯画传：恩格斯诞辰200周年纪念版 / 中共中央党史和文献研究院编 . —重庆：重庆出版社, 2020.11 (2021.4重印)
ISBN 978-7-229-15476-9

Ⅰ.①恩… Ⅱ.①中… Ⅲ.①恩格斯 (Engels,Friedrich 1820—1895)—传记—画册 Ⅳ.① A726

中国版本图书馆 CIP 数据核字 (2020) 第 227811 号

恩格斯画传 恩格斯诞辰 200 周年纪念版
ENGESI HUAZHUAN

中共中央党史和文献研究院　编

责任编辑：林　郁　刘向东
责任校对：何建云
装帧设计：重庆出版社艺术设计有限公司·刘沂鑫

重庆出版集团
重庆出版社 出版

重庆市南岸区南滨路 162 号 1 幢　邮政编码：400061　http://www.cqph.com
重庆出版社艺术设计有限公司制版
重庆奥博印务有限公司印刷
重庆出版集团图书发行有限公司发行
E-mail:fxchu@cqph.com　邮购电话：023-61520646
全国新华书店经销

开本：787mm×1092mm　1/16　印张：23.75
2020 年 11 月第 1 版　2021 年 4 月第 2 次印刷
ISBN 978-7-229-15476-9
定价：86.00 元

如有印装问题，请向本集团图书发行有限公司调换：023-61520678

版权所有　侵权必究